Claude Meillassoux
"Die wilden Früchte der Frau"

Meillassoux entwickelt eine anthropologisch-ökonomische Theorie der häuslichen Produktion, die nicht nur der auf die Verwandtschaftsbeziehungen fixierten klassischen und strukturalistischen Anthropologie die Stirn bietet, sondern auch der auf das Lohnverhältnis fixierten marxistischen Ökonomie entgegentritt, indem sie die "organische Grundlage" der kapitalistischen Produktion, die Reproduktionsarbeit der Frau, in ihrer gesellschaftlichen Bedeutung herausarbeitet.

Der französische Anthropologe Claude Meillassoux, dessen Forschungen in erster Linie den afrikanischen Stammesgesellschaften gelten, hat – nach Morgan und Engels – als erster versucht, die Ethnologie konsequent ökonomisch zu fundieren, vor allem in seinem Werk *Anthropologie économique des Gouro de Côte-d'Ivoire* (1964). Weitere Publikationen: *L'Afrique recolonisée* (1961); *L'Esclavage en Afrique précoloniale* (1975); *Le grain et la sueur* (1976). Das vorliegende Werk erschien 1975 unter dem Titel *Femmes, greniers et capitaux.*

Claude Meillassoux

»Die wilden Früchte der Frau«

Über häusliche Produktion und kapitalistische Wirtschaft

Aus dem Französischen von Eva Moldenhauer

Syndikat

Deutsche Erstausgabe
Titel der Originalausgabe *Femmes, greniers et capitaux*

Umschlag nach Entwürfen von Rambow, Lienemeyer und van de Sand
Produktion Greno GmbH, Heusenstamm
ISBN 3-8108-0010-4

Inhalt

Einleitung*

Daß der Begriff der Verwandtschaft in die Ethnologie eingebrochen ist, liegt daran, daß er ein sehr weitverbreitetes Prinzip sozialer Organisation deckt, das – obwohl es nicht einmal bei den "primitiven" Gesellschaften allgemein ist – die Tendenz hat, eine allen Gesellschaften (einschließlich der unseren) gemeinsame Funktion zu institutionalisieren: die Reproduktion der Individuen als Produktions- und Reproduktionsträger und, insbesondere in der Hauswirtschaft, die soziale Reproduktion insgesamt.
Die klassische Ethnologie hat die Reproduktion nur in ihren institutionellen Erscheinungsformen erfaßt, ohne sich dabei aufzuhalten, ihre wesentliche Funktion zu begreifen. Mangels dieses Verständnisses ist sie nicht in der Lage, die Verwandtschaft auf die anderen Gegebenheiten der ökonomischen und sozialen Organisation zu beziehen, hält sie daher für ein ursprüngliches Faktum von universeller Geltung und behandelt sie hauptsächlich in ihrem formalen und normativen Aspekt.

"Nach der materialistischen Auffassung ist das in letzter Instanz bestimmende Moment in der Geschichte: die Produktion und Reproduktion des unmittelbaren Lebens. Diese ist aber selbst wieder doppelter Art. Einerseits Erzeugung von Lebensmitteln, von Gegenständen der Nahrung, Kleidung, Wohnung und den dazu erforderlichen Werkzeugen; andrerseits die Erzeugung von Menschen selbst, die Fortpflanzung der Gattung" (F. Engels, 1884, S. 27 f.).

Beging Engels einen Irrtum, als er die Produktion von Lebensmitteln und die Produktion von Menschen auf dieselbe Stufe stellte? Dies bringt die redaktionelle Fußnote der französischen Ausgabe zum Ausdruck, in der es heißt, daß diese Gleichstellung "unrichtig" sei. Das bedeutet, daß eine Produktion Vorrang hat vor allen anderen, nämlich die der menschlichen Energie oder, im kapitalistischen System, der Arbeitskraft. Die Reproduktion der Menschen ist, auf ökonomischer Ebene, die Reproduktion der Arbeitskraft in all ihren Formen. Doch der historische Materialismus, von dem man erwarten könnte, daß er dieser Tatsache eine vorrangige Bedeutung beimißt, bezieht, wiewohl er als einziger dieses Problem gestellt hat, die Reproduktion der Arbeitskraft nur unvollständig in seine Analyse ein.

* Diese Arbeit ist Teil eines Studienprogramms für die afrikanischen Wirtschaftssysteme; sie wurde 1964 mit Unterstützung der Wenner-Gren Foundation und unter Mitwirkung von Eric Pollet, Grace Winter und J. L. Amselle begonnen. Im Laufe unserer gemeinsamen Arbeit und Diskussion habe ich in großem Maße von den Anregungen meiner Kollegen profitiert.

Die historischen und ökonomischen Bedingungen für das Auftauchen des Kapitalismus haben das Problem der Reproduktion der Arbeitskraft gewiß nicht in den Vordergrund gerückt. In Wirklichkeit war diese Reproduktion, aufgrund des Prozesses der ursprünglichen Akkumulation, aus dem der Kapitalismus entstand, schon auf Anhieb gelöst. Weder Marx noch die Ökonomisten haben sich vorrangig mit ihm befaßt.
Seither fiel die Reproduktion des Lebens stets in das Gebiet der Demographie, einer statistischen Technik, deren Extrapolationsfähigkeiten leicht mit einer kausalen Theorie verwechselt werden. Der historische Materialismus, der zu Recht den demographischen Determinismus sowie die Erklärung von Malthus verwarf, der zufolge das Elend von der Vermehrung der Individuen herrühre, die unfähig seien, ihre Triebe zu kontrollieren, verwarf auch, jedoch zu Unrecht, die Probleme der Reproduktion.
Zweifellos hatte Marx recht, als er meinte, daß *jede Produktionsweise ihr eigenes Bevölkerungsgesetz besitzt.* Diese Behauptung, die er nicht ausdrücklich aufgestellt hat, bedeutet zunächst, daß die Bevölkerungsprobleme nicht unabhängig von den herrschenden Produktionsverhältnissen untersucht werden können. Im strengen Sinn gibt es keine "demographischen Ursachen". Der Populationszuwachs unterliegt anderen Zwängen, anderen Kräften als der Fruchtbarkeit der Frauen. In allen Gesellschaften waren die biologischen Zeugungsfähigkeiten immer eine niemals erreichte oberste Grenze; Not, Krankheit, Hunger oder, andererseits, die mit dem "Wohlstand" der Industriegesellschaften verbundenen materiellen Zwänge haben die Reproduktionsrate stets unter die Fruchtbarkeitsrate sinken lassen.
In der Analyse des Kapitalismus des 19. Jahrhunderts hat das Fehlen einer Theorie der Reproduktion der Arbeitskraft der Marxschen Argumentation keinen Abbruch getan. Alles spielt sich im Marxschen Modell so ab, als wäre ein nicht spezifizierter Teil der Arbeitskraft implizit gegeben, der sich außerhalb des kapitalistischen Systems reproduzierte, ein im übrigen historisch wie konjunkturell für diese Periode richtige Hypothese. Die erneute Einbeziehung der Reproduktion der Arbeitskraft in dieses Modell erheischt lediglich eine Anpassung der Argumentation, ohne sie grundlegend in Frage zu stellen: die Mechanismen, die Marx in Beziehung mit der Wertausgleichung der kapitalistischen Produktionsmittel entdeckt, finden hier ihre Anwendung (vgl. 2. Teil). Diese erneute Einbeziehung gibt jedoch dem historischen Materialismus eine andere Dimension, die mit dem Problem seiner Ausdehnung zusammenhängt (das schon R. Luxemburg stellte), sowie ein größeres historisches Anwendungsfeld.
Will man die Mechanismen der häuslichen Gemeinschaft verstehen, so darf

man die Reproduktion nicht ignorieren. Die Hausgemeinschaft ist in der Tat das einzige ökonomische und soziale System, das die physische Reproduktion der Individuen, die Reproduktion der Produzenten sowie die soziale Reproduktion in all ihren Formen mittels einer Gesamtheit von Institutionen reguliert und sie durch die geordnete Mobilisierung der menschlichen Reproduktionsmittel, d. h. der Frauen, beherrscht. Weder der Feudalismus, noch die Sklavenwirtschaft, noch der Kapitalismus enthalten die institutionellen Mechanismen (abgesehen vom Gesetz der großen Zahl) zur Regulierung und Korrektur der physischen Reproduktion der Menschen. Letztlich beruhen alle modernen Produktionsweisen, alle Klassengesellschaften in bezug auf die Beschaffung von Menschen, d. h. von Arbeitskraft, auf der häuslichen Gemeinschaft und, im Kapitalismus, auf der Familie, die zwar ihre produktiven Funktionen eingebüßt hat, ihre reproduktiven jedoch immer noch bewahrt (vgl. 2. Teil). In dieser Hinsicht sind die häuslichen Verhältnisse die organische Grundlage des Feudalismus, des Kapitalismus wie des bürokratischen Sozialismus. Folglich kann keine dieser Formen sozialer Organisation den Anspruch erheben, eine *integrale* Produktionsweise darzustellen, die auf homogenen Produktions- und Reproduktionsnormen beruht. Streng genommen ist es falsch, die "Produktionsweisen", die sich aus der Hausgemeinschaft entwickelt und sie in ihren produktiven und/oder reproduktiven Fähigkeiten beherrscht und ausgebeutet haben, als dieser in allen Punkten überlegen zu betrachten. In ihren produktiven Leistungen sind sie überlegen, unterlegen jedoch in ihren reproduktiven Funktionen. Die Schlußfolgerung von Marx (1859, S. 636), der zufolge der Schlüssel zu den niederen Formen in den entwickelten Formen liegt, läßt sich schlüssig nicht auf das Studium der Evolution der menschlichen Gesellschaften anwenden, und seine naturalistische, vom Evolutionismus geprägte Analogie mit der Anatomie ist, wie alle Analogien, fehlerhaft und perniziös.

Die Kenntnis der Prozesse der kapitalistischen Ökonomie, insofern diese mit anderen, noch lebendigen Produktionsverhältnissen verbunden bleibt, die für ihr Funktionieren weiterhin wesentlich sind, klärt uns nicht über die Prozesse der Hauswirtschaft auf. Dagegen stellt die Erkenntnis des Problems der menschlichen Reproduktion in diesen letzteren das Problem eben dieser Reproduktion im Kapitalismus. Wenn es auch stimmt – um den Marxschen Satz aufzugreifen –, daß in der kapitalistischen Gesellschaft die Hierarchie der Institutionen nicht die Reihenfolge ihres zeitlichen Erscheinens widerspiegelt und die Familie in dieser Hinsicht nur einen untergeordneten Platz in ihr einnimmt, so bleibt doch ihre Funktion als Produzentin des *freien Arbeiters* wesentlich, den es ohne sie nicht geben würde.

Die Fortdauer spezifischer, in diesem Falle häuslicher Produktionsverhältnisse zur Sicherung der Reproduktion in den entwickeltsten Formen sozialer Organisation wirft das Problem der Charakterisierung dieser Formen, ihrer Qualifizierung als Produktionsweisen auf: die Geschichte läßt sich nicht als Aufeinanderfolge verschiedener, einander ausschließender Produktionsweisen begreifen. Es geht nicht mehr nur um die Feststellung, daß in jeder Periode der Geschichte die Nachwehen früherer "Produktionsweisen" fortbestehen oder die Voraussetzungen der künftigen erscheinen, die beide in Widerspruch zur herrschenden Produktionsweise stehen. Es geht um die Erkenntnis, daß die häuslichen Beziehungen und die Familie bisher als Beziehungen entstanden sind, die für das Funktionieren aller der Hauswirtschaft folgenden historischen Produktionsweisen notwendig waren. Nur der Kommunismus, der die Ware und folglich die Arbeitskraft als Ware abschaffen wird, verspricht eine wirklich neue Produktionsweise, die befreit ist vom Familienarchaismus, aber gleichzeitig die affektiven Beziehungen erneuert.

I

Die häusliche Gemeinschaft

Die agrarische Hausgemeinschaft ist aufgrund ihrer geordneten Produktions- und Reproduktionsfähigkeiten eine integrale Gesellschaftsformation, die seit dem Neolithikum besteht und auf der noch heute ein wichtiger Teil der für die kapitalistische Entwicklung notwendigen Reproduktion der Arbeitskraft beruht.
Das Studium dieser Gesellschaftsformation hat die Autoren, die sich für die Wirtschaftsgeschichte und die Theorie der vorkapitalistischen Gesellschaften interessiert haben, in ihren Bann gezogen.
Marx und Engels haben sich schon sehr früh bemüht, ihre Merkmale aufzudecken. In den *Grundrissen* scheint Marx in diesem Punkt noch von der bürgerlichen Ideologie geprägt zu sein. Er hält das Gemeinwesen für "naturwüchsig" entstanden (1857-1858, S. 375), die Familie oder die Stammesgemeinschaft für "natürlich" gewachsen, die Verwandtschaftsverhältnisse für solche der "Blutsverwandtschaft". Mit dieser Formulierung geht er der Untersuchung der historischen und materiellen Voraussetzungen aus dem Weg, die zur Herausbildung dieser spezifischen Gesellschaftsformation geführt haben: er neigt dazu, die Familie als eine außergesellschaftliche Tatsache zu betrachten.
Trotzdem finden wir in anderen Texten, so auch bei Engels, die Elemente einer treffenderen Annäherung, die sich wie folgt zusammenfassen lassen: Das Gemeinwesen besteht aus Individuen, die a) einen sich selbst tragenden (*self-sustaining*) Ackerbau betreiben, b) gemeinsam auf einer gemeinsamen Erde produzieren und konsumieren, deren Zugang von der Zugehörigkeit zu diesem Gemeinwesen abhängt, c) durch ungleiche Beziehungen persönlicher Abhängigkeit miteinander verbunden sind. Im Gemeinwesen entwickelt sich nur der Gebrauchswert.[1]
Marx und Engels legen der "gemeinschaftlichen Aneignung" der Erde eine große Bedeutung bei und setzen sie der privaten Aneignung der Produktionsmittel, die den Kapitalismus charakterisiert, entgegen. Im übrigen habe ich diese retrospektive Geschichtsauffassung kritisiert (1972*a*), die zwar sicherlich zum Nachweis der radikalen Veränderung der sozialen Strukturen beiträgt, aber keine Begriffe liefert, die sich auf die Gesamtheit aller Gesellschaften anwenden lassen.
Weisen wir darauf hin, daß sich in dieser Beschreibung nur wenige Merk-

male auf das Niveau der Produktivkräfte beziehen, vielmehr auf Normen (Arbeitsteilung, gemeinschaftlicher Besitz von Grund und Boden usw.) oder auf Implikationen nicht spezifizierter Merkmale (z. B. Selbstversorgung und Gebrauchswert), die auf dieser Stufe der Produktivkräfte durch den Prozeß der landwirtschaftlichen Produktion bedingt sind. Schließlich ist die Behauptung, daß das Gemeinwesen sich selbst genüge, nur in bezug auf die Produktion richtig; seine Reproduktion hingegen hängt von seiner Einbettung in ein Ganzes gleichartiger Gemeinwesen ab.

Dennoch hat Marx das Problem der Reproduktion in den alten Gemeinwesen im *Kapital* als deren "letztes Ziel" erkannt, eine nicht nur physische, sondern auch soziale Reproduktion der Individuen: "In allen diesen Formen, worin Grundeigentum[2] und Agrikultur die Basis der ökonomischen Ordnung bilden..., [ist] die Reproduktion des Individuums in den bestimmten Verhältnissen zu seiner Gemeinde, in denen es deren Basis bildet, vorhanden" (*Grundrisse*, S. 384).

Damit wies Marx, im Gegensatz zu anderen seiner Behauptungen, in denen das Gemeinwesen als "naturwüchsig" und "natürlich" erscheint, ebenso wie Engels im *Ursprung der Familie*, auf den Platz hin, den die Reproduktionsverhältnisse bei seiner Entstehung einnehmen.

Doch nicht diesen Weg schlugen die deutschen und britischen Soziologen der zweiten Hälfte des 19. Jahrhunderts ein, um die Hausgemeinschaft zu definieren, sondern denjenigen, der die Unterscheidung zwischen austauschenden und nicht austauschenden Gesellschaften erlaubte.

Rodbertus (1864) nimmt den Begriff des sich selbst versorgenden Gemeinwesens unter dem Terminus *oïkos* wieder auf; gemeint ist eine autonome Produktionszelle, deren Hauptmerkmal in seinen Augen ihre Unkenntnis des Warenaustauschs ist. Dieses Merkmal macht er an einer besonderen Form von Unternehmung fest, in dem die Kategorien der politischen Ökonomie nicht zum Zuge kommen: es gibt weder Kauf noch Verkauf, weder Übertragung der "Staatsdividende" noch Eigentum. Die Operationen der Produktion, der Konsumtion, der Investition usw. vollziehen sich ohne jeden Rückgriff auf Warenzirkulation. Rodbertus, der von den Kategorien der freien Wirtschaft ausgeht – Produktion, Zirkulation, Konsumtion –, deren Unangemessenheit er doch feststellt, bleibt in einer negativen Sicht der Hausgemeinschaft befangen, die er nur durch das charakterisieren kann, was sie nicht ist.

Dieses Verfahren, das von einer Wahrnehmung *a contrario* der ökonomischen Erscheinungsformen und zudem von einer Negativität der Begriffe der klassischen Ökonomie ausgeht, entzieht diesen letzteren nicht nur ihre operatorische Brauchbarkeit – sofern sie eine solche besitzen –, sondern reduziert sich auch auf eine Beweisführung von begrenztem Wert, nämlich darauf, daß diese vorkapitalistischen Gesellschaften sich nur deshalb vom Kapitalismus unterscheiden, weil sie dessen Kehrseite sind. Es liefert keine Elemente zur positiven Klärung der Produktionsverhältnisse und keine Mittel, die sozialen Systeme qualitativ voneinander zu unterscheiden.

Für die deutsche und britische Soziologie des 19. Jahrhunderts wurde der Unterschied zwischen Gebrauchswert und Tauschwert in seinen juristischen Implikationen erfaßt, welche die Gesellschaften in zwei große Kategorien mit jeweils verschiedenen Namen unterteilen. Henry Maine (1861) trifft eine Unterscheidung zwischen Gesellschaften, in denen die sozialen Verhältnisse sich nach dem Status der Personen richten, und solchen, in denen Verträge oder bilaterale Übereinkünfte vorherrschen. Lewis Morgan (1877) trifft eine ähnliche Unterscheidung zwischen der *societas*, in der Personenbeziehungen vorherrschen, und der *civitas*, die auf der territorialen Zugehörigkeit und dem Eigentum gründet – eine Unterscheidung, deren Termini wiederum Marx und Engels bei ihrer Untersuchung der primitiven Gesellschaften verwenden (L. Krader, 1972). Tönnies (1887) nennt die Gesellschaften, in denen Verwandtschafts- und Nachbarschaftsbeziehungen vorherrschen, *Gemeinschaft*, und diejenigen, in denen die Individuen, über den Austausch, einander als Fremde setzen, *Gesellschaft*. Diese Unterscheidungen, die später Max Weber wiederaufgreift, bringen der Analyse einige positive Elemente. Ihr Mangel besteht darin, daß sie rein juristisch sind oder die juristische Unterscheidung für entscheidend halten. Sie bringen nicht zum Ausdruck, was der sozialen Bewegung entstammt, sondern lediglich die Normen, welche die Gesellschaften sich als Mittel der Selbsterhaltung geben.

Der Austausch ist auch noch für Polanyi (1957/1968) und seine Schule das Hauptereignis, die "große Umwälzung", welche die antike Wirtschaft von der Marktwirtschaft trennt. In der ersten dominieren zwei Zirkulationsformen, die mit dem Status der Parteien untrennbar verbunden sind: Gegenseitigkeit unter Gleichen und Umverteilung zwischen der zentralen Macht und ihren Untertanen; in der Marktwirtschaft werden die Waren untereinander ausgetauscht. Auch wenn diese Unterscheidungen Interesse verdienen, da sie einen qualitativen Unterschied zwischen der Marktwirtschaft und den ihr vorausgegangenen Ökonomien aufzeigen, bewegen sie sich immer noch auf der strukturalen und deskriptiven Ebene, ohne zu den Produktionsformen vorzustoßen. Doch gerade auf deren Basis knüpfen sich die Beziehungen, die auf der Ebene der Zirkulation zu beobachten sind.

Polanyi entdeckt, daß in den antiken Gesellschaften die Ökonomie einem einheitlichen politischen Plan und nicht den individuellen und unterschiedlichen Entscheidungen der Unternehmer unterworfen ist. Er entdeckt, daß in einer statutarischen Gesellschaft die Bewegung der Reichtümer den hierarchischen Strukturen und ihrer Erneuerung untergeordnet ist; daß diese die Kanäle bilden, durch welche die Güter fließen müssen, damit ihre Zirkulation die bestehenden sozialen Verhältnisse nicht stört, sondern im Gegenteil verstärkt. Aufgrund dieser Tatsache scheint ihm die Ökonomie in das soziale Gewebe integriert zu sein und nicht, wie in der Marktwirtschaft, aus diesem auszubrechen, um einen Bereich zu okkupieren, der ihr eigentümlich wäre und seinen eigenen Gesetzen gehorchte.
In Wahrheit ist die Wirtschaft in der kapitalistischen Gesellschaft ebenso integriert wie in den anderen. Polanyi verwechselt hier die Ökonomie als Disziplin, Produkt einer intellektuellen Arbeitsteilung, mit ihrem Gegenstand. Marx hat gezeigt, daß das, was den liberalen Ökonomen als rein ökonomisch und materiell erschien, z. B. die Ware oder das Kapital, in Wirklichkeit die Kristallisierung sozialer Beziehungen, insbesondere der Arbeiterschaft war.
Beim Studium der alten Autoren haben Polanyi und seine Mitarbeiter einiges Licht auf manche mysteriösen Aspekte der antiken Gesellschaften geworfen. Gleichzeitig hat sich ihre Untersuchung auf Sklaven haltende Marktgesellschaften, die für den Verkauf produzieren, oder auf die Staatsökonomie verschoben. Polanyi behandelt die antike Ökonomie im allgemeinen und nicht, wie ich es hier tun möchte, nur die Hauswirtschaft.
Vor kurzem hat Marshall Sahlins (1972) versucht, die von ihm so genannte häusliche Produktionsweise zu bestimmen, wobei er sich weniger auf den Austausch als auf die Merkmale der Produktion stützt. Ihm zufolge sind die Hauptmerkmale der häuslichen Produktionsweise die folgenden:

- sexuelle Arbeitsteilung, beruhend auf der Minimalfamilie: ein Mann und eine Frau;
- eine Beziehung zwischen Mensch und Werkzeug, die aus dessen Handhabung entsteht;
- eine Produktion, die zur Befriedigung der Grundbedürfnisse bestimmt ist, woraus sich eine Beschränkung der produktiven Fähigkeiten gemäß dem Gesetz von Tschayanoff ergibt (1925^3);
- ein Recht auf Sachen, das vermittels des Rechts auf Personen wirkt;
- eine "introvertierte" Zirkulation der häuslichen Produkte und demzufolge ein Vorherrschen des Gebrauchswerts.

Diese Hauswirtschaft wäre jedoch so wenig zuverlässig wie offenkundig funktional. Die Unregelmäßigkeit der Produktion, die Auswirkungen des

"Tschayanoff-Gesetzes" (d. h. Sahlins zufolge unter anderem eine Arbeitsproduktivität, die umgekehrt zur Größe der bäuerlichen Familie variiert), die dieser Produktionsweise immanente Unterproduktion und Unterbevölkerung, die Ökologie – alle diese Faktoren erfordern die Gegenseitigkeit der Gemeinwesen und erklären den sowohl anarchischen wie solidarischen Charakter dieser Gesellschaft.

Im Vergleich zu Marx präzisiert Sahlins den *individuellen* Charakter der Produktionsmittel und erkennt eine subtilere Form der Aneignung mittels der Herstellung persönlicher Bindungen. Er stellt das kritische Problem der doppelten Ebene der sozialen Organisation, derjenigen der Gemeinschaft und derjenigen, die durch ihren Zusammenschluß entsteht, eine widersprüchliche Organisation, die sich dem Autor zufolge aus dem besonderen Charakter der Produktion erklärt.

Im Gegensatz zu Marx und Engels jedoch besteht auch Sahlins Fehler, wie der fast aller zeitgenössischen Autoren, darin, daß er die historische Periode nicht präzisiert, auf welche sich diese "Produktionsweise" erstreckt. Auch wenn einige Merkmale, die er anführt, mit den Produktivkräften zusammenhängen, macht er keine genauen Angaben über den Stand der erworbenen Kenntnisse, der Energie produzierenden Techniken, der Nutzungsart des Bodens usw.

Die Merkmale, die er hervorhebt, lassen sich ebensogut auf die Ökonomie der Sammler-Jäger wie auf die der Fischer, Viehzüchter oder Ackerbauern anwenden. Der Titel seiner Arbeit suggeriert in der Tat, daß die Gesamtheit dieser Tätigkeiten ein und derselben "Steinzeit"-Ökonomie[4] untersteht. Doch seine Ausführungen über die "Hauswirtschaft" scheinen, ohne daß dies deutlich spezifiziert würde, einzig den agrarischen Gemeinschaften zu gelten. Diese Verwechslung habe ich selbst begangen (1960), und die Einwände dagegen sind legitim. Sie rührt daher, daß wir das, was das Niveau der Produktivkräfte kennzeichnet, bisher nicht von dem zu unterscheiden vermochten, was aus ihnen folgt. So bleibt also Sahlins Verfahren, trotz allem Bemühen um Strenge, von einem Großteil Empirismus geprägt. Das Modell des Austauschs sowie die Verallgemeinerung des Begriffs der Gegenseitigkeit, die er uns im selben Werk vorschlägt, enthüllen die ganze Schwäche dieser Analyse. Denn dieses Modell bezieht Fakten ein, die allen möglichen Gesellschaften entstammen, ohne Rücksicht auf ihre historische Spezifität, die seine analytische Methode im übrigen nicht zu erkennen gestattet. Die Verallgemeinerung jedoch, die sich auf *eine Gesamtheit von Gesellschaften unterschiedlicher Natur* bezieht, kann erst dann vorgenommen werden, wenn man jedes einzelne der betreffenden Systeme analysiert und erkannt hat.

Sie darf nur *die Elemente* einbeziehen, *welche die historische Bewegung erklären,* nicht aber verstreute, mehreren Perioden zugehörige Merkmale. Unsere Aufgabe besteht also zunächst darin, herauszufinden, welche der Gesellschaften, die sich unserer Beobachtung darbieten, zu ähnlichen ökonomischen Systemen gehören und inwiefern diese sich möglicherweise auf unterschiedliche Produktionsweisen zurückführen lassen, deren *Modell* uns bei diesem Verfahren als Anhaltspunkt dienen soll.

1

Situation der häuslichen Gemeinschaft

Meine ursprüngliche Absicht war, diese Untersuchung auf die "häusliche Produktionsweise" zu beschränken, die ich weiter unten durch das ihr entsprechende historische Niveau der Produktivkräfte definiere (I.2,I). In erster Annäherung ging es darum, jene sogenannten segmentären Agrargesellschaften zu untersuchen, die aus sozialen Produktionszellen bestehen, welche im allgemeinen mit den Linien identifiziert werden, auch wenn sie sich streng genommen eher "Häusern" vergleichen lassen. In einer früheren Arbeit (1967) hatte ich zu zeigen versucht, daß diese Gesellschaften auf einer Form der Bodenbewirtschaftung gründen, die sie, aufgrund ihrer sozialen, politischen und ideologischen Implikationen, radikal von denen unterscheidet, die punktuelle Tätigkeiten ausüben (insbesondere die Jagd in allen Formen sowie das Sammeln). Doch im Laufe der Arbeit hat sich herausgestellt, daß eine sachdienliche Definition der häuslichen Gemeinschaft mich dazu zwang, diese Analyse noch weiter zu vertiefen, um mein Forschungsobjekt näher einzukreisen. Zur Erhellung bestimmter Unterscheidungen, die ich zu anderen Formen gesellschaftlicher Organisation der Produktion und/oder Reproduktion treffen wollte, mußte ich nun bezüglich der letzteren einige Begriffe über Bord werfen, die ungebührlicherweise auf sie angewandt wurden, und mich, um die Spezifität meines Gegenstandes zu rechtfertigen, einer zumindest globalen Analyse der Gesellschaftsformationen widmen, die nicht zu ihnen gehören.

In diesem ersten Kapitel soll gezeigt werden, worin sich mindestens drei Gesellschaftstypen durch positive Merkmale von der Hausgemeinschaft unterscheiden. Doch da dieser Nachweis durch einen zuweilen impliziten Vergleich mit einem Gegenstand erfolgt, den wir erst nachträglich definieren, wird er nur in bezug auf diesen letzteren verständlich. Verweise auf das zweite Kapitel ermöglichen es, den Gedankengang nachzuvollziehen, welcher der Erarbeitung des vorliegenden Kapitels zugrunde liegt.

Es leuchtet ein, daß man, um den Platz der Hauswirtschaft in den ökonomischen und sozialen Systemen korrekt festzustellen, diese insgesamt hätte analysieren müssen. Mein Ziel ist jedoch nicht so hochgesteckt. Ich will lediglich anhand einiger Fälle, die mir näher bekannt sind, aufzeigen, daß der Begriff der primitiven oder traditionellen Ökonomie unterschiedliche Formen sozialer Organisation deckt, die ihren eigenen Gesetzen gehorchen. Ebenso will ich aufzeigen, daß es möglich ist, Kriterien herauszuarbeiten, von denen ich hoffe, daß sie zutreffend und wissenschaftlich sind und zur Charakterisierung sozialer Systeme taugen, für die spezifische Begriffe gelten. Die Gleichsetzung dieser Systeme mit Produktionsweisen hängt von der Beurteilung ab, die jeder einzelne über jeden einzelnen Fall geben kann, eine Beurteilung, die es vielleicht erlaubt, diesen Begriff möglicherweise zu präzisieren und ihm einen operativen Wert zu verleihen.

Alle Autoren, insbesondere Marx und Engels, haben sich bemüht, herauszufinden, inwiefern sich das "primitive Gemeinwesen" vom Kapitalismus und, weniger überzeugend, von der Sklaverei und dem Feudalismus unterscheidet, d. h. überhaupt von Gesellschaftsformationen, die nach ihm kamen. Nur wenige haben sich mit dem befaßt, wodurch es sich von anderen Formen sozialer Organisation unterscheidet, die ihm möglicherweise vorausgegangen oder unterlegen gewesen sind. Wie wir sahen, bleibt die primitive Ökonomie eine relativ verschwommene Kategorie, innerhalb derer nur bestimmte herrschende *Tätigkeiten* als distinktiv erscheinen. So ist die Rede von Jäger-, Fischer-, Viehzüchtergesellschaften. Diese erste Annäherung läßt sich nicht in Bausch und Bogen verwerfen. Sie zeigt, daß in den Augen der Forscher die Produktion eine bestimmende Rolle spielt. Dennoch wird das logische Verhältnis zwischen diesen verschiedenen Tätigkeiten, die einander nicht notwendig ausschließen, und den Formen der sozialen Organisation nicht hergestellt. Und ist es im übrigen legitim, diese Unterscheidung *a priori* zu akzeptieren, als geeignet, "Produktionsweisen" zu definieren? Marx lehrt uns, daß das, was die Menschen produzieren, weniger wichtig ist als die Art und Weise, wie sie es produzieren.

In Wahrheit hat Engels selbst sich in einem berühmten Brief geirrt (Engels an Marx, London, 8. Dezember 1882): "Die Ähnlichkeit [zwischen den Germanen und den Rothäuten] ist in der Tat umso überraschender, als die Produktionsweise so grundverschieden – hier Fischer und Jäger ohne Viehzucht und Ackerbau, dort Wanderviehzucht übergehend in Ackerbau. Es beweist eben, wie auf dieser Stufe die Art der Produktion weniger entscheidend ist als der Grad der Auflösung der alten Blutbande und der alten gegenseitigen Gemeinschaft der Geschlechter (sexus) im Stamm."
Bekanntlich konnte sich Claude Lévi-Strauss (1958, S. 370-375) aufgrund dieser Erklärung von Engels als "Marxist" ausgeben. Denn wenn man sie dahingehend verstehen will, daß Engels hiermit zugibt, daß der historische Materialismus in den primitiven Gesellschaften außer Kraft ist, genügt es, um "Marxist" zu sein, ihn aus dem Feld der Anthropologie zu entfernen und durch eine dem Studium der "alten Blutbande" angemessene "Methode" zu ersetzen; wohingegen diejenigen den wahren Marxismus verraten, die sich darauf versteifen, ihm einen Gegenstand zu unterschieben, der ihm fremd ist. In Wirklichkeit stellt Engels lediglich fest, daß die Produktionsverhältnisse nicht "entscheidend" sind. Er spürt, ohne es hier ausdrücklich zu formulieren, daß die

"Blutbande", jenseits der strikten Produktionsverhältnisse, Beziehungen umfassen, welche die Menschen zum Zwecke der Reproduktion des Lebens knüpfen. Deshalb verwirft er noch lange nicht den historischen Materialismus als analytisches Instrument zur Analyse der primitiven Gesellschaften; sein Werk über den ***Ursprung der Familie, des Privateigentums und des Staats*** beweist es zur Genüge. Die Pirouette von Lévi-Strauss schafft die Tatsache nicht aus der Welt, daß diese Gesellschaften gezwungen sind, zu produzieren (und zwar unter Umständen, die das Niveau der Produktivkräfte bestimmt), um zu existieren und sich fortzupflanzen, und daß infolgedessen, wenn auch nicht alle denselben wissenschaftlichen Kategorien unterstehen, sie zumindest der Methode des historischen Materialismus unterstehen.
Abgesehen von dieser absichtlichen Verwechslung von Lévi-Strauss gibt es andere, tiefer reichende. Engels' Brief verrät die Schwäche des Begriffs "Produktionsweise" sogar bei seinen Erfindern, der hier auf den der simplen Produktionstätigkeit reduziert ist.
Überdies waren die theoretischen Analysen in bezug auf die Ethnologie noch zu elementar, als daß eine Unterscheidung zwischen allen Formen von Beziehungen hätte getroffen werden können, die man unter der Bezeichnung "Blutsverwandtschaft" zusammenfaßte. In der Tat steht eine solche Unterscheidung noch heute aus, was die "Verwandtschaft" betrifft, und ich werde versuchen, auf den folgenden Seiten aufzuzeigen, daß die Verwechslung in bezug auf die Natur der in dieser Kategorie vereinten sozialen Beziehungen fortbesteht.

Fischfang, Jagd, Ackerbau sind jeweils vielfältige Tätigkeiten, die sich nicht auf eindeutige Weise determinieren lassen. Jede dieser Tätigkeiten umfaßt zahlreiche Praktiken (Terray, 1969 *a*). Manche sind kollektiv, andere individuell. Sie erfordern mehr oder weniger Investitionen an Arbeit. Die Beziehungen, die sich zwischen Produzenten knüpfen, hängen von den verwendeten Mitteln, den Arbeitsprozessen, von der Natur und dem Gebrauch des Produkts ab. Die Analyse muß von dem Verhältnis, das sich zwischen dem Produzenten und seinen Produktionsmitteln (insbesondere der Erde) herstellt, sowie von den sozialen Beziehungen ausgehen, die zur Anwendung dieser Mittel erforderlich sind.

I. *Der nutzlose Inzest*

Das ganze Problem der Reproduktion liegt in der klassischen Ethnologie in der Theorie der Verwandtschaft. Nun wird aber die Hypothese eines universellen Inzestverbots sowohl von der funktionalistischen wie von der strukturalistischen Schule ausdrücklich als erste Ursache sowohl der Exogamie[1] wie des "Frauentauschs"[2] anerkannt, d. h. als Grundlage der Verwandtschaftstheorie.

Vor jeder Diskussion ist es also unerläßlich, diese Vorbedingung einer ersten ideologischen Ursache der Sozialisierung der matrimonialen Beziehungen auszuräumen, die in Agrargesellschaften zu beobachten sind.

Lévi-Strauss (1967, S. 34) vermutet, daß dieses Inzestverbot, "dessen Wurzel in der Natur liegt" – denn wie ließe sich sonst seine vermeintliche Universalität erklären? –, trotz allem eine soziologische Ursache haben könne: die Notwendigkeit des Frauentauschs. So daß nicht deutlich wird, ob sich dieses Verbot im Geist des Autors auf das Recht oder die Moral bezieht (beide durch die allgemeinen Bedingungen der Gesellschaft erzeugt) – in welchem Fall ich ihm zustimmen würde – oder ob es eine Naturgegebenheit ist, über welche die Menschen keine Macht haben.[3] Godelier (1973 *b*, S. 8), der sich zwar hartnäckig auf den Marxismus beruft, aber seinen strukturalistischen Ansichten treu bleibt, akzeptiert dieses Verbot scheinbar vorbehaltlos als ein Postulat ideologischen Charakters. Robin Fox (1967, S. 31) hält es für eines der vier Axiome, auf denen ihm zufolge die Verwandtschaft gründet: "primary kin do not mate with each other" ("Verwandte ersten Grades paaren sich nicht miteinander"). Da die Mitglieder einer "verwandten" Gruppe aufgrund dieses Verbots keine sexuellen Beziehungen untereinander haben dürfen, müssen sie, um sich zu paaren, einen Partner außerhalb dieser Gruppe suchen. Auf diese Weise wäre der "Frauentausch" zu erklären, der im übrigen auch dann zu beobachten ist, wenn die Zugehörigkeitsgruppen groß genug sind, daß die Mitglieder sich untereinander paaren können.

Die Universalität des Inzestverbots ist freilich bei weitem nicht bewiesen und bleibt weiterhin zu zweifelhaft, um der gesamten Theorie der Verwandtschaft als Grundlage zu dienen.[4] Zudem ist es zur Erklärung der matrimonialen Mobilität völlig nutzlos.

Versteht man unter "Inzest" die Paarung zwischen Nachkömmlingen ein und derselben Erzeuger sowie zwischen Erzeugern und Nachkömmlingen, ohne diesen Begriff auf die klassifikatorischen Verwandten auszudehnen, so kann man feststellen, daß es sich hier um eine Praxis handelt, die in manchen Gesellschaften bekannt und zuweilen institutionalisiert ist. Legitim war diese Praxis in Hawaii, zwischen Geschwistern innerhalb der Pharaonen-Dynastien, bei den Azande zwischen Vater und Tochter, bei den Mbuti zwischen Mutter und Sohn und im römischen Ägypten sogar unter gewöhnlichen Leuten (Middleton, 1962) usw. Die Fälle ließen sich vermehren, doch es ist wahrscheinlich, daß diese Praxis, wie alle vom Christentum als "schändlich" erachteten Praktiken, sehr schnell abgewürgt wurde. Jeder Feldforscher weiß, wie schwierig es ist, dort, wo Missionare und Kolonialverwalter gehaust haben, Informationen über das zu erhalten, was die Moral des Kolonialherrn mißbilligt: Menschenopfer, Liquidierung der Greise, Sexualpraktiken, Anthropophagie und sogar Sklaverei (Meillassoux, Hrsg., 1975) usw. Ebenso weiß man, daß die Ethnologen und Reisenden, denen solche Tatsachen bekannt werden, dazu neigen, sich selbst zu zensieren, aus Furcht, Populationen zu diskreditieren, die ihre Sympathie gewonnen haben. Aufgrund des extremen Abscheus, der in unseren christlichen Gesellschaften gegenüber inzestuösen Praktiken geschürt wird, darf man zu Recht annehmen, daß die Informationen über diesen Punkt noch spärlicher sind als über andere.

Dennoch ist es denkbar, daß in den Gesellschaften, in denen die Eheregulierung und die Filiationsbeziehungen wenig entwickelt sind, der Inzest (d. h. vor allem die inzestuöse Geburt), da ohne Einfluß auf die soziale Organisation, unbekümmert praktiziert werden konnte. Daß der Inzest in der Praxis selten vorkommt, liegt an der Tatsache, daß die Altersunterschiede zwischen den möglichen Sexualpartnern innerhalb einer kleinen Gruppe im allgemeinen größer sind als die zwischen Partnern verschiedener Gruppen. Insbesondere besteht eine größere Wahrscheinlichkeit, daß die Mitglieder der Kleinfamilie einen Partner außerhalb derselben finden, noch bevor sich eine Gelegenheit zu sexuellen Beziehungen unter ihnen ergibt. Doch wir wissen, daß trotz diesem Hindernis der Inzest aus positiven Gründen vorgeschrieben sein kann, z. B. in den dynastischen Gesellschaften. Denn ebensowenig wie andere für abweichend oder "anormal" erklärte Sexualpraktiken weckt der Inzest bei den meisten Individuen "natürlichen" Abscheu; er scheint im Gegenteil eine so starke Anziehung ausgeübt zu haben, daß es aller Hilfsmittel des religiösen Terrorismus bedurfte, um ihn zu bekämpfen, in dem Maße, in dem die sozialen Bedingungen (Erweiterung der häuslichen Gruppen) ihn erleichterten.[5]

Wie wir später sehen werden (I,2,III), ist das Inzestverbot keineswegs in der Natur vorgegeben, sondern vielmehr die kulturelle Umwandlung der Endogamieverbote (d. h. Ächtungen sozialen Charakters) in sexuelle Verbote (d. h. "natürliche" oder moralische von absolutem Wert), *sobald die matrimoniale Kontrolle zu einem Element der politischen Macht wird.* Mit anderen Worten, der Inzest ist ein Moralbegriff, erzeugt von einer Ideologie und verbunden mit der Entstehung der Macht in den häuslichen Gesellschaften als eines der Mittel zur Beherrschung der Reproduktionsmechanismen, und nicht eine angeborene Ächtung, die in diesem Fall die einzige ihrer Art wäre: was als Sünde wider die Natur dargestellt wird, ist in Wahrheit nur Sünde wider die Autorität.

Der Rückgriff auf den Inzestbegriff zur Erklärung der matrimonialen Mobilität rührt von einer einseitig demographischen Sicht des sozialen Wachstums her. So schreibt R. Fox: "mother-children group could... be totally self-sufficient for purposes of reproduction" (1967, S. 54: "die Mutter-Kind-Gruppe könnte sich zum Zweck der Reproduktion vollkommen selbst genügen").

In dieser Behauptung stecken mindestens drei Voraussetzungen: die eine unterstellt, daß die konstitutiven sozialen Gruppen notwendig mit genetischen Gruppen übereinstimmen; die zweite, daß ihr Wachstum einzig von ihrer natürlichen Reproduktionsfähigkeit abhängt; die dritte, daß ihre Ausdehnung keine anderen Grenzen kennt als die ihrer Fruchtbarkeit. Alle diese Voraussetzungen müssen verworfen werden. Auf das Problem des Wachstums und der Reproduktion der konstitutiven Gruppen werden wir weiter unten eingehen; vorerst wollen wir nur das ihrer Ausdehnung erörtern. Es liegt auf der Hand, daß in einer fürs Überleben organisierten Gesellschaft die konstitutiven Gruppen diejenigen sind, die imstande sind, für ihren materiellen Unterhalt, insbesondere für ihre Nahrung zu sorgen. In dieser Hinsicht ist die Mutter-Kind-Gruppe, da dem Zufall der Fruchtbarkeit anheimgegeben, keine konstitutive funktionale Gruppe. Sie setzt sich nicht notwendig aus Individuen zusammen, die imstande sind, den materiellen Bedarf der gesamten Gruppe zu produzieren und zu befriedigen. Ihre physische Existenz ist ihrer Einbettung in eine Produktionszelle von anderer Ausdehnung und Zusammensetzung untergeordnet, die ökonomisch und gesellschaftlich von den allgemeinen Produktionsbedingungen bestimmt wird. Die Reproduktionsbedingungen und -fähigkeiten der Mutter-Kind-Gruppe sind der Natur der Produktionszelle untergeordnet, in die sie sich eingliedert. Nun können aber nur solche Zellen als konstitutive funktionale Zellen betrachtet werden, die sich um die bestehenden Produktionsverhältnisse bilden. In einer Ökonomie, die nur individuelle Produktionsmittel verwendet, ist die Zahl dieser Zellen, insofern sie einzig von den Erfordernissen der Produktion bestimmt wird, stets niedriger als die Zahl, die notwendig wäre, um die endogene Reproduktion zu sichern. Da die Zahl der Reproduzentinnen im Vergleich zur Gesamtbevölkerung stets kleiner ist als die der Produzenten, bestehen geringere Aussichten dafür, daß eine lediglich um die Produktionstätigkeiten gebildete Zelle in jedem Augenblick genug geschlechtsreife Frauen zählt, um eine Nachkommenschaft zu erzeugen, die *kontinuierlich* die Mitglieder der Gruppe hinsichtlich Geschlecht und Alter zu ersetzen vermag. Weder die Horde noch die bäuerliche Gemeinschaft ist dazu in der Lage. Die Mobilität der Individuen innerhalb einer Gesamtheit von Produktionszellen ist also unerläßlich, um diese Umverteilung zu garantieren.

Washburn und Lancaster zufolge (in: Lee and Devore, 1968, S. 303) "sind etwa hundert Paare notwendig, um Kinder in ausreichender Zahl zu erzeugen, damit das Geschlechterverhältnis annähernd 50 : 50 beträgt und das gesellschaftliche Leben reibungslos funktionieren kann. Das erfordert eine Population von etwa 500 Personen." Zu diesen Zahlen soll Professor Sutter gekommen sein (nach F. Héritier, mündliche Mitteilung). Diese Berechnung setzt jedoch die Monogamie voraus und verweist erneut auf das Problem der Paarung. Denn die Reproduktion hängt nicht von einer gleichen Verteilung der Frauen unter die Männer ab, sondern von der Fruchtbarkeit der geschlechtsreifen Frauen der betreffenden Gruppe.

Für Leroi-Gourhan stützt sich die Berechnung der Ausdehnung der Gruppen auf das Verhältnis zwischen der "Masse der Nahrungsmittel, der Zahl der Individuen der Gruppe und der Fläche des Territoriums, das sie in einem bestimmten Stadium der techno-ökonomischen Entwicklung bewohnt" (Leroi-Gourhan, 1964, S. 213 f.). Dieser Autor schließt daraus (ibid, S. 216), daß bei den Sammler-Jägern "die ursprüngliche Gruppe aus einer kleinen Zahl von Individuen beiderlei Geschlechts besteht", deren Existenz "mit den Nachbarzellen durch ein Netz von Tauschbeziehungen verknüpft ist, das ihren *Reproduktions*bedürfnissen entspricht.[6] Zwischen den beiden Etappen der Gruppenbildung ist in der Urgruppe (Ehepaar oder häusliche Familie) der Nahrungserwerb, in der erweiterten Gruppe (Sippe, Ethnie[7]) der matrimoniale Erwerb vorherrschend."
Der Zusammenschluß der konstitutiven Gruppen und ihre Ehebündnisse werden nicht nur von den Erfordernissen der Produktion oder des Austauschs bestimmt, sondern auch von den Geboten der Reproduktion. Die zum Zwecke der Reproduktion geknüpften Beziehungen sind anderer Natur als diejenigen, die sich bezüglich der Produktion herausbilden. So daß es stets, wie Leroi-Gourhan bemerkte, mindestens zwei Ebenen der sozialen Organisation gibt: die der Produktionszelle und die der Reproduktionsgruppe. Sofern es eine "Produktionsweise" gibt, muß sie auf der Ebene dieser zum Zwecke der Reproduktion organisierten Produktionszellen gesucht werden.

II. *Die Horde und die Mitgliedsbeziehungen*

Eine Anregung von Marx aufgreifend (1867, I, S. 193 ff.), ist es möglich, zwei ursprüngliche Typen der Agrarwirtschaft zu unterschieden, je nachdem, ob die Erde *Arbeitsgegenstand* oder *Arbeitsmittel* ist. Die sozialen Implikationen der Nutzung der Erde als Arbeitsmittel, d. h. die Art ihrer

Ausbeutung in der Agrikultur, werden wir später im Kapitel über die Hausgemeinschaft behandeln. Hier möchte ich kurz auf die punktuelle Ökonomie, die auf der Nutzung der Erde als Arbeitsgegenstand beruht, sowie auf einige Zwischenstufen eingehen, doch nur insofern diese Gefahr laufen, mit der Hausgemeinschaft verwechselt zu werden.[8]

Die Erde[9] ist Arbeitsgegenstand, wenn sie unmittelbar genutzt wird, ohne daß zuvor menschliche Energie in sie investiert wurde. Die Produktionstätigkeit besteht darin, ihr ein Produkt zu entnehmen, das sie hervorgebracht oder ernährt hat, ohne daß der Mensch die Umwelt in irgendeiner Weise verändert hätte. Typisch für diese Nutzungsart sind die Tätigkeiten der Jagd und des Sammelns.[10]

Im Unterschied zum Ackerbau, der eine Arbeitsinvestition in die Erde erheischt und dessen Ertrag aufgeschoben ist, liefert die punktuelle Wirtschaft einen sofortigen Ertrag: der Produktionsakt erzeugt kurzfristig, innerhalb der Zeit seiner Ausführung, ein Produkt; die Nüsse, die Raupen, der Honig oder das Fleisch stehen am Ende jedes Sammel- oder Jagdausflugs zur Verfügung. Doch auch wenn der Ertrag sich unverzüglich einstellt, ist er nicht unbedingt *unmittelbar,* denn die Produktion erheischt die Verwendung von mittelbaren Werkzeugen, Geräten, in die Energie investiert wurde. Je nach dem Grad der zu diesem Unternehmen notwendigen Investition (Herstellung von Geräten, Waffen, Fallen) und je nach der individuellen oder kollektiven Natur dieser Investitionen ist die Zusammenarbeit der Produzenten mehr oder weniger groß, mehr oder weniger dauerhaft. Einige Unternehmungen können von einem einzigen Individuum durchgeführt werden (Jagd oder Erbeuten von kleinen Tieren durch Fallen). Wie es scheint, machen sie einen großen Teil der Produktion aus. Andere bedürfen der Zusammenarbeit mehrerer Individuen, um ein gleichzeitiges Funktionieren der verwendeten Werkzeuge zu garantieren (Jagd mit dem Netz z. B.) oder um größere Anlagen (große Fallen usw.) zu konstruieren und zu handhaben, oder einfach um den gegenseitigen Schutz der Mitglieder der Mannschaft zu garantieren, selbst wenn jedes einzelne ihrer Mitglieder gesonderten oder individuellen Tätigkeiten (Sammeln) nachgeht.

Auch wenn das kollektive Unternehmen nur individuelle Investitionen erfordert (wenn es z. B. von Produzenten durchgeführt wird, von denen ein jeder über sein eigenes Werkzeug oder über keines verfügt), endet es mit der Verteilung des Produkts unter alle Produzenten. Diese Aufteilung entbindet den einzelnen von jeder Verpflichtung gegenüber den anderen. Für die Produktion ist es in keiner Weise erforderlich, daß in Zukunft dieselben Produzenten wieder dieselbe Gruppe bilden. Gewiß können andere, außerhalb der produktiven Tätigkeit entstandene Beziehungen innerhalb der Horde dafür sorgen, daß sich erneut dieselben Mannschaften bilden, doch diese Neubildung vollzieht sich unabhängig von den materiellen Bedingungen der Produktion und Verteilung. Jede Mannschaft bildet sich auf freiwilliger Basis. Wenn das gemeinsame Unternehmen die Herstellung eines kollektiven Produktionsmittels erfordert, das sich mehrmals verwenden läßt, so werden die Mitglieder der Mannschaft ermuntert, so lange zusammenzubleiben, wie es verwendet werden kann. Doch die dadurch geschaffenen Bande sind nicht zwingend. Möglicherweise dauern sie nur so lange wie der Gebrauch des kollektiven Gegenstandes. Der Produzent, der die Mannschaft vor diesem Zeitpunkt verläßt, verzichtet lediglich auf einen Teil investierter Arbeit, nicht aber auf das Produkt seiner unmittelbaren Arbeit. Vor allem durchbricht er keinen Produktionszyklus.

Der Zyklus der Reproduktion der Arbeitskraft, der menschlichen Energie ist kurz. Die Lebensmittel, die sich schlecht konservieren lassen, werden gleich nach ihrer Produktion konsumiert. Es gibt keine Akkumulation des Produkts. Der Zyklus der Umwandlung der Lebensmittel in Energie ist ein täglicher: jeden oder fast jeden Tag setzt der Produzent die Energie ein, die er durch die in den vergangenen Stunden verzehrten Lebensmittel gewonnen hat, um die für die folgenden Stunden erforderlichen Lebensmittel zu produzieren. Das Produkt wird als Produktionsmittel der menschlichen Energie nur für einen sehr kurzen Zeitraum investiert. So ist die tägliche Arbeitszeit im Durchschnitt ziemlich kurz, etwa vier Stunden nach den in verschiedenen Gesellschaften gemachten Beobachtungen (vgl. Lee und Devor, 1968). Doch die Verteilung der produktiven Aufgaben wird fast täglich vorgenommen, produktive und unproduktive Perioden folgen einander im Rhythmus von wenigen Stunden. Es gibt keine tote Zeit, während derer die Tätigkeiten der Nahrungsproduktion zum Stillstand kämen.

Die durch diese kurzfristige Produktionsweise entstehenden sozialen Beziehungen sind selbst wiederum prekär. Die geringen Investitionen und ihre kurze Dauer, die schlechte Konservierbarkeit des Produkts, die tägliche Wiederholung von getrennten Unternehmungen sind wenig geeignet, eine Produktionsgruppe hervorzubringen, die eines dauerhaften organischen Zusammenhalts fähig ist, oder eine verwaltende Autorität zu erzeugen. In der Tat gelten die Produktionszellen, die Horden, als instabile Gruppen, die ständig ihre Zusammensetzung wechseln. Die Mobilität der zwischen Horden hin und her wandernden Individuen ist heute eine anerkannte Tatsache, obwohl man dieser Institution noch bis vor kurzem nur geringe Bedeutung beizumessen schien.[11]

Es gibt keine Virilokalitäts- oder Gynäkolokalitätsregel. Männer und Frauen in geschlechtsreifem Alter bewegen sich frei und friedlich von einer Horde zur anderen, sei's infolge schlechten Einvernehmens, sei's aus Zuneigung für eine andere Gruppe, sei's um sich einen Gefährten oder eine Gefährtin zu suchen. Die Vereinigungen zwischen Männern und Frauen sind prekär. Nach dem Abstillen oder schon vorher werden die Kinder von der Gesamtheit der Mitglieder der Horde adoptiert und folgen ihren Erzeugern nicht notwendig auf deren Wanderungen.

Die gesellschaftliche Reproduktion spiegelt diese mit der Gegenwart verbundene Produktionsweise wider. Im Gegensatz zu Ackerbaugesellschaften vollzieht sich die Wiederherstellung der Bevölkerungszahl jeder Horde durch die Mobilität der Erwachsenen zwischen mehreren von ihnen, welche die Gesamtheit der Reproduktion darstellen – eine Gesamtheit, deren Zusammensetzung nicht unbedingt konstant ist. Der Produzent wird häufiger aufgrund seiner *vorhandenen* als seiner zukünftigen Produktionsmöglichkeiten aufgenommen. Die mit der sozialen Reproduktion verbundenen Institutionen (Paarungen, Aufnahme des Fremden) zielen eher darauf ab, Erwachsene für die Gruppe zu gewinnen, als für die Nachkommenschaft ihrer Mitglieder vorzusorgen. *Diese freie und freiwillige Mobilität der Erwachsenen beiderlei Geschlechts unter den Horden ist der beherrschende Mechanismus der sozialen Reproduktion.* Das biologische Wachstum ist nur dessen Material. Die soziale Verteilung der Individuen wird nicht im Augenblick der Geburt entschieden, nach bereits durch die Heirat festgelegten Filiationsbeziehungen, sondern erst im Lauf des aktiven Lebens des Individuums. Unter diesen Umständen führt die Zeugung nicht zu einer strengen sozialen Kontrolle, sie ist nur das Nebenprodukt der Paarungen. Die Verteilung der Altersklassen und Geschlechter bleibt dem Zufall überlassen. Die soziale Reproduktion der Horde, das notwendige Gleichgewicht zwischen Produzenten und Unproduktiven hängt also in erster Linie von ihren Fähigkeiten ab, Erwachsene beiderlei Geschlechts an sich zu binden oder anzulocken.

Bei den Mbuti (Turnbull, 1965) ist die einzige Institution, die mit der Reproduktion der Horde verknüpft zu sein scheint, die kleine Empfangszeremonie, in deren Verlauf die Neuankömmlinge begrüßt werden, oder nach der Honigernte, wenn die Alten Gelübde ablegen, damit die Horde nicht versprengt werde. Dagegen gibt es weder Hochzeits- noch Beerdigungs- oder Taufzeremonien, abgesehen von denen, die in Anlehnung an ihre Bantu-Nachbarn und -Ausbeuter eingeführt wurden.[12]

Wie J. H. Steward (1968, S. 333 f.) und andere Autoren bemerken, scheint der Krieg keine charakteristische Tätigkeit der Sammler-Jäger in ihren Beziehungen untereinander zu sein. Die Guayaki, die Clastre (1974, S. 89) ausschließlich als Sammler-Jäger schildert, bilden anscheinend eine Ausnahme. Da sie den Kindesmord an Mädchen praktizieren, veranlaßt sie ein ständiges Defizit an Frauen, auf den Krieg zurückzugreifen, um sich Gattinnen zu verschaffen. Einige Merkmale, welche durch diese Literatur durchscheinen (Ahnenkult, Unterwerfung der Frauen z. B.), lassen vermuten, wie Clastre meint, daß es sich um Populationen protoagrarischen Ursprungs handelt. Doch entgegen der Meinung dieses Autors bewahrten sie anscheinend die Praxis des Kriegs in einer sozio-historischen Umwelt (Nachbarschaft von kriegerischen Populationen), die diese Praxis begünstigte und damit die bestehende Situation männlicher Vorherrschaft am Leben erhielt.

Aufgrund der Unstabilität der konstitutiven Zellen und der sozialen Reproduktionsweise definieren sich folglich die sozialen Beziehungen in der Horde zunächst gemäß der *gegenwärtigen Mitgliedschaft* der Individuen in dieser Horde, welche Mitgliedschaft sich in der Teilnahme an den gemeinschaftlichen Tätigkeiten der Produktion und Konsumtion ausdrückt. Die Mitglieder der Horde situieren sich nicht in bezug auf einen Ahnen, klassifizieren sich nicht nach einer formalen Genealogie. Daß manche oder alle Mitglieder biologisch miteinander verbunden sind, ist zweitrangig: diese Bande schaffen an sich keine dauerhaften gegenseitigen Verpflichtungen, noch definieren sie den Status oder den Rang der Individuen.
Unter diesen Umständen ist es unwahrscheinlich, daß die Gattungsnamen, welche die Mitglieder einer solchen Gruppe verwenden, um sich gegenseitig zu bezeichnen, mit wirksamen Blutsbanden übereinstimmen, die im Vergleich zu den *Mitgliedsbeziehungen* einen so geringen Platz einnehmen. Es ist unwahrscheinlich, daß es sich *a priori* um *Verwandtschafts*termini handelt, wenn man darunter diejenigen versteht, die sich durch die *Filiation* herstellen. Sehr viel wahrscheinlicher situieren sie sich in bezug auf die Überschneidung weit allgemeinerer Kategorien des Alters und des Geschlechts sowie funktionaler Kategorien, die mit der Teilnahme an den Produktionstätigkeiten (nicht produzierende Kinder, Erwachsene und Alte) sowie mit den Paarungen zusammenhängen. So können alle heiratsfähigen Frauen der Gruppe "Schwestern" sein, unabhängig von der Filiation; "Brüder" alle Männer der Horde aus derselben aktiven Generation; "Väter" alle Greise, die sich nicht mehr an den kollektiven Jagdunternehmen beteiligen. Doch das Linienschema ist den Ethnologen so stark ins Gehirn gebrannt, daß sogar die Vernünftigsten von ihnen die sozialen Beziehungen zunächst durch die Verwandtschaftskategorien wahrnehmen.[13] Das gilt zum Beispiel für Lorna Marshall (1957). Ebenso erwähnt Turnbull (1965) eine Heirat durch

"Schwesterntausch" bei den Mbuti-Pygmäen, während er im selben Werk berichtet, daß die Heiraten dadurch zustande kommen, daß die Mädchen von den Knaben umgeworfen werden, wenn die Gruppen bei bestimmten Festen einander treffen. Da diese beiden Behauptungen einander widersprechen, erklärt Turnbull schleunigst, daß "Bruder" und "Schwester" nichts anderes bedeuten als Männer und Frauen derselben Generation einer bestimmten Horde. Es ist unverkennbar, daß die Begriffe "Präferenzheirat" oder "Schwesterntausch" in diesem Kontext keinerlei verwandtschaftliche Bedeutung haben.[14]

Stewards Feststellung (1968, S. 321 ff.), daß die minimalen Gruppen, aus denen die Sammler-Jäger-Horden bestehen, selbst wieder aus Bluts- und Wahlverwandten bestehen, bedeutet in keiner Weise, daß die Verwandtschaftsbeziehungen die soziale Organisation bestimmen. Ebenso ist in der kapitalistischen Gesellschaft, obwohl die Familie hier immer noch im Mittelpunkt der sozialen Reproduktion steht und jedes Individuum in Familienbeziehungen eingebettet ist, das herrschende Prinzip der sozialen Organisation nicht die Verwandtschaft, sondern das Vertragssystem, welches die Individuen mittels des Geldes und der Waren miteinander verbindet. Wenn Wasburn und Lancaster (1968, S. 301), dem Gedanken von Steward folgend, behaupten, daß die Familienorganisation in der zynegetischen Lebensweise ihren Ursprung hat und daß sie sich in der Landwirtschaft fortsetzt, da die Probleme hier dieselben bleiben, so begehen sie denselben Irrtum und vergrößern ihn noch. Es ist auch der Irrtum von Moscovici (1972).

Es herrscht also eine krasse Verwechslung zwischen zwei verschiedenen Beziehungen: Mitgliedschaft und Verwandtschaft. In der Horde hängt die Lage eines Individuums von den freiwilligen, prekären und umkehrbaren Beziehungen ab, die es innerhalb der zeitlichen Grenzen seiner wirksamen Teilnahme an den gemeinschaftlichen Tätigkeiten eingeht. Die Verwandtschaftsbeziehungen dagegen sind durch die Geburt aufgezwungen, sie sind es, welche die Stellung des Individuums in den Produktions- und Reproduktionsbeziehungen in den verschiedenen Momenten seines Daseins definieren. Im ersten Fall rekonstruiert sich die Gesellschaft unaufhörlich auf der Basis der freien Bewegung der Individuen zwischen den konstitutiven Zellen der Gesellschaft; im zweiten Fall sind die Individuen den in der Ursprungsgruppe bestehenden Normen der sozialen Reproduktion unterworfen. Im einen Fall bleibt die soziale Zugehörigkeit individuell, im anderen wird sie von Generation zu Generation weitervermittelt.
Die Verwechslung so unterschiedlicher sozialer Beziehungen beherrscht noch immer die gesamte Theorie der Verwandtschaft, so daß die Verwirrung heute ihren Höhepunkt erreicht.

R. Needham stellt mit gewisser Enttäuschung fest: keiner der von der Theorie der Verwandtschaft ventilierten Begriffe hat Gehalt. "The word 'kinship' ... does not denote a discriminable class of phenomena or a distinct type of theory... It has an immense variety of uses... In other words, the term 'kinship' is ... an 'add-job' word and we only get in trouble when we assume that it must have some specific function... The word has in fact no analytical value... There is no such thing as kinship, and it follows that there can be no such thing as kinship theory" (1971, S. 5).[15] Weiter unten fügt Needham hinzu: "Very similar considerations apply to the concept of marriage."[16] Insgesamt ist dieses Werk eine Feststellung des Scheiterns der funktionalistischen (und strukturalistischen) Theorie der Verwandtschaft durch die funktionalistische Schule.
Die Schlußfolgerungen von F. Barth (in: Goody, 1973, S. 18) liegen auf derselben Linie: "The very extensive debate on descent and filiation... has not produced adequate generalisations or a comparative understanding of descent systems... Attempts to clarify and refine the anthropological concept of decent as a central analytical concept will hardly meet success, since it straddles so many analytical levels and encloses so many feedback effects."[17]
Needham schließt mit der Feststellung, daß die vergleichende Wissenschaft, wie sie praktiziert wurde – d. h. indem man lediglich den Begriff einer "Klasse" von Phänomenen herausstrich (ein durch Analogie der Mathematik entlehnter Begriff) –, kein Resultat gezeitigt hat; Barth fordert "Modelle, die den dialektischen Beziehungen zwischen Begriffen und Normen und sozialer Realität besser gerecht werden". Eine Kritik und ein Programm, die schon im historischen Materialismus enthalten sind, den der Funktionalismus wie der Strukturalismus bislang großartig ignoriert haben.

Durch eine mißbräuchliche Anwendung des Verwandtschaftsschemas auf diese Hordengesellschaften haben die Ethnologen den historischen Sinn der semantischen Veränderungen umgekehrt, indem sie Populationen, die den Begriff der Verwandtschaft nicht entwickelt haben, ein Vokabular zuschrieben, das anderen Gesellschaften entlehnt war.[18] Mit mehr Wahrscheinlichkeit darf man vermuten, daß die Termini, die in der Horde die Mitgliedschaft in ein und derselben Bande anzeigen, in den Liniengesellschaften die *restriktivere* Bedeutung von Zugehörigkeit zu ein und derselben *Linie* erworben haben. Was auf eine Beziehung zwischen funktionalen *Altersgruppen* im ersten Fall hinweist, wird im zweiten Fall zu einer Beziehung zwischen *verwandten Generationen.* Die Ethnologen, welche die Liniengesellschaft zum Bezugspunkt nehmen, sind also umgekehrt vorgegangen und haben den restriktiven Begriff auf die umfassendste Konzeption angewandt.[19] Damit veränderten sie die Natur ihres Gegenstands. Es besteht hier der starke Verdacht, daß die Ethnologie die Geschichte wider den Strich interpretiert hat, statt ihren realen Fortschritt zu ergründen.

Dieselbe Tendenz zur mißbräuchlichen Verallgemeinerung finden wir auch bei einer anderen Verwechslung, der zwischen Paarungsnormen und Filiationsnormen. Die ersteren bezeichnen die möglichen Ehepartner, die zweiten – mittels der Ehe und der sich daraus ergebenden Geburten – die Beziehungen der Abhängigkeit eines Individuums von den Generationen, die ihm vorausgegangen sind. Mit anderen Worten, man hat die Suche nach einer Gattin mit der Suche nach einer Nachkommenschaft verwechselt. Die Verwandtschaft als Kategorie läßt sich nur auf den zweiten Fall anwenden. Es ist die Filiation, die zum Begriff der Verschwägerung von Personen führt, deren Beziehungen sich durch ihre lebenslänglichen, permanenten und unantastbaren Bande zu einem gemeinsamen, nahen oder fernen, realen oder putativen "Vater" definieren (I,2,II).

Doch ein Werk wie *Les structures élémentaires de la parenté* befaßt sich ausschließlich mit dem Problem der Partnerwahl, d. h. der Paarung.[20] Lévi-Strauss (1967) erörtert die Filiation (Kap. 8) lediglich in Zusammenhang mit den Problemen, welche die Matrilinearität oder die Patrilinearität bei der Partnerwahl aufwirft, ohne sich bei dem Problem der Verwandtschaft *par excellence* aufzuhalten, nämlich dem der *Bestimmung der Nachkommenschaft.* Die "Verwandtschaft" scheint unter diesen Umständen ein allgemein anwendbares Phänomen zu sein, da sie nur das allgemeine Phänomen der *Paarung* behandelt, auf das sie sich reduziert, ohne daß die Perspektiven der Kinderzeugung in Erwägung gezogen würden. Damit werden alle Gesellschaften, unbeschadet ihrer sozialen Organisation und ihrer Finalität, in einen Topf geworfen. Gewiß regelt die Verwandtschaft auch die Paarung durch Bezugnahme auf die Position der Individuen in einem *genealogischen* Rahmen, doch nicht umgekehrt. Die Normen, welche lediglich die *Paarung* regeln, begnügen sich, sofern sie existieren, mit einfacheren Bezugsrahmen, die es ermöglichen, in jeder Generation die möglichen Partner zu erkennen, ohne in die Bestimmung der Nachkommenschaft einzugreifen. Die sogenannten *Hälften*-Systeme[21] beschränken sich auf diese Hinweise. Hier treten die Hälften an die Stelle der Genealogien als Mittel der Identifizierung. Der Begriff der Filiation setzt aus, sobald sich der Zyklus der Heiratsverbote geschlossen hat – je nach der Zahl der Untersektionen nach einer oder mehreren Generationen –, jedoch stets in der einzigen Absicht, zur Identifizierung des möglichen Gatten beizutragen.

Im Gegensatz zu den Filiationsregeln sind die Paarungsregeln mehr der Vergangenheit und Gegenwart als der Zukunft zugewandt: die gegenwärtigen

Beziehungen des *ego* definieren sich nach den Beziehungen, die es mit den früheren Generationen verbindet. Dagegen sind ihnen die Sorgen unbekannt, die alle Sippengesellschaften für ihre Nachkommen hegen.

Das Studium der Verwandtschaft auf das Problem der Paarung zu beschränken, setzt eine Prämisse voraus. Damit unterstellt man, daß die Ehe das hauptsächliche, wo nicht einzige Ziel verfolgt, Individuen verschiedenen Geschlechts das Zusammenleben zu ermöglichen. Lévi-Strauss, der hier merkwürdig materialistisch ist, meint in der Tat, daß es *ausreichende* ökonomische Gründe für die Einzelpaarung gibt (1967, S. 46), insbesondere die Komplementarität der männlichen und der weiblichen materiellen Arbeit. Doch diese ökonomische Ursache ist gar keine. Die sexuelle Arbeitsteilung – muß man es betonen? – ist eine Tatsache der "Kultur" und nicht der "Natur". Wenn sich beobachten läßt, daß sich eine, im übrigen variable, Arbeitsteilung zwischen Männern und Frauen herstellt – oder zumindest zwischen denen, die den sozialen Definitionen von "Mann" und "Frau" entsprechen –, welche die Frau (oder den Sklaven) zum Dienstboten des Mannes macht, so ist diese Teilung die Folge einer *vorhergehenden* Unterwerfung der Frau und nicht imaginärer unterschiedlicher Fähigkeiten. Nur Gebären und Stillen sind Dinge, derer allein die Frauen fähig sind. Doch diese natürliche Spezialisierung würde die Paarung nur im Hinblick auf die Reproduktion erklären, obgleich die Frauen, einmal befruchtet, dieser Aufgabe ökonomisch wie sozial allein gewachsen wären. In Wahrheit läßt sich die sexuelle Arbeitsteilung in keiner Weise durch die Natur erklären, ebensowenig Institutionen wie die Ehe, die Heirat oder die väterliche Filiation. Sie werden den Frauen allesamt durch Zwang auferlegt, sie sind allesamt Tatsachen der Zivilisation, die der Erklärung bedürfen und nicht als Erklärung herhalten können.

Les structures élémentaires de la parenté von Lévi-Strauss sind nichts anderes als eine Verallgemeinerung der Paarungsregeln auf alle Sippengesellschaften. Hier jedoch läuft die Verallgemeinerung umgekehrt. Während wir vorhin gesehen haben, daß die Termini, welche die Zugehörigkeit durch Mitgliedschaft ausdrücken, Termini der Verwandtschaft durch Filiation gleichgestellt werden und daß die Transponierung dieser letzteren die Horde in eine Protolinie verwandelt, werden nunmehr die Verwandtschaftsregeln der Liniengesellschaften auf die Paarungsnormen reduziert, welche in der Horde vorherrschen, was dazu führt, die Liniengesellschaften als aus exogamen Protohälften zusammengesetzt zu präsentieren.

Es sieht also so aus, als könnte weder der Funktionalismus noch der Strukturalismus die theoretischen Mittel bereitstellen, zwei unterschiedliche Gesellschaftsformen zu unterscheiden, eine, in welcher die Mitgliedschaft, und eine andere, in welcher die Filiation vorherrscht; eine, in welcher die soziale Stellung des Individuums sich nach seiner aktuellen Teilnahme an den gemeinschaftlichen Tätigkeiten richtet, und eine andere, in welcher sie sich nach seinem Aufwachsen in einer Produktionszelle und seinem Platz im

Zyklus der Reproduktion mittels eines genealogischen Bezugspunkts richtet. Diese Merkmale, verbunden mit dem radikalen Unterschied, der sie auf der Ebene der Nutzung der Erde einander entgegenstellt, tragen indes dazu bei, zwei ursprüngliche ökonomische und soziale Systeme zu unterscheiden, deren Grundprinzipien sich nicht auf dieselben Kategorien zurückführen lassen.

Obwohl Serge Moscovici eine Unterscheidung zwischen Mitgliedsverhältnis (das er Affiliationsverhältnis nennt) und Verwandtschaftsverhältnis vorschlägt, sind wir in vielen anderen Punkten nicht mit ihm einverstanden. Erstens trifft Moscovici diese Unterscheidung zwischen Hominiden und Jägern, während ich sie zwischen Sammler-Jägern und Ackerbauern treffe.[22] Damit führt er, wie die meisten Autoren, erneut eine ungebührliche Verwechslung zwischen diesen beiden Zivilisationstypen ein, indem er die Züge des einen unbedacht auf den anderen überträgt.
Andererseits stellt Serge Moscovici einen kritischen Unterschied zwischen dem Sammeln und der Jagd fest, da ihre Produktionsverhältnisse radikal verschieden seien. Die Sammelverhältnisse sollen individuell sein und weder spezielle Kenntnisse noch körperliches Training erfordern. Die Jagdverhältnisse dagegen sollen kollektiv sein und Training und Ausbildung erheischen. Im ersten Fall bliebe die Gesellschaft also individualisiert, im zweiten entstünden organisierte Verhältnisse sowie die väterliche Verwandtschaft. Doch alles, was wir über die Realität der sozialen Produktionsverhältnisse wissen (vgl. insbesondere die Beiträge in: Lee und Devore, 1968), bestätigt in keiner Weise diese imaginäre Rekonstruktion. Das Sammeln erfordert häufig die Überwindung großer Entfernungen. Es erfolgt in *Gruppen* zum Schutz vor wilden Tieren. Es erheischt also ein körperliches Training sowie eine genaue Kenntnis der Pflanzen, der Standorte, der gefährlichen Tiere, der Techniken, sich vor ihnen zu schützen, der Materialien, die sich zum Schneiden, Tragen, Heilen usw. eignen. Dagegen werden die Jagd auf kleine Tiere und ihr Erbeuten durch Fallen häufig in unmittelbarer Nähe der Zeltlager der Jäger vorgenommen, von Männern und Frauen, Jungen und Alten, die das erzielte Produkt für sich behalten, ohne es zu teilen: sie erheischen nur geringe Kenntnisse, kein körperliches Training und keine Solidarität. Serge Moscovici bezieht sich auf einen ganz bestimmten Typus der *kollektiven* Jagd oder Treibjagd, jedoch ohne die Beziehungen dieser Tätigkeiten zu den anderen zu präzisieren oder zu analysieren. In derselben Perspektive verbindet er das Auftauchen der Verwandtschaft mit der der zynegetischen Tätigkeit, die ihm zufolge am Ursprung "dauerhafter Bindungen" stehen soll. Das Gegenteil ist richtig: die Jagdgesellschaften sind instabil. Serge Moscovici zufolge soll sich die Verwandtschaft anhand der Vaterschaft herstellen, die selbst wieder dem Wunsch des jagenden Vaters entspringt, durch die Übermittlung seines Wissens auf seinen Sohn "den Menschen zu reproduzieren"! Es ist sehr naiv und "naturalistisch" zu meinen, daß sich bei dieser Gelegenheit plötzlich die Stimme des Bluts vernehmen lasse. Die Vaterschaft ist in diesen Gesellschaften noch nicht individuell; sie ist Sache der ganzen Gruppe. Und weshalb überdies eher einen Knaben als ein Mädchen für diese Ausbildung heranziehen? Außerdem zeigt Moscovici selbst, daß die Ausbildung, wenn sie institutionalisiert wird – doch dazu kommt es erst in Gesellschaften anderer Ordnung –, in den meisten Fällen nicht dem Vater anvertraut wird, sondern nahen oder fernen Verwandten, was seine Beweisfüh-

rung stark abschwächt. Zudem geht das Erlernen der lebenswichtigen Techniken relativ rasch vonstatten. Meist geschieht es durch Nachahmung und führt kaum zu dauerhaften Beziehungen (Meillassoux, 1960). Wenn sich die Macht der Erwachsenen über die Jugendlichen durch das Wissen herstellt, beruht sie nicht mehr auf der Übermittlung praktischer Kenntnisse, sondern *künstlicher, esoterischer, irrationaler Kenntnisse,* die, da sie auf keiner Form von Empirie oder Schlußfolgerungen gründen, *niemals neu entdeckt werden können.* Doch diese Erfindung des klerikalen Wissens als Herrschaftsmittel erfolgt erst lange nach dem Paläolithikum.

IV. *Gehütete Frauen, geraubte Frauen*

Wenngleich die Mobilität der Individuen eine allgemeine Tatsache ist und in allen Fällen zur sozialen Reproduktion beiträgt, sind ihre Form und ihre Bedeutung in der Horde und den Ackerbaugesellschaften doch sehr verschieden. In der ersteren, in der die Mitgliedsbeziehungen vorherrschen, ergibt sich durch den Wechsel der Erwachsenen beiderlei Geschlechts eine zufällige Reproduktion, wobei die physische Reproduktion das Nebenprodukt der aus dieser Mobilität erwachsenden Paarungen ist. In den letzteren ist die Mobilität des einen oder anderen Geschlechts Gegenstand einer gewaltsamen oder friedlichen Politik, die das Ziel hat, zum Zwecke der Zeugung geschlechtsreife Individuen miteinander in Beziehung zu bringen, deren Nachkommen von Geburt an in bestimmten Filiationsverhältnissen stehen. Für den Funktionalismus wie für den Strukturalismus beschränkt sich die matrimoniale Mobilität, wie wir sahen, auf das Problem der Partnerwahl: es läßt sich formal behandeln und lösen. Doch weil diese Mobilität sowohl die geschlechtliche Zusammensetzung der Bevölkerung wie ihr Wachstum, die soziale Verteilung der Individuen und schließlich die Mechanismen der Macht beeinflußt, spiegelt sie in unseren Augen die Gesamtheit der Mechanismen wider, durch die eine Gesellschaft ihre Produktion sowie die Reproduktion der Produktionsverhältnisse organisiert, Mechanismen, die nicht universell, sondern den historischen Produktionsbedingungen unterworfen sind.

Weiter unten werde ich zeigen (I,2,II und III), daß die landwirtschaftliche Produktion durch die Nutzung der Erde als Arbeitsmittel unter gegebenen Umständen die Entstehung dauerhafter und endlos erneuerter sozialer Bindungen begünstigt und daß die Zirkulation der Lebensmittel zwischen aufeinander folgenden Generationen sowie die daraus erwachsende Solidarität dazu führen, daß man sich um die physische und strukturelle Reproduktion der Gruppe sorgt. Wenn diese Vorsorge besteht, verbunden mit der Reproduktion der organischen Beziehungen, welche die Mitglieder der Produktionszelle zeitlich vereinen, werden die Frauen sowohl als Gebärerinnen wie als Gefährtinnen begehrt. Da die Paarung im allgemeinen das Zusammentreffen von Individuen beiderlei Geschlechts erheischt, die zu verschiedenen Produktionszellen gehören, d. h. eine verschiedene soziale Zugehörigkeit haben (I,1,I), stellt sich in den um ihre Nachkommenschaft besorgten Gesellschaften das Problem der Zugehörigkeit der Nachkommenschaft.

Der klassischen Ethnologie zufolge organisiert sich die Filiation um zwei Hauptachsen: Matrilinearität und Patrilinearität.[23] Im ersten Fall ist die Nachkommenschaft mit der Ursprungsgemeinschaft der Erzeugerin affiliert, die Filiation erfolgt über die Schwestern oder Töchter der Männer der Gemeinschaft. Der mütterliche Onkel (der älteste Bruder der Mutter) besitzt Autorität über die Kinder seiner Schwester(n). Im zweiten Fall ist die Nachkommenschaft einer Frau mit der Gemeinschaft des Gatten, soweit diese ihn anerkennt, affiliert, im allgemeinen über den letzteren. Diese "Vater-Sohn"-Beziehung ist uns vertraut. Zwischen der Matrilinearität und der Patrilinearität hat die Ethnologie Mischformen beobachtet, z. B. sogenannte bilineare, durch welche die Familien der Gatten sich die Rechte über deren Kinder teilen, oder wenn die Erbfolge in beide Richtungen geht.

Diese Terminologie drückt jedoch keine Symmetrie aus. Wenn sich dieser Klassifizierung zufolge die Patrilinearität zwischen "Vater" und Kindern der Gattin herstellt, so stellt sich die Matrilinearität nicht zwischen der Mutter und ihren Kindern her (dies wäre ein matriarchales System), sondern zwischen dem Bruder der Mutter und den Kindern der letzteren. (Nur weil keine Gesellschaften bekannt sind, welche die Mutter-Tochter-Filiation praktizieren, ist diese Sprache unzweideutig.)

Wenn die klassische Terminologie stets eine institutionelle und genealogische Filiation voraussetzt, d. h. eine Filiation, welche den Strukturen der Gesellschaft zeitlich zugrunde liegt, werden die Wohnsitzregeln in bezug auf den Elternteil gegeben, bei dem das Ehepaar wohnt, jedoch ohne Bezugnahme auf die Nachkommenschaft. So unterscheidet man: *Patrilokalität*, wenn die Gatten beim Vater des Ehemanns wohnen; *Avunkulokalität*, wenn sie beim Onkel des Mannes leben; *Matrilokalität* (welchem Terminus häufig der präzisere der *Uxorilokalität* vorgezogen wird), wenn sie bei der Familie der Gattin wohnen; *Virilokalität*, wenn die Gattin beim Mann wohnt, usw. Ebenso wichtig erscheint es, die Regeln für den *Wohnsitz der Kinder* des Ehepaars in bezug auf die Ursprungsgemeinschaft der Gatten zu bestimmen, welcher Wohnsitz im allgemeinen auch den der Mutter bestimmt, da diese während der ganzen Stillperiode, die die Arbeit der Schwangerschaft verlängert, mit dem Kind zusammenbleiben muß. Doch dieser Wohnsitz kann wechseln, je nachdem, ob die Ehe nur für ein Kind oder für mehrere gilt. Im ersten Fall können die Kinder nach der Entwöhnung z. B. in die Gemeinschaft des Erzeugers aufgenommen werden, während die Erzeugerin in der ihren bleibt oder dorthin zurückkehrt. Die verbreitetste Art des Wohnsitzes der Frau ist diejenige, bei der sie in der Gemeinschaft bleibt, in der sie gebiert und mit der ihre Nachkommenschaft affiliert ist.[24]

Es bestätigt sich also, daß sich das Vokabular der klassischen Ethnologie in diesem Problem ausschließlich auf Sippengesellschaften bezieht, in denen die Filiationsverhältnisse institutionalisiert und genealogisch sind. Es hat einen mehr juristischen denn funktionalen Inhalt. Die Verallgemeinerung seiner Anwendung auf alle Gesellschaftsformationen stiftet Verwirrung.

In den Gesellschaften, in denen die Filiationsverhältnisse nicht institutionalisiert sind, d. h. in denen sie dem Opportunitätsprinzip unterliegen, hängt das Problem der Bestimmung der Nachkommenschaft im allgemeinen mit dem der Mobilität der geschlechtsreifen Frauen zusammen: man behält die Kinder, deren Mütter man behält. So daß über die *unmittelbare Filiation* (diejenige, die sich für ein Individuum ohne Ansehen seiner künftigen Nachkommenschaft ergibt) aufgrund des Wohnsitzes der Mutter (zumindest bis zur Entwöhnung) entschieden wird, entweder in ihrer Gemeinschaft oder in der des Gatten.

Auf einer streng funktionalen Ebene und unabhängig von den Filiations- oder Wohnsitz*regeln* ergeben sich also zwei Mobilitätsformen der geschlechtsreifen Erwachsenen (die aufgrund ihrer relativen Unvereinbarkeit auch häufig Normen sind), zwei Mobilitätsformen, die den Filiationsbeziehungen vorausgehen und deren demographische, soziale und politische Implikationen ich für entscheidend halte.

Im ersten Fall bleiben die Frauen in ihrer Ursprungsgemeinschaft und die Männer sind aufgefordert, dort zu zeugen und gegebenenfalls dort zu wohnen. Ein System, das man als *gynäkostatisch* bezeichnen könnte. *die Reproduktion der Gruppe ruht einzig auf den Fortpflanzungsfähigkeiten der in der Gruppe geborenen Frauen.*

Im zweiten Fall gebären die Frauen, die auf der Basis der Gegenseitigkeit ausgetauscht werden, nicht in ihrer Gemeinschaft, sondern in einer verbündeten Gemeinschaft, die ihre Nachkommenschaft aufnimmt. *Die Reproduktion hängt von den politischen Fähigkeiten der Gruppe ab, in jedem Augenblick mit einer adäquaten Zahl von Frauen zu handeln.* Diese beiden Zirkulationsweisen haben nicht dieselbe Wirksamkeit, denn sie gründen auf den unterschiedlichen Reproduktionsfunktionen beider Geschlechter: die Befruchtungsmöglichkeiten des Mannes sind praktisch unbegrenzt, können jedoch von jedem beliebigen Mann gegenüber ein und derselben Frau ausgeübt werden; die Fortpflanzungsmöglichkeiten der Frau sind begrenzt auf den Quotienten der Zahl der Jahre der Geschlechtsreife durch die Dauer der Schwangerschaft und der Stillperiode (die häufig noch durch kulturelle Verbote verlängert wird). Während dieser Periode der Schwangerschaft macht die Symbiose der Frau mit ihrem Kind sie zu einem einzigartigen und unersetzbaren Wesen.

Es ist denkbar, daß, wenn die Nachkommenschaft der Frau auf dem Spiel steht, eine dieser Praktiken, sofern sie am Werk ist, dahin tendiert, die andere auszuschließen, da die gleichzeitige Mobilität beider Geschlechter keine geordnete Verteilung der geschlechtsreifen Frauen, folglich der Frucht ihrer Zeugungsfähigkeit zuläßt: entweder behält man alle Frauen, oder man tauscht sie alle gegen andere aus.

Die Mobilität hat, je nachdem, ob sie männlich oder weiblich ist, praktische und logische Auswirkungen auf den Wohnsitz und die Filiation, die in allen sogenannten "harmonischen" Gesellschaften zu beobachten sind, d. h. in der großen Mehrzahl der Fälle. Die häufigste Beziehung ist die zwischen Gynäkostatik, Matrilokalität und Matrilinearität einerseits, zwischen Gynäkomobilität, Patrilokalität und Patrilinearität andererseits. Die sozialen Auswirkungen dieser beiden Lösungen sind von großer Bedeutung, denn wie wir unten noch sehen werden (S. 44), eignet sich die Gynäkostatik weniger gut zur Korrektur der Unfälle, welche die Reproduktion kleiner demographischer Einheiten in Frage stellen (Sterblichkeit, Unfruchtbarkeit, vorzeitiger Tod usw.).

Das Mobilitätskriterium ermöglicht es der Analyse, die Filiationsweise mit den allgemeinen Produktionsbedingungen der Ackerbaugesellschaften zu verknüpfen.

Die Wohnsitz- und Deszendenzregeln, welche die klassische Ethnologie vorschlägt, beziehen sich auf die normative oder juristische Ebene, sie unterliegen keiner sichtbaren Notwendigkeit und lassen nur auf eine willkürliche "Entscheidung" der "Gesellschaft" für diese oder jene Gesamtheit von Regeln schließen. Andererseits beobachten wir, daß die matrimoniale Mobilität, die sich unmittelbar auf den Wohnsitz und die Filiation auswirkt, mit jeweils unterschiedlichen landwirtschaftlichen Praktiken verbunden ist.

Die Schule der deutschen Ethnographie hatte schon lange eine offenkundige Entsprechung zwischen der Stecklingswirtschaft und den sogenannten

matrilinearen Gesellschaftsformationen erkannt. In der Tat ist es auffallend, daß die Gynäkostatik und die Filiation mittels der Töchter oder der Schwestern in solchen Zonen weiter verbreitet sind, in denen diese Art von Landwirtschaft vorherrscht (z. B. im bewaldeten Afrika oder im amazonischen Urwald), während die gynäkomobilen und patrilinearen Gesellschaften im allgemeinen in Getreideanbau-Zonen anzutreffen sind. Untersucht man kurz die Produktionsbedingungen, die in der Stecklingswirtschaft vorherrschen, so lassen sich Elemente finden, die dieser Korrelation eine gewisse Logik bescheinigen und es erlauben, anhand zweier verschiedener matrimonialer Zirkulationsweisen zu beobachten, wie sich die häuslichen Produktions- und Reproduktionsweisen durchsetzen.
Halten wir jedoch fest, daß diese Korrelation von einer Tendenz und nicht von einem absoluten Determinismus ausgeht, denn die Produktionsverhältnisse sind dem Wesen nach dieselben, gleich welche Art der Landwirtschaft praktiziert wird. Stets dienen sie institutionellen Reproduktionsverhältnissen als Grundlage. Wie wir noch sehen werden, ist das, was die patrilineare Produktionsweise bestimmt, die *politische* Fähigkeit einer Gesellschaft, die friedliche Zirkulation der Frauen zwischen ihren konstitutiven Zellen zu regeln. Diese politische Fähigkeit hat nun aber im Rahmen des Getreideanbaus bessere Entwicklungschancen (aus Gründen, die wir später darlegen werden) als in dem einer Stecklingswirtschaft. Dennoch kann auch die letztere patrilineare Formen entwickeln, die sowohl von der sozialen Ausdehnung der Stecklingswirtschaft im Vergleich zu den anderen Tätigkeiten sowie von der politischen Milderung der besonderen Widersprüche abhängen, die ihre Praktizierung nach sich zieht.
Die Stecklingswirtschaft verfährt entweder durch Neupflanzung eines Teils der Knolle (Jams, Maniok, Taro usw.) oder eines Schößlings (z. B. Banane). Diese sogenannte "vegetative" Reproduktionsweise erfordert also keine Aussaat. Es handelt sich um eine ertragreiche Landwirtschaft mit relativ hoher Produktivität (Rivière, 1974). Andererseits lassen sich die Produkte nur kurze Zeit konservieren (weniger als ein Jahr), sie sind schwer und platzraubend, weshalb sie im allgemeinen auf den Feldern gelagert werden, wo sie sich im übrigen länger halten. Vor allem müssen die Produkte dieser Landwirtschaft, um verzehrt werden zu können, einer zeitraubenden, komplizierten, langweiligen und ermüdenden Behandlung unterzogen werden, erheischen folglich die ständige Mobilisierung eines relativ großen Teils der sozialen Energie.
Die kurze Konservierungsdauer des Produkts macht diese Landwirtschaft für klimatische Störungen anfällig, denn es ist nicht möglich, mehrere Jahre

lang Vorräte zu akkumulieren. Die nicht landwirtschaftlichen Tätigkeiten wie die Jagd, der Fischfang, das Sammeln bleiben also unerläßlich, um ein stets drohendes Defizit auszugleichen. Sauer (1968, S. 26 f.) und Rivière (1974) fügen hinzu, daß die Produkte dieser Landwirtschaft keine ausgewogene Kost liefern und deshalb notwendig durch Produkte der Jagd oder des Sammelns als Proteinquellen ergänzt werden müssen.

Die Verbindung von Stecklingswirtschaft und punktueller Ökonomie ist also allgemein, aber variabel. Ihre relative Bedeutung läßt sich weniger an der Arbeitszeit oder am Umfang ihrer jeweiligen Produktion als vielmehr am Einfluß ablesen, den sie auf die sozialen Strukturen ausüben.

In allen Fällen führen die agrarischen Praktiken zur Herausbildung von Produktionszellen, die einem befristeten Produktionsprozeß angepaßt sind, der eine Investition an Energie in die Erde als Arbeitsmittel, Kontinuität und Koordination der Aufgaben während eines Zeitraums von mehreren Monaten sowie das Warten auf das Reifen des Produkts erfordert. Der langsame Rhythmus der Produktion trägt dazu bei, die Gesamtheit der Produzenten für die Dauer des landwirtschaftlichen Zyklus und darüber hinaus zusammenzuhalten.[25] Die Arbeiten der Stecklingswirtschaft erfordern jedoch nicht übermäßig viele Leute, sie können von kleinen Mannschaften ausgeführt werden. Mit diesem Typus repetitiver und zyklischer Tätigkeit entwickeln sich der Zusammenhalt der Produktionszelle sowie die Organisation ihrer Reproduktion und ihres Schutzes. So daß im Unterschied zur Horde der Haushalt (Erzeuger, Ehegatten und deren unmittelbare Nachkommen), dessen innere Beziehungen sowohl mit den landwirtschaftlichen Praktiken wie mit der Reproduktion zusammenhängen, eine soziale und funktionale Existenz gewinnt. Er ist die konstitutive Zelle eines sozialen Ganzen. Die Beziehungen dieser Haushalte untereinander entsprechen unterschiedlichen Normen, je nachdem, ob auf der Ebene dieses erweiterten Zusammenschlusses die Jagd oder die Agrikultur vorherrschen: die Haushalte haben die Tendenz, sich durch Mitgliedsbeziehungen zu verbünden, wenn die Jagd das strukturierende Element ist; durch matrimoniale Beziehungen, wenn die Agrikultur dominiert.

Im ersten Fall, der der Protoagrikultur entspricht, wie einige Autoren sie nennen, bleiben die Haushalte – die sich also auf landwirtschaftliche Tätigkeiten beziehen – Gruppen von kleinem Umfang. Sie versammeln sich in schwankender Zahl vermittels der Jäger jedes Haushalts, die bei den Tätigkeiten der Jagd, des Fischfangs oder des Sammelns (sowie des Kriegs) zusammenarbeiten. Ein ebenso prekärer Zusammenschluß also wie der zwischen den Individuen der Horde, nur daß diese Unsicherheit hier zwischen den Haushalten und nicht zwischen den Individuen besteht. Die politische Organisation der von den zynegetischen Tätigkeiten bestimmten proto-agrarischen Gesellschaften findet weder in der Landwirtschaft noch in ihren kollektiven Tätigkeiten Grundlagen für einen starken Zusammenhalt. Keine der Produktionstätigkeiten scheint in der Lage zu sein, eine kontinuierliche und zwingende Autorität zu tragen, die den Haushalt übersteigen oder durchdringen könnte (I,2,III). Da sich aus dieser Form der sozialen Organisation, die auf lose verbundenen, nur kurzlebige Bündnisse eingehenden Gruppen beruht, keine zivile und schlichtende Macht entwickelt, haben die matrimonialen Probleme die Tendenz, sich gemäß Verfahrensweisen zu regeln, die am wenigsten Anlaß zu Streitigkeiten geben. Die einfachste und mit dieser Situation am besten zu vereinbarende Lösung besteht darin, jeder Zelle die Nachkommenschaft ihrer eigenen Frauen zuzubilligen. Die Reproduktion erfolgt damit anhand der unmittelbaren Fähigkeiten, über die jeder einzelne verfügt. Die Gynäkostatik würde somit eine friedliche Lösung der matrimonialen Zirkulation innerhalb eines sozialen Ganzen darstellen, wenn die politische Macht zu schwach ist, um die Spannungen und Konflikte aufzufangen, die der wechselseitige Tausch der Frauen mit sich bringen würde.

Die Mitgliedsbeziehungen der Haushalte zu einer Kollektivität können also, im Rahmen der in ihr verfügbaren Partner, mit friedlichen matrimonialen Beziehungen einhergehen. Die Frauen, die für die Kontinuität der landwirtschaftlichen Aufgaben und der Produktionszellen sorgen, sind die Pole, zu denen die Männer sich hinbewegen. Innerhalb der Kollektivität herrscht die männliche Mobilität vor. Doch diese männliche Zirkulation, deren Gegenstück die Unbeweglichkeit der Frauen in ihrer Ursprungsgruppe ist, beschränkt die Möglichkeiten der sozialen Reproduktion auf die Fruchtbarkeit der geschlechtsreifen Frauen, die in jeder Zelle geboren wurden. Liegt deren Zahl oder Fruchtbarkeit unter einer bestimmten Schwelle, so sind die Reproduktionsmöglichkeiten bedroht. Sobald die differentielle Fruchtbarkeit zu einem Defizit an weiblichen Geburten führt (was in kleinen Einheiten, die den statistischen Gesetzen der großen Zahl nicht unterliegen, häufig vorkommt), muß der Haushalt, um fortzubestehen, Frauen in sich eindringen lassen. Doch die für diese Korrektur notwendige weibliche Zirkulation stellt dann unweigerlich die Prinzipien der Filiation in Frage, die auf dem Verbleiben der Frauen in ihrer Ursprungsgruppe beruhen. Diese Korrektur kann also nur durch die Einführung von Frauen vorgenommen werden, die man sich außerhalb der Kollektivität beschafft hat, also durch Verletzung der Regeln der Matrilinearität, das heißt, wenn die betreffende

Gesellschaft von Gesellschaften umgeben ist, die ebenfalls darauf bedacht sind, ihre Frauen zu bewahren, notwendig durch Gewalt. Es besteht dann eine ständige Tendenz zu Raub und Krieg.

Nimmt die Jagd einen entscheidenden Platz in der sozialen Organisation ein, so werden die zynegetischen Techniken, die man am besten beherrscht, tendenziell dazu verwandt, die zufällige Verteilung der Frauen zu korrigieren, jedoch mit dem Unterschied, daß man, da die Frauen kein tierisches Wild, sondern menschliche Wesen sind, eingegliedert in komplexe soziale Strukturen, die sie schützen, andere Taktiken anwenden muß, um sich ihrer zu bemächtigen: der Jäger, der sich nicht mehr Tieren, sondern anderen menschlichen Wesen konfrontiert sieht, wird zum Krieger.

In dieser Situation ist die Frau die Beute. Damit sie gefangen werden kann, muß sie in eine taktische Situation der Unterlegenheit gebracht werden. Der Raub enthält in sich alle Elemente der Unterwerfung und Herabsetzung der Frauen und ist das Vorspiel aller anderen Unternehmen dieser Art. *Verbündete,* bewaffnete, nach einem untereinander ausgeklügelten Plan handelnde Männer versuchen, eine möglichst isolierte, unbewaffnete, weder vorbereitete noch gewarnte Frau zu überraschen.[26] Gleich welche Körperkraft oder Intelligenz sie besitzt, sie ist von vornherein zur Niederlage verdammt. Ihre Rettung liegt nicht im Widerstand, sondern in der unmittelbaren *Unterwerfung* unter ihre Räuber. Ihr Schutz kann nicht von ihr selbst kommen, sondern von den anderen Mitgliedern ihrer Gruppe, und eher von den Männern als von den Frauen, nicht weil die ersteren "von Natur aus" dazu besser geeignet wären, sondern weil sie weniger verwundbar sind, da aufgrund ihrer relativen Nutzlosigkeit als Reproduzenten nicht begehrt. Die Frauen befinden sich also sowohl gegenüber den Männern ihrer Gruppe, die sie beschützen, wie gegenüber denen der anderen Gruppe, die sie rauben, um sie dann ihrerseits zu schützen, in einer Situation der Abhängigkeit. Aufgrund ihrer *sozialen* Verwundbarkeit[27] erniedrigt, werden die Frauen unter männlichem Schutz an die Arbeit gestellt, mit den undankbarsten, verdrießlichsten, vor allem unbefriedigendsten Aufgaben der Landwirtschaft und der Küche betraut. Von vornherein von den Aktivitäten der Jagd oder des Kriegs ausgeschlossen, auf denen die Werte der Gesellschaft gründen, sind sie so sehr mißachtet, daß der Kindermord an Mädchen zuweilen häufiger praktiziert wird als der an Knaben, und zwar trotz ihrer lebenswichtigen und wunderbaren Zeugungsgabe.

Über die Funktionen der Regulierung und der Sanktionierung der Zirkulation der Frauen hinaus wird der Krieg für die erwachsenen Männer auch zum Mittel, ihre Überlegenheit über alle anderen sozialen Kategorien zu bekräftigen: Frauen, Greise, Kinder. Daher wird er häufiger geführt, als unbedingt notwendig wäre, um seine korrektiven Funktionen zu erfüllen. Der Krieg fördert, wenn er fast dauernd herrscht, die Klasse der "Männer", der Krieger. Er steigert die Kraft und den Mut. Er begünstigt die Entstehung einer starken, brutalen, oft grausamen, aber personalisierten, willkürlichen und geistlosen Autorität. Doch diese Autorität ist prekär, da unablässig von anderen rivalisierenden Männern angezweifelt; selten wird sie von ihrem Inhaber auf ein anderes Individuum übertragen, da sie auf der persönlichen Leistung, die immer wieder erneuert werden muß, und nicht auf einem institutionellen Mechanismus beruht. Auch wenn es keine institutionelle politische Macht, keinen Staat gibt, so manifestiert sich doch eine persönliche Macht, eine Autorität, die begehrt, umworben und Gegenstand der Rivalität ist. Diese Autorität stützt sich, trotz den Behauptungen von Jaulin (1974[28]), auf den Krieg, d. h. auf Gewalt, Stärke, List, Waffentaten und oft auf den Mord, wie es das Kennzeichen jeder im wesentlichen kriegerischen oder militärischen Macht ist. Die Berichte von Helena Valero über ihr Leben bei den Yanoama in Amazonien sind in dieser Hinsicht aufschlußreicher als so manches Material, das die Ethnologen zusammengetragen haben (Biocca, 1968). An diesem kriegerischen Ursprung der Macht liegt es, daß sie sowohl willkürlich als auch brutal und prekär ist.

Obwohl die Ehezellen – aber nicht mehr die Individuen – das kollektive Haus nach Belieben verlassen (Pinton, in: Jaulin, 1973, S. 149), haben die Gruppierungen einen stärkeren Zusammenhalt als in der Horde, aufgrund der Erweiterung und der Stabilität des (durch den Krieg verstärkten) männlichen Kerns, des Verbleibens und der Aufzucht der Kinder in der Gruppe, der Notwendigkeit der Verteidigung und des Schutzes. Die Filiationsverhältnisse setzen sich, obzwar noch undeutlich, über eine Generation hinaus fort. Die Natur der Macht der herrschenden Kategorie, der Krieger, steht jedoch einer friedlichen Regelung der Zirkulation der Frauen entgegen, zum einen weil die von den erwachsenen Männern erworbene Überlegenheit auf der Perpetuierung von Gewalt und Krieg beruht, zum anderen weil die zwischen den Kollektivitäten geschürte Feindseligkeit es nicht erlaubt, die für eine solche Regelung unabdingbaren Bündnisse zu stiften. Das System hat die Tendenz, sich selbst zu erhalten.

Soziologisch gesehen, ist dieser Gesellschaftstypus überaus heterogen, insofern die sozialen Beziehungen unterschiedlicher Natur sind und nicht denselben Organisationsprinzipien unterstehen. Wie wir sahen, herrschen unter den Haushalten ein und desselben Ganzen Mitgliedsbeziehungen vor, die zuweilen, jedoch nicht organisch, von matrimonialen Beziehungen begleitet sind. Innerhalb der Haushalte stellen sich Ehe- und Filiationsbeziehungen zweierlei Typs her, je nachdem, ob die Gatten aus der von den verbündeten Haushalten gestifteten Kollektivität stammen oder ob die Gattinnen, durch Raub und Krieg, aus fremden Kollektivitäten stammen. Im ersten Fall bleibt die Nachkommenschaft der Frau in deren Ursprungshaushalt (die Heirat ist uxorilokal mit matrilinearer Wirkung); im zweiten Fall fällt die Nachkommenschaft dem Haushalt des Gatten zu (die Heirat ist virilokal mit patrilinearer Wirkung). Man sieht schon, daß die von der Ethnologie vorgeschlagenen formalen Kategorien sich nur schwer auf die Gesamtheit solcher sozialen Systeme anwenden lassen.

Wird der Ackerbau für das Überleben der sozialen Gruppe bedeutsamer als die Jagd und sind die Männer in stärkerem Maße gezwungen, sich daran zu beteiligen, dann bedroht der allzu oft wiederholte Krieg die Produktionsbedingungen durch die Todesfälle und Abwesenheiten, die er verursacht. Die Aufrechterhaltung der Zahl der Produzenten macht es nun erforderlich, daß die matrimonialen Beziehungen möglichst auf andere Weise als durch Gewalt oder zumindest durch eine kontrollierte Gewalt geregelt werden. Damit eine Manipulation der Frauen in ausreichender Zahl und ihr möglicher Austausch auf einer Basis der Gegenseitigkeit erfolgen kann, muß eine *zivile Macht,* die auf dem Bündnis und der Versöhnung gründet, die kriegerische Macht ersetzen.[29]

Obwohl es aus diesem Grunde eine Tendenz geben kann, daß sich die Verwandtschaftsbeziehungen über die Haushalte hinaus ausdehnen, um an die Stelle der Mitgliedsbeziehungen zu treten, die sie untereinander verbinden[30], wird diese Entwicklung zur Herausbildung einer an eine Linie gebundenen zivilen Macht von der Natur der Stecklingswirtschaft nicht begünstigt. Wegen der Schwierigkeit, das Produkt zu lagern, sowie des Fehlens von Saatgut sind die Manipulation und Kontrolle der Nahrungsmittel und die Errichtung einer Verwaltungsmacht wenig wirksam. Hinzu kommt, daß die Stecklingswirtschaft weiterhin die Segmentierung begünstigt, nicht aber die Ausdehnung einer großen Sippe. Das Lagern der Nahrungsprodukte auf den Feldern erlaubt nämlich jeder Fraktion oder jedem Individuum, das sich von der Gruppe getrennt hat, sich mit Stecklingen oder Ablegern sowie mit Nahrungsmitteln während der toten Jahreszeit zu versorgen und mit eigenen Mitteln einen neuen Produktionszyklus zu beginnen. Doch der von der Kollektivität getrennte Mann, der gezwungen ist, die Elemente zur Reproduktion der Nahrungspflanzen und für seine unmittelbare Reproduktion zu rauben, muß auch die Mittel für seine soziale Reproduktion rauben, die Frau. So breitet sich in diesen Gesellschaften der Raub aus[31], also ein Zustand der Feindseligkeit zwischen Kollektivitäten, der die friedliche Zirkulation der Frauen wenig begünstigt und die Reproduktion jeder konstitutiven Zelle von den Zeugungsfähigkeiten ihrer Töchter abhängig macht.

Nun verschlimmern sich aber die Auswirkungen der Immobilisierung der Frauen in dem Maße, in dem die Prozeduren der Aussöhnungen und Bündnisse (die zur Uxorilokalität und Matrilinearität erziehen) auf Kosten des Kriegs stattfinden (der demographisch zwar korrigierend ist, sich aber patrilinear auswirkt). Die demographischen Unfälle lassen sich desto weniger korrigieren, je mehr die Gesellschaft sich ordnet, sich zivilisiert und sich unter Beachtung der matrilinearen Filiation pazifiziert. Die Mobilität der Frauen ist um so stärker geboten, je friedlicher die Beziehungen zwischen Kollektivitäten sind. Deshalb bleiben die gynäkostatischen Systeme, die darauf abzielen, die Frauen und ihre Nachkommen in ihrer Ursprungsgemeinschaft festzuhalten, rigide, unstabil, turbulent, da unfähig, sich innerhalb ihrer Normen zu korrigieren. Sie führen zu komplexen und vielfältigen sozialen Praktiken, die jenen permanenten Widerspruch abschwächen sollen, der sie dazu verurteilt, entweder friedlich auszusterben oder sich den Gefahren der gewaltsamen Reproduktion auszusetzen. Es besteht hier eine latente Tendenz zu Krieg und Raub oder zum Umkippen in korrektive Formeln, die Elemente der Patrilinearität oder möglicherweise, wenn die Bedingungen für ein friedliches Bündnis zwischen den Parteien gegeben sind, einer friedlichen Zirkulationsweise der Frauen einführen. Daher rührt wahrscheinlich die Schwierigkeit, mit der die Untersuchung der sogenannten matrilinearen Agrargesellschaften zu kämpfen hat, deren allgemeine Theorie aufzustellen ich anderen, kompetenteren Leuten überlasse.[32]

2

Die häusliche Reproduktion

Die Bedingungen der Umwelt, zusammen mit dem Stand der erworbenen Kenntnisse, mit der Natur des Produkts und den objektiven Bedingungen seiner Produktion, tragen dazu bei, entscheidende Produktionsverhältnisse zu schaffen, die sich in einer mehr oder weniger fortgeschrittenen Beherrschung der für die Aufrechterhaltung der Produktionsverhältnisse notwendigen Art der sozialen Reproduktion äußern. Eine Beherrschung, die selbst wieder von den politischen Fähigkeiten abhängt, welche die Gesellschaft erworben hat, d. h. von der Verstärkung der zivilen Macht, die in letzter Instanz auf den Produktionsverhältnissen gründet, die sie zu bewahren strebt.
In der vollendeten Form der Hausgemeinschaft, mit der wir uns nun befassen wollen, wird die Nachkommenschaft der Gattinnen der Gemeinschaft des Gatten zugesprochen. Die friedliche Zirkulation der Frauen ersetzt sowohl die ebenfalls friedliche der Männer wie die gewaltsame der Frauen. Das Bündnis setzt sich entscheidend gegen die Gewalt als Mittel zur Regulierung der matrimonialen Beziehungen durch, mittels der Verallgemeinerung der Schlichtungsverfahren, welche die Stärkung der zivilen Autorität ermöglicht, die selbst wieder mit neuen Produktionsbedingungen zusammenhängt.
Diese Formel stellt im Vergleich zur Gynäkostatik einen erheblichen Vorteil dar in Anbetracht der Tatsache, daß die Reproduktionsfähigkeiten der Geschlechter nicht gleich sind. Denn dank der Mobilität der geschlechtsreifen Frauen hängen die Reproduktionsmöglichkeiten einer Gruppe nicht nur von der Zahl der Frauen ab, die sie erzeugt, sondern auch von den politischen Mitteln, über die diese Gruppe verfügt, um Frauen in sich aufzunehmen. Die Zahl der geschlechtsreifen Männer ist vom Standpunkt der Reproduktion her gesehen gleichgültig (es genügt, wenn sie nicht gleich Null ist), da ein einziger Mann praktisch eine unbegrenzte Zahl von Frauen schwängern kann. Weiter unten werden wir sehen, daß diese Formel mit patrilinearer Auswirkung am geeignetsten ist, eine bessere Verteilung der geschlechtsreifen Frauen *in Zeit und Raum* zu garantieren und ihre Zeugungsfähigkeit am wirksamsten auszunutzen, selbst wenn jede Gemeinschaft auf Zeit nur über so viele Frauen verfügt, wie sie hervorgebracht hat. Zudem ist es ein stabiles System, imstande, sich innerhalb seiner Normen im Gleichgewicht zu halten und zu korrigieren.
Wir wollen nun untersuchen, unter welchen Bedingungen ein solcher Fortschritt funktionieren und andauern kann.

I. *Das Niveau der Produktivkräfte*

Die Definition der häuslichen Gemeinschaft, wie wir sie verstehen, verlangt, daß wir die historische Periode präzisieren, auf welche sie sich bezieht, nicht nur als das Moment einer möglichen Evolution, sondern als von einer bestimmten Entwicklung der Produktivkräfte gekennzeichnet.

Die häusliche Gemeinschaft ist die Grundzelle einer Produktionsweise, die durch eine Gesamtheit solcher Gemeinschaften entsteht, die untereinander zum Zwecke der ökonomischen und sozialen Produktion und Reproduktion des spezifisch häuslichen Produktionsverhältnisses organisiert sind (vgl. Marx, 1866, S. 84).
Das Niveau der Produktivkräfte, welchem die Entwicklung der Hausgemeinschaft entspricht, läßt sich durch folgende Merkmale bestimmen:
1. *Kenntnis* der landwirtschaftlichen und handwerklichen Techniken, die eine *Agrikultur erlaubt, deren Produktivität hoch genug ist, um die zum Unterhalt und zur Reproduktion ihrer Mitglieder sowie zur Wiederholung des landwirtschaftlichen Zyklus erforderlichen Nahrungsmittel bereitzustellen.* Alle anderen nahrungsbeschaffenden Tätigkeiten sind, wenngleich für ein diätetisches Gleichgewicht unerläßlich, nur ergänzende Tätigkeiten. Sie werden niemals auf Kosten der landwirtschaftlichen Tätigkeiten unternommen.

Die Wiederholung des landwirtschaftlichen Zyklus (in einer im wesentlichen auf dieser Tätigkeit gründenden Ökonomie) bedingt die Konservierung eines Teils des Agrarprodukts, der zwei Arten von Perioden zu überbrücken vermag: einerseits die des Übergangs von einer Ernte zur anderen; andererseits (durch Aufstockung der Lagerbestände) eine längere Periode, um die klimatischen Schwankungen und andere Katastrophen (Dürre, Heuschrecken, diverse Plagen) zu überstehen, welche die Produktion für ein oder mehrere Jahre unterbrechen können. Diese Fähigkeit, einen Vorrat anzulegen, der ausreicht, eine Periode zu überbrücken, die in etwa der längsten wahrscheinlichen Dauer einer Naturkatastrophe entspricht, ist der Maßstab für die Mindestproduktivität, welche die Agrikultur erreichen muß. Es liegt auf der Hand, daß das Getreide, das sich weit über den landwirtschaftlichen Zyklus hinaus konservieren läßt, die Entwicklung der Hausgemeinschaft weit mehr begünstigt als Knollen oder Früchte. Die häusliche Produktionsweise findet ihren vollendetsten Ausdruck im Getreideanbau.

2. Nutzung der *Erde als Arbeitsmittel,* die durch eine Investition an Energie auf Zeit produktiv gemacht wird.
3. Nutzung der *menschlichen Energie* als überwiegende Energiequelle bei der landwirtschaftlichen und handwerklichen Arbeit.[1]
4. Verwendung von *individuellen Produktionsmitteln,* die zu ihrer eigenen Erzeugung lediglich eine Investition an individueller Arbeit erheischen.

Tätigkeiten außerhalb der Landwirtschaft können Gegenstand kollektiver Investitionen auf der Ebene einer Gesamtheit von Gemeinschaften sein, die z. B. zu Dörfern zusammengeschlossen sind. Das gilt für einige Tätigkeiten der Jagd oder des Fischfangs, wenn die Errichtung von Fallen die Arbeit einer bestimmten Anzahl von Produzenten erforderlich macht. Diese kollektiven Investitionen haben lediglich eine sekundäre Wirkung auf das soziale System, weil die Tätigkeiten, auf die sie sich beziehen, selbst den sozialen Verhältnissen untergeordnet sind, welche die vorherrschende Tätigkeit bestimmt: die Landwirtschaft. Diese Formen der Kooperation lassen sich nicht isoliert, als ebenso viele "Produktionsweisen" betrachten (Terray, 1969). Es handelt sich hier lediglich um Arbeitsprozesse.

In der landwirtschaftlichen Hausgemeinschaft dominiert die Agrikultur, nicht nur weil sie den größten Teil der Energie der Produzenten mobilisiert, sondern vor allem weil sie die allgemeine soziale Organisation bestimmt, der die anderen ökonomischen, sozialen und politischen Tätigkeiten untergeordnet sind. So dauern Beziehungen, die sich aufgrund der Ausübung bestimmter Tätigkeiten herstellen, wie Krieg oder Jagd, nur so lange, wie diese Tätigkeiten dauern, und einzig in deren Rahmen. Sind sie beendet, so lösen sie sich auf. Die Anführer des Kriegs oder der Jagd sind, sobald sie ins Dorf zurückkehren, wieder den Beziehungen der Filiation und Anteriorität untergeordnet, die in der Hausgemeinschaft vorherrschen.

Die genannten Merkmale definieren ein Modell, das jene Ökonomien ausscheidet, in denen die tierische Zugkraft oder die Verwendung kollektiver oder gesellschaftlicher Produktionsmittel ins Spiel kommen[2]; ferner die der Ausbeutung unterworfenen Bauerngemeinschaften, die gezwungen sind, einen Teil ihres Produkts einer ausbeutenden Klasse abzutreten; schließlich diejenigen, die organisiert sind, um landwirtschaftliche Erzeugnisse auf dem Markt zu verkaufen.

Mit anderen Worten, das ins Auge gefaßte Modell steht in einem historischen Kontext, in welchem die unter den genannten Voraussetzungen entstandenen Gemeinschaften *Beziehungen nur zu gleichartigen Gemeinschaften unterhalten,* wobei ihre möglichen Beziehungen zu anderen Gesellschaftsformationen nur oberflächlich und nicht geeignet sind, sie qualitativ zu verändern.

Die Beziehung zu gleichartigen Gemeinschaften impliziert eine spezifische Form des freien Zugangs zur Erde, zum Wasser und zu den Rohstoffen, die zur Ausübung ihrer verschiedenen Tätigkeiten erforderlich sind. Der Zugang zu den natürlichen Produktionsmitteln darf hier nicht mit irgendeiner Form der Aneignung der Erde verwechselt werden. Für ein Individuum ist der Zugang zur Erde als einem agrarischen Mittel zum Überleben notwendig mit dem Zugang zum Saatgut und zu den Lebensmitteln während der

Zeit der Bearbeitung der Felder verbunden, ohne welche der "Besitz" der Erde keinen Inhalt hätte. *Der Zugang zur Erde ist also der Existenz oder der Schaffung vorgängiger sozialer Beziehungen – Filiation oder Affinität*[3] *– untergeordnet,* mittels derer jene Rohstoffe erworben werden. Der Ausschluß aus der Gemeinschaft verbietet weniger den Zugang zur Erde als den Zugang zu den Mitteln, sie zu bebauen. Da sich die Erde nicht von den Produktions- und Reproduktionsverhältnissen trennen läßt, die ihre Nutzung gestatten, kann sie nicht Gegenstand einer "Aneignung" an sich sein, durch welche sie vom sozialen Kontext abgelöst wäre, der ihr eine ökonomische Existenz und einen Gebrauchswert verleiht. In ihrer Vorstellung trennen die Ackerbauern die Erde nicht von den Ahnen, d. h. von den vergangenen und gegenwärtigen sozialen Banden, die ihrer Produktivität zugrunde liegen. Die Analyse der Produktionsverhältnisse bestätigt in der Tat, daß es keinen individuellen "Besitz" der Erde geben kann, ein Punkt, in dem sich fast alle einig sind. Doch *da die Zugehörigkeit zu einer Kollektivität die Voraussetzung für den Zugang zur Erde ist,* meint man allgemein, daß diese Kollektivität sie als "Gemeineigentum" besitzt. In Wahrheit entspringt das Bewußtsein einer "Aneignung", d. h. einer *ausschließenden* Beziehung zu einem Stück Boden, weder der Bewegung der Auskundschaftung und Beschlagnahmung der Erde noch der Arbeit, welche die gegenwärtigen und vergangenen Mitglieder der Gruppe in sie investiert haben. Es taucht erst auf, wenn die Nutznießung dieser Erde von einer anderen Kollektivität bedroht wird. Nun ist aber zu beobachten, daß die Eroberung von Ackerflächen in den Beziehungen zwischen *häuslichen Gesellschaften* praktisch nicht existiert, selbst wenn die Bevölkerungsdichte groß ist. Im allgemeinen legt die häusliche Gesellschaft dem Zuzug von fremden Individuen oder Familien kein Hindernis in den Weg, sobald die sozialen Beziehungen definiert sind, die sie mit der Kollektivität verbinden werden. Die "Eroberungen" erweisen sich häufig als die Folge einer langen Infiltration derart aufgenommener Einwanderer, deren Zahl oder besondere Tätigkeiten es ihnen zu einem bestimmten Zeitpunkt erlauben, sich gegen ihre Gastgeber durchzusetzen. Selbst unter der Annahme, daß die Erde ein von Militärgesellschaften begehrter und eroberungswürdiger Gegenstand ist, führt ihr Schutz nicht *ipso facto* zur Konstruktion eines komplexen realen Rechts, das unabhängig von den historischen Umständen den Begriff des *Eigentums* entstehen ließe. Das *Eigentum,* das im weitesten Sinn das Recht auf *usus, fructus* und *abusus* beinhaltet, ist mit der Warenwirtschaft verbunden, welche die *Veräußerung des Produkts und seine Umwandlung in Ware* erlaubt, d. h. seine Eingliederung in vertragliche Produktionsverhältnisse anderer Ordnung als jene, die in der häuslichen Gemeinschaft bestehen. Der Terminus "Eigentum" ist also unangemessen, selbst wenn ihm das Beiwort "gemeinschaftlich" zugefügt wird, das seinen Sinn in dieser Hinsicht nicht verändert. Das moderne Recht kennt als nächstliegende Kategorie die des *Patrimoniums,* d. h. eines Guts, das ungeteilt den Mitgliedern einer (Familien-)Kollektivität gehört und normalerweise durch Erbschaft, Schenkung oder Deputat zwischen Mitgliedern dieser Kollektivität übertragen wird, d. h. stets *ohne Gegenleistung.*[4] Nun rührt aber die patrimoniale Beziehung zur Erde von häuslichen Produktionsverhältnissen her, die das Eigentum keineswegs stärkt, sondern im Gegenteil auflösen hilft.

Zu diesen historischen Bedingungen gehört auch die *Selbstversorgung,* d. h. die Fähigkeit der Gemeinschaft, die für ihren Unterhalt und ihre Fortpflanzung notwendigen Lebensmittel anhand der Ressourcen zu produzieren, die ihr zur Verfügung stehen und unmittelbar genutzt werden können. Die Selbstversorgung kennzeichnet nicht allein die Hausgemeinschaft, sie gilt auch für die Horde, jedoch unter anderen sozialen Produktionsbedingungen. In der Hausgemeinschaft ist die Selbstversorgung eng mit einer spezifischen Zirkulation des Produkts verbunden, die der Existenz einer sozialen Arbeitsteilung entgegensteht[5] und den äquivalenten Austausch zugunsten des identischen Austauschs ausschließt (I,3,IV*b*).

Die Selbstversorgung läßt sich, ohne determinierend zu sein, als ein *kritisches* Merkmal betrachten, denn ihr Verschwinden führt mit der Zeit zur Auflösung der häuslichen Produktionsverhältnisse.[6]

Dennoch verschmilzt die Selbstversorgung nicht mit dem Begriff der Autarkie. Sie schließt Beziehungen zur Außenwelt nicht aus, nicht einmal einen gelegentlichen Warenaustausch, solange dessen Auswirkungen sich neutralisieren lassen und er die kritische Schwelle nicht erreicht, jenseits derer die Veränderungen der Produktionsverhältnisse, die er nach sich zieht, nicht mehr rückgängig zu machen sind. An anderer Stelle habe ich gezeigt (1964, 1968, 1971), daß z. B. die Waren und das Bargeld durch Umwandlung in Schätze oder patrimoniale Güter in der Hauswirtschaft neutralisiert werden und daß der Austausch vom Ältesten oder Souverän zwar polarisiert wird, aber nicht die häuslichen oder Affinitätsverhältnisse durchdringt.[7]

Ebensowenig schließt die Selbstversorgung die Existenz von *Spezialisten* aus, die mit der Ausübung einer Technik wie z. B. der Metallurgie befaßt sind. *Spezialität* bedeutet nicht *Spezialisierung,* d. h. die Tatsache, daß eine autonome Produktionseinheit ausschließlich eine nicht zur Erzeugung von Nahrung dienende Tätigkeit ausübt, was eine kontinuierliche Übertragung von Lebensmitteln auf diese spezialisierte Einheit bedingt. Die Ausübung

einer Spezialität führt nicht notwendig zur Aufgabe der landwirtschaftlichen Tätigkeiten. Falls dies geschieht – häufig nur teilweise –, wird die Versorgung der spezialisierten Gemeinschaft im erweiterten Rahmen der Umverteilungsmechanismen gewährleistet. Die spezialisierte Gruppe befindet sich dann in der Position eines *Kunden* gegenüber einer oder mehreren landwirtschaftlichen Gemeinschaften, die sie mit Lebensmitteln versorgen, während es ihr obliegt, ihre Auftraggeber mit den Produkten ihrer Spezialität zu versorgen. Dieses Verfahren beugt den unmittelbaren Auswirkungen der sozialen Arbeitsteilung vor, bewahrt die Grundmechanismen der Hausgemeinschaft, selbst wenn sich diese Übertragungen mit der Zeit möglicherweise auf die sozialen Bedingungen der Lebensmittelproduktion auswirken (Meillassoux, 1973). Das Modell, das ich vorschlage, läßt sich auf solche Situationen anwenden, solange die bewahrenden Institutionen wirksam bleiben.
Das Niveau der Produktivkräfte ist also nicht allein durch die Ausübung einer Technik, sondern durch die gesellschaftlich anerkannten Folgen ihrer Anwendung bestimmt. Daher revolutioniert eine neue Technik die Gesellschaft nicht auf Anhieb, diese nimmt sie zuweilen lange Zeit in Kauf und leistet den sozialen Auswirkungen, die eine spezialisierte Produktion nach sich zieht, sowie dem beschränkten Austausch, zu dem sie Anlaß gibt, institutionell Widerstand.[8] Diese Veränderungen wirken häufiger auf der Ebene der politischen Gesamtheiten als auf der von Gemeinschaften.

Die soziale Organisation der landwirtschaftlichen Hausgemeinschaft beruht untrennbar sowohl auf *Produktionsverhältnissen,* wie sie aufgrund der ökonomischen Zwänge entstehen, welche die landwirtschaftliche Tätigkeit auferlegt, eine Tätigkeit, die unter den vom Niveau der Produktivkräfte bestimmten Bedingungen unternommen wird, als auch auf *Reproduktionsverhältnissen,* wie sie die Fortpflanzung der Produktionszelle erheischt. Auch wenn es die Darstellung dieses Prozesses erforderlich macht, die beiden Arten von Verhältnissen zu trennen, so ist ihre Interaktion doch kontinuierlich, einerseits wegen der Gleichzeitigkeit der Erfordernisse der Produktion und der Reproduktion, andererseits wegen der Notwendigkeit, sie im Feld ihrer wechselseitigen Aktion zu lösen. Daß die Reproduktion in diesen Gesellschaften die vorherrschende Sorge ist, liegt auf der Hand. Alle Institutionen gelten diesem Unternehmen. Das Pathos, das auf der Heirat liegt; die matrimonialen und paramatrimonialen Institutionen; die Filiation; die Fruchtbarkeitskulte; die mit der Schwangerschaft verknüpften Vorstellungen; die Veränderung der Lage der Frau je nach ihrer Position im Zyklus der Fruchtbarkeit; die Besorgnis, die Ehebruch und außereheliche

Geburten wecken; die Sexualverbote usw. – all das sind Zeugnisse für den Platz, den diese Funktion einnimmt. Die Verwandtschaftsbeziehungen, die sich aus der Heirat (als Institution) mehr noch als aus der Geburt ergeben (die nur ein durch die anläßlich der Heirat festgelegten Regeln kodifiziertes Ereignis ist), sind eindeutig Beziehungen, die sich um die Reproduktion der Individuen knüpfen.[9]
In der häuslichen Gesellschaft unterliegen die Reproduktion der Individuen sowie ihre lebenslängliche Übernahme gleich nach der Geburt einer aufmerksamen sozialen Kontrolle, welche die Gesamtheit der sozialen Beziehungen beherrscht. Der Reproduktionsprozeß ist nicht, wie in der Horde, ein kurzer und unmittelbar bedeutsamer Akt (Aufnahme oder Paarung), sondern vollzieht sich hier mittels eines sehr langfristigen Unternehmens (Versprechen, Verlobung, Heirat, Brautgeld usw.). Der Begriff der Filiation entwickelt sich in dieser Perspektive. Die Filiation, also die Abstammungsfolge ist es, die durch die wichtigsten Zeremonien wie Begräbnisfeiern und, weniger häufig, Tauffeiern und Hochzeiten sanktioniert wird, welch letztere, im Unterschied zu den Paarungen, nicht nur das Zusammenleben der Gatten oder ihre jeweiligen Aufgaben, sondern auch die Bestimmung der erwarteten Nachkommenschaft regeln.
Dennoch bleibt der Reproduktionsprozeß, wiewohl er die sozialen und politischen Gedanken beherrscht und die meisten ideologisch-juristischen Begriffe prägt, den Zwängen der Produktion untergeordnet.[10]

II. *Die Entstehung der Produktionsverhältnisse*

Oben sahen wir, daß der radikale Unterschied zwischen der Horde und der landwirtschaftlichen Gemeinschaft auf der Tatsache beruht, daß erstere die Erde als *Arbeitsgegenstand,* die letztere sie als *Arbeitsmittel* nutzt.
Die Verwendung der Erde als Arbeitsmittel bedeutet, daß eine bestimmte Quantität an menschlicher Energie[11] zum Zwecke eines Ertrags auf Zeit in sie investiert wird. Die Akkumulation dieser Energie, welche diese Art der Nutzung der Erde ermöglicht, bereitet die *Akkumulation des Produkts* vor. Aus klimatischen und botanischen Gründen wird die Produktion verzögert, bis der Prozeß der Arbeitsinvestierung und des Reifens der Ernte abgeschlossen ist.
Ganz allgemein ist die Agrikultur kein kontinuierlicher, sondern ein an eine Jahreszeit gebundener Prozeß. Der landwirtschaftliche Zyklus teilt sich in

unproduktive und produktive Perioden. Er beginnt notwendig mit einer unproduktiven Agrarperiode, in der sich jedoch die Investition der menschlichen Energie vollzieht: Aufbereitung des Bodens, Rodung, Aussaat, Wartung, Jäten usw. Ihr folgt eine produktive Periode, in der die Ernte eingebracht wird. Damit sich dieser Zyklus wiederholen kann, ist es also unerläßlich, daß das Produkt der produktiven Jahreszeit während der unproduktiven Jahreszeit verzehrbar ist, um das Leben und die Kraft der "Produzenten" zu erhalten.[12]

Der landwirtschaftliche Zyklus kann also nur eingeleitet werden, wenn der Bauer über die notwendigen Nahrungsvorräte verfügt, die es ihm ermöglichen, die Periode der Vorbereitung der Ernte und des Reifungsprozesses zu überleben.

Historisch kann also der Ackerbau nur in Verbindung mit einer punktuellen Wirtschaft entstehen: Fischfang, Sammeln, Jagd. Diese Tätigkeiten bleiben so lange von Bedeutung, wie die Produktivität der Landwirtschaft noch nicht in der Lage ist, den Nahrungsbedarf der Produzenten während der unproduktiven Periode oder in Hungerszeiten zu decken. Die Produktionsweisen, die auf der Nutzung der Erde oder des Wassers als Arbeitsgegenstand gründen, erfüllen somit für den Ackerbau die Funktionen der ursprünglichen Akkumulation.

Sozial wiederholt sich in der Agrargesellschaft derselbe Prozeß, wenn eine Gruppe beschließt, sich durch Segmentierung von der Mutterzelle zu trennen. Dieses Segment ist dann gezwungen, auf Tätigkeiten mit sofortigem Ertrag zurückzugreifen, z. B. die Jagd, um die Zeit der ersten unproduktiven Periode zu überbrücken. Die Segmentierung durch Bruch mit der Muttergemeinschaft wird in dem Maße schwieriger, in dem der Ackerbau sich vervollkommnet. Wir haben gesehen, daß die Plantagen- und Stecklingswirtschaft der Segmentierung weniger materielle Hindernisse in den Weg legt, denn man kann in der unproduktiven Periode mühelos Stecklinge oder Ableger sowie einen Teil der Nahrung von den Feldern entwenden. Der Getreideanbau dagegen, der Lagerung, Zentralisierung und Beaufsichtigung der Körner im Dorf gestattet und überdies erfordert, daß eine relativ große Menge Saatgut von einer Saison zur nächsten konserviert wird, unterwirft die Segmentierung der Aufrechterhaltung oder Schaffung einer sozialen Bindung mit einer um den Speicher organisierten landwirtschaftlichen Zelle (der des Ahnen, eines mütterlichen Verwandten, eines Wahlverwandten oder eines Freundes), um *Saatgut* zu erhalten[13] und den Getreideanbau fortsetzen zu können. Bezüglich der Nahrung ist die Gruppe, die sich durch einen Bruch mit der Mutterzelle segmentiert, gezwungen, zu relativ primitiveren Produktionsformen zurückzukehren: Jagd, Fischfang, Sammeln, eventuell Plantagen- und Stecklingswirtschaft. Hierin liegt zweifellos einer der Gründe für die Stabilität und die Ausbreitung der häuslichen Gemeinschaften.

Sobald der landwirtschaftliche Zyklus eingeleitet ist, wird die Zuhilfenahme der punktuellen Wirtschaft zur Überbrückung der toten Zeiten oder zur neuerlichen Einleitung des produktiven Agrarzyklus allmählich durch die Speicherung und *Verwaltung* des landwirtschaftlichen Produkts ersetzt, welche die Aufteilung und Distribution des Produkts unter die Produzenten über einen *Zeitraum* erlauben, der die unproduktive Periode deckt, unter Berücksichtigung der anderen Verwendungen (zu gesellschaftlichen Zwecken oder für Notfälle), für die es bestimmt sein mag. Jagd, Sammeln, Fischfang sind, auch wenn sie eine notwendige ergänzende Rolle spielen, der sozialen Organisation des Ackerbaus untergeordnet.

Wie ich oben schon sagte, befasse ich mich mit dem Fall, in dem die landwirtschaftliche Produktivität eine solche Verwaltung erlaubt.

Wir kennen bereits die Hauptmerkmale der landwirtschaftlichen Hausgemeinschaft: *Produktion auf Zeit aufgrund der Investierung menschlicher Energie in die Erde, Akkumulation, Speicherung sowie verwaltete und organisierte Umverteilung des Produkts.*

Der Ackerbau, der mit den von uns definierten Produktionsmitteln betrieben wird, erfordert keine große Gruppe von Arbeitern. *Technisch* lassen sich alle Aufgaben von einer zahlenmäßig kleinen Gruppe von Beteiligten mit variabler Kraft und Geschicklichkeit ausführen, der die Kernfamilie entsprechen könnte. Dennoch (abgesehen von den Arbeiten, die in einem begrenzten Zeitraum ausgeführt werden müssen, sich aber unter Mitwirkung verbündeter Zellen realisieren lassen) kommt noch eine andere Sorge ins Spiel. Sie entspringt dem zufälligen Charakter der Produktionsfähigkeit zahlenmäßig kleiner Zellen, für die das Gesetz der großen Zahl nicht gilt. Es ist die Sorge, genug Arbeiter zu haben, damit Krankheit und Unfälle die Produktionszelle nicht am Funktionieren hindern. Die Krankheit, die in diesen Gesellschaften ein steter Anlaß zur Beunruhigung ist, hat in der Tat unmittelbare ökonomische Auswirkungen auf die Produktion. Sie muß mit allen Mitteln, magischen, medizinischen und statistischen, abgewendet werden (Retel-Laurentin, 1974).

Der Personenbestand, der es der Produktionszelle ermöglicht, sich gegenüber den Risiken von Todes- und Unglücksfällen zu behaupten, hat also die Tendenz, denjenigen zu übersteigen, der lediglich auf technischen Erfordernissen gründen würde. Die Entstehung und der Fortbestand der landwirtschaftli-

chen Mannschaft und ihrer Mitglieder sind also ihren Rekrutierungsfähigkeiten unterworfen, die wiederum von ihrer Eingliederung in ein organisches Reproduktionsganzes abhängen, das ich später untersuchen werde.
Aufgrund der aufgeschobenen Produktion ist die landwirtschaftliche Kooperation unter den Mitgliedern der Produktionszelle eine dauerhafte, wenn nicht gar permanente. Die landwirtschaftliche Tätigkeit führt in zweierlei Hinsicht zu Bindungen zwischen den Individuen. Zunächst zwischen denen, die von dem Augenblick an, da die Vorarbeiten begonnen wurden, bis zur Zeit der Ernte zusammengearbeitet haben: diese Individuen sind daran interessiert, zusammenzubleiben, um die Früchte ihrer gemeinsamen Arbeit zu genießen. Zweitens, und dies ist noch wichtiger, zwischen allen aufeinander folgenden Arbeitern, die in jeder Saison, um während der unproduktiven Periode überleben und den nächsten Zyklus vorbereiten zu können, von den Nahrungsmitteln abhängen, die im Laufe der vorangegangenen produktiven Periode produziert wurden. In dieser Sicht ist der landwirtschaftliche Zyklus von einer immer wieder erneuerten Zirkulation von *Vorschüssen* und *Rückzahlungen* des Produkts zwischen den produzierenden Gruppen der aufeinander folgenden Jahreszeiten begleitet: die Gesamtheit der Arbeiter einer Saison schießt denen der folgenden Saison Nahrung und Saatgut vor. Auch wenn die meisten Arbeiter von einer Saison zur anderen dieselben bleiben, so verändert sich doch im Laufe der Zeit die Zusammensetzung der Mannschaft: die ältesten Arbeiter verschwinden, während junge an ihre Stelle treten. Die allmähliche Veränderung der personellen Zusammensetzung führt mit der Zeit zu einem Wechsel der Generationen.
Die wechselnde Zusammensetzung der Mannschaft der Produzenten spiegelt sich in der Hierarchie wider, die in den landwirtschaftlichen Gemeinschaften vorherrscht und sich herstellt zwischen "denen, die vorher kommen" und "denen, die nachher kommen". Sie gründet auf einem Begriff der *Anteriorität.* Die ersteren sind jene, denen man die Nahrung und das Saatgut verdankt: es sind die Älteren. Unter ihnen verdankt der Älteste im Produktionszyklus niemandem mehr etwas außer den Ahnen, während er die Totalität dessen auf sich konzentriert, was die Jüngeren der Gemeinschaft schulden, die er nun auf diese Weise verkörpert.
Aufgrund seiner Stellung an der Spitze der Gemeinschaftszelle fallen dem Ältesten logischerweise die Aufgaben des Einsammelns und der Speicherung des Produkts zu. Ebenso befindet er sich in der Position, es zu verwalten. Damit schafft die Notwendigkeit dieser Verwaltung zur Sicherung der Reproduktion des Produktionszyklus eine Funktion, während die Struktu-

rierung der Produktionszelle denjenigen bestimmt, der sie ausüben muß. Der oben beschriebene *Zyklus der Vorschüsse und Rückzahlungen* findet zwischen dem Ältesten und seinen jüngeren Partnern statt. Er äußert sich formal in einem *Leistungs-* und *Umverteilungs*-Kreislauf, der die in diesem Gesellschaftstypus vorherrschende Zirkulationsweise ist.
Das sind dem Wesen nach die Produktionsverhältnisse. *Sie schaffen organische lebenslängliche Beziehungen zwischen den Mitgliedern der Gemeinschaft; sie führen zu einer auf der Anteriorität (oder dem "Alter") gründenden hierarchischen Struktur; sie tragen zur Herausbildung von kohärenten, funktionalen ökonomischen und sozialen Zellen bei, die in der Zeit organisch miteinander verbunden sind; sie definieren eine Zugehörigkeit, eine Struktur und eine Verwaltungsmacht, die dem Ältesten im Produktionszyklus zufällt.*

III. *Die Entstehung der Reproduktionsverhältnisse*

Außer der Reproduktion des Produktionszyklus müssen die Ackerbauern das Problem der Reproduktion der Produktionszelle sowie der Produktionsverhältnisse lösen. Die Fortsetzung des Distributionszyklus, d. h. die Möglichkeit jedes einzelnen Mitglieds der Gemeinschaft, in der Zukunft die Früchte ihrer vergangenen und gegenwärtigen Arbeit zu genießen, hängt von ihrer Fähigkeit ab, die Produktionsverhältnisse zu reproduzieren, die soziale Organisation gemäß einem repetitiven Schema und gemäß denselben Strukturen von neuem zu schaffen.
Eines der mit dieser Reproduktion zusammenhängenden Erfordernisse besteht darin, in der Gemeinschaft für ein befriedigendes Gleichgewicht zwischen der Zahl der produktiven und der unproduktiven Individuen und unter diesen für eine ausreichende Zahl an Mitgliedern beiderlei Geschlechts im richtigen Alter zu sorgen, um die Produktionszelle in ihrem Personenbestand und ihren Proportionen zu reproduzieren. Nun wissen wir aber, daß der Personenbestand, den die landwirtschaftliche Produktion erheischt, nicht notwendig mit dem genetischen Wachstum übereinstimmt. Wir haben gesehen, daß sich die Dimension der Produktionszelle technisch wie theoretisch auf die der Kernfamilie reduzieren kann und einzig die Sorge, sich gegen die Risiken der Krankheit und des vorzeitigen Todes zu wappnen, zu ihrer Vergrößerung beitrug. Die Zelle, die einzig auf den produktiven Funktionen gründet, ist also zu klein, um für ihre kontinuierliche und regelmä-

ßige Reproduktion sorgen zu können. Die Öffnung auf andere Gemeinschaften, die insgesamt einen Personenbestand darstellen, der ausreicht, diese Reproduktion genetisch wie gesellschaftlich zu sichern, ist somit unerläßlich.
Der Älteste, der sich aufgrund seiner Stellung im Kreislauf der Nahrungsgüter mit den Funktionen der Verwaltung der Gemeinschaft betraut sieht, übernimmt auch die Verwaltung der Reproduktion der Gruppe. Die Natur der verwaltenden, zivilen und gerontokratischen Macht begünstigt friedliche Bündnisse sowie eine Regelung der matrimonialen Beziehungen zwischen homologen Gemeinschaften durch die anerkannte Mobilität der geschlechtsreifen Frauen. Eine Mobilität, die, unabhängig von der Zahl der in jeder Gemeinschaft geborenen geschlechtsreifen Männer und Frauen, durch eine ausgewogenere Verteilung der Gebärfähigkeiten der Frauen eine optimale Reproduktion ermöglicht.
In unserer Hypothese des Vorzugs der Mobilität der Frauen vor der der Männer erfolgt die Reproduktion durch die Eingliederung der Nachkommenschaft der Gattin in die aufnehmende Gemeinschaft des Gatten, d. h. durch Institutionalisierung der männlichen Filiation oder, in ethnologischen Termini, durch Patrilinearität.
Es sind die Zeugungsmöglichkeiten der Frau, um die es geht, wenn sie in die aufnehmende Gemeinschaft eintritt, und zwar für eine Periode, die im allgemeinen *a priori* der Zeit ihrer fruchtbaren Periode entspricht. Es wird eine Übereinkunft getroffen, welche die Bestimmung der Nachkömmlinge der Frau regelt, einerseits weil die Frau aufgrund der oben beschriebenen Umstände nicht für ihre Ursprungsgemeinschaft gebiert (die Identität der Familie, der diese Nachkommenschaft zugute kommen soll, muß in der gleichen Zeit verkündet werden, wie die Ansprüche der anderen Gemeinschaft beschränkt werden); andererseits weil, da die Frau nicht für sich gebiert, an die Stelle der offenkundigen mütterlichen Filiation eine väterliche Filiation juristischen Charakters treten muß.[14]
Diese Übereinkunft, welche die Produktionsbedingungen des Produzenten und seine Bestimmung regelt, ist die Heirat, die als Institution funktioniert und die Situation der Gattin in der aufnehmenden Gemeinschaft, die Beziehungen, die sie zu deren Mitgliedern unterhalten wird, und die Beziehungen ihrer Nachkommenschaft zur Gemeinschaft des Vaters sowie zu der ihren, d. h. die Regeln der Filiation definiert.[15]

Es liegt klar auf der Hand, daß *eine geschlechtsreife Frau in ihren reproduzierenden Funktionen durch nichts anderes aufgewogen werden kann als durch eine andere geschlechtsreife Frau.* Wer immer ein junges Mädchen abtritt, erwartet ein anderes zurück. Doch aus den oben genannten Gründen (Kleinheit der Produktionszelle), die eine solche Transaktion erforderlich machen, kann der Frauentausch nur ausnahmsweise auf unmittelbarer Gegenseitigkeit beruhen. So ist der Frauentausch ein Geschäft, das *auf Zeit* getätigt wird. Bei einigen Populationen beruht der Frauentausch noch auf bilateralen Übereinkünften mit aufgeschobener Gegenseitigkeit: die Gruppe, die eine Frau geliefert hat, erwartet von derjenigen, der sie zugute kam, eine andere zurück. Die Entwicklung solcher Übereinkünfte geht dahin, sich auf eine ausreichend große Population auszudehnen, die eine angemessene Zahl von Ehepartnern umfaßt, um eine kontinuierliche Reproduktion zu sichern. Gleichzeitig entwickelt sich die bilaterale Übereinkunft zu multilateralen Übereinkünften.[16]

Auch wenn jede einzelne Gemeinschaft niemals über mehr Frauen verfügt, als sie erzeugt, unterliegt diese Zahl aufgrund des multilateralen Austauschs nicht, wie in einem matrilinearen System, den Zufällen der Demographie, denn sie kann sich in der Zeit verteilen. Die heute erworbenen Frauen sind entweder die Rückgabe gestern abgetretener Frauen oder ein Kredit auf zukünftig abzutretende Frauen. Der multilaterale Austausch ermöglicht also eine elastischere, zeitlich verteiltere Verwaltung der Reproduktion. Die Praxis der Verlobung kleiner Mädchen, der Brauch des Brautversprechens, die durch die Familien gestifteten Heiraten zeugen von dieser Sorge um langfristige Regelung.

So entstehen *matrimoniale Areale* ohne streng gezogene Grenzen, die jedoch meist in sich geschlossen sind, in dem verfilzten und schwankenden Netz der vergangenen matrimonialen Übereinkünfte zwischen Gemeinschaftsältesten verfangen.[17]

Doch wie komplex dieses Netz durch die Regulierung und Kontrolle der Ehebündnisse und Versprechen auch sein mag, es können sich nur die Individuen zu solchen Transaktionen zusammenschließen, die in der Lage sind, in voraussehbarer Zukunft eine Frau zurückzuerstatten.[18]

Um ihre Verhandlungsfähigkeit zu bewahren, müssen die Ältesten sich vergewissern, daß die Mädchen ihrer Gemeinschaft für den Austausch verfügbar bleiben, müssen also die Kontrolle über ihr Schicksal behalten.

Würde sich die soziale Zelle auf die Dimension einer reinen Produktionszelle beschränken, dann wäre es nicht nötig, ein Endogamieverbot auszusprechen. Abgesehen davon, daß die Gelegenheiten zur Paarung zwischen Geschwistern einer zahlenmäßig so kleinen Einheit stets weniger wahrscheinlich sind als die mit äußeren Partnern in angemessenerem Alter, wäre ein solches

Verbot auch nicht zum Schutz der Autorität des Ältesten vonnöten, wenn diese lediglich auf der Verwaltung der Lebensmittel gründet. Doch sobald sich die Zelle zum Zweck ihrer Reproduktion immer weiter nach außen öffnet, um sich Gattinnen zu beschaffen, hat die Macht des Ältesten die Tendenz, sich von der Kontrolle der Lebensmittel auf die Kontrolle der Frauen und von der Verwaltung der Nahrungsgüter auf die politische Autorität über Individuen zu verschieben. Wie ich schon an anderer Stelle bemerkt habe (1960), ist die politische Verwaltung über die Kontrolle der Frauen geeignet, sich auf eine größere Gemeinschaft zu erstrecken als die Kontrolle durch die materielle Verwaltung der Nahrungsgüter. Während diese schwerfälliger wird, wenn die Gruppe wächst, erweist sich die matrimoniale Politik als wirksamer zu handhaben. Sie gibt der Gemeinschaft die Möglichkeit, sich zu vergrößern und durch die Dezentralisierung der Verwaltung der Lebensmittel, d. h. der Haushalte und Speicher, mehrere Produktionszellen in sich zu vereinen.[19] Die Segmentierung kann auf der ökonomischen Ebene der Produktion und Distribution durch Bildung autonomer Produktionszellen erfolgen, während der Zusammenhalt auf der matrimonialen Ebene fortbesteht und sich verstärkt, die eine größere exogame politische Zelle definiert (Großfamilie, Linie, Sippe...). In einem solchen Fall beruht die Autorität des Ältesten weniger auf der materiellen Verwaltung als auf den matrimonialen Funktionen und seinen Fähigkeiten, mit äußeren und homologen Gruppen zu verhandeln. Da die Heirat und die soziale Reproduktion die vorherrschende Ursache dieser äußeren Beziehungen sind, erheischt der Schutz dieser Autorität, daß die Heirat innerhalb der Gruppe verboten ist, damit die geschlechtsreifen und heiratsfähigen Frauen, die ihr angehören, als Gegenstände dieser Transaktionen zur Verfügung bleiben. Paradoxerweise ist dieses Verbot um so notwendiger und strenger, wenn die sich vergrößernde Gruppe die Fähigkeit erwirbt, auf endogene Weise, durch Heirat innerhalb der Gruppe zu wachsen. Sobald die Reproduktion mittels Paarung der Mitglieder der Gemeinschaft statistisch möglich wird, sieht sich die Macht der Ältesten, die auf der matrimonialen Verwaltung aufbaut, von den Folgen eben dieser Verwaltung bedroht, welche die Ausdehnung der Gemeinschaft ermöglicht. *Die Macht gründet auf einer Situation, die sie aufzuheben tendiert, wenn sie selbst sich verstärkt.* Sie hat keinen anderen Ausweg, um sich zu erhalten, als eine zwingende Ideologie der Autorität zu entwickeln. Es gedeihen die Religion, die Magie, die Riten, der Terror des Aberglaubens, der auf die Abhängigen, die Jugend und vor allem die Frauen ausgeübt wird; die Sexualverbote sowie die Strafen für ihre Verletzung häufen sich und nehmen einen absoluten Charakter an (Isichei, 1973). Die Endogamie wird zum Inzest, die Ächtung zum Verbot.

Die Präferenzheiraten[20] unter Mitgliedern ein und derselben sozialen Zelle zeigen indes eine Tendenz zur Selbstreproduktion, die es der Gemeinschaft erlauben würde, auf dieser Ebene die Autonomie zu erwerben, die sie auf dem Gebiet der Produktion besitzt. Aus den oben genannten politischen Gründen stellen wir nämlich fest, daß die Endogamie auch in den größten Hausgemeinschaften niemals eine absolute Regel ist. Sie verbreitet sich vor allem in den aristokratischen Linien, da diese in Klassenverhältnissen stehen, die sie anderen Reproduktionsnormen unterwerfen, oder in der patrimonialen Gesellschaft bei den Familien, die bestrebt sind, ihre Habe zu bewahren.[21]

Wenn wir nun an diesem Punkt der Beweisführung annehmen, daß die geschlechtsreifen Frauen zirkulieren und unter alle geschlechtsreifen männlichen Mitglieder der Population verteilt werden, so ist doch immer noch keine ausgewogene Reproduktion der Bevölkerung gewährleistet. Die differentielle Fruchtbarkeit, die es einigen Linien gestattet, schneller zu wachsen als andere, oder andere zum Aussterben verurteilt, das Ungleichgewicht der *sex ratio*, die vorzeitigen Todesfälle, Krankheiten und Unfälle können zu einem Ungleichgewicht der Geschlechter und Altersklassen führen. Die Reproduktion durch Fortpflanzung ist für sich allein außerstande, die Reproduktion und das harmonische Wachstum einer funktionalen landwirtschaftlichen Gemeinschaft unter Wahrung des Verhältnisses zwischen produktiven und unproduktiven Trägern zu gewährleisten. Denn wenngleich die Genetik die natürliche Reproduktion einer Population auf breiter Stufenleiter, innerhalb optimaler *statistischer* Grenzen sichert, so sichert sie doch nicht die strukturelle Reproduktion funktionaler Zellen mit begrenzter Personenzahl. Wie ich es bei den Guro-Gemeinschaften beobachtet und beschrieben habe (1964), muß die natürliche Reproduktion ständig korrigiert werden durch die Umverteilung der Individuen unter den konstitutiven Produktionszellen sowie durch die Kooptation von außerhalb der Gemeinschaft geborenen Mitgliedern. Die Adoption von Kindern von einer Linie zur anderen, von Kriegsgefangenen, Kunden, Schuldnern, manchmal das Geschenk einer Gattin oder die Entführung von Frauen, Zusammenschlüsse geschwächter Familien sind die Mittel, ein stets prekäres Gleichgewicht zu korrigieren.[22]

Die Erweiterung der Hausgemeinschaft oder der Zusammenschluß mehrerer, zum Zwecke der Produktion organisierter konstitutiver Zellen zu einer um die *politischen* Funktionen der Reproduktion gebildeten größeren Gemeinschaft erleichtert diese Umverteilung der Personen innerhalb dieser letzteren. Eine Umverteilung, die, wie wir sehen werden, eine der Voraussetzungen ist für das organische Funktionieren der erweiterten Gemeinschaft und die soziale Produktion der menschlichen Energie, die deren Motor bildet.

Wir haben die logische Entwicklung der häuslichen Organisation, die von der Produktion der Subsistenzmittel ausgeht, der wiederum die Autorität des Ältesten entspringt, bis zur sozialen Reproduktion beobachtet, die sich um diese Autorität organisiert und ordnet. Die soziale Reproduktion der Hausgemeinschaft ist kein natürlicher Prozeß, auch nicht, wie in den vorhergehenden Fällen, eine Folge von Krieg, Raub und Entführungen. Sie ist ein politisches Unternehmen.

Die Produktions- und Reproduktionsverhältnisse erschienen uns als das Substrat der juristisch-ideologischen Verwandtschaftsverhältnisse. Die Kooperation in der landwirtschaftlichen Arbeit stiftet *lebenslängliche* Beziehungen zwischen den Partnern, wie es bei Familienbeziehungen stets der Fall ist. Die Reproduktion des landwirtschaftlichen Zyklus zieht eine notwendige und praktisch unbegrenzte *Solidarität* zwischen den in diesem Zyklus aufeinander folgenden Produzenten nach sich: die Begriffe der *Anteriorität* und *Posteriorität*, welche den Platz der Produzenten im landwirtschaftlichen Zyklus kennzeichnen, regieren die soziale Hierarchie zwischen *Älteren* und *Jüngeren*, Schützern und Beschützten, Adoptierenden und Adoptierten, Gastgebern und Fremden, sobald sie in eben diesen Beziehungen stehen.

Die Verwaltung und Umverteilung des Produkts bezeichnet den Ältesten im Produktionszyklus als den Pol der produzierenden Gemeinschaft. In dieser Position handelt er als der nährende "Vater"[23] aller Jüngeren, unter die er die zur Fortdauer und zum Neubeginn des landwirtschaftlichen Zyklus notwendigen Subsistenzmittel verteilt. "Vater" bedeutet nämlich nicht Erzeuger, sondern *derjenige, der dich ernährt,* beschützt und als Gegenleistung dein Produkt und deine Arbeit beansprucht. In seinen Funktionen als Regulator der sozialen Reproduktion ist der "Vater" auch derjenige, der dich verheiratet. Wenn solche Produktions- und Reproduktionsbeziehungen zwischen zwei Parteien abgebrochen werden, so verschwindet auch das Verwandtschaftsband, das sie vereint.[24] Die Adoption dagegen stiftet zwischen den Parteien die oben erwähnten materiellen und sozialen Beziehungen.

Die Familie, Zelle der Produktion, wird zum Ort der Entwicklung einer Ideologie sowie vieler Riten, in denen die Achtung vor dem Alter, der Ahnenkult und der Fruchtbarkeitskult dominieren und die in vielfacher Form die Kontinuität der Gruppe zelebrieren und ihre Hierarchie festigen.

Wenn sich die häusliche Gemeinschaft durch die Inbeziehungsetzung der Produzenten gemäß einer ökonomisch notwendigen Struktur konstituiert, so wird diese, einmal entwickelt, zum institutionellen Rahmen für die Aufnahme der künftigen Produzenten. Die Abhängigkeitsbeziehungen, die sich bei der Produktion herstellen und verwirklichen, müssen nun durch Filiation oder Adoption in einem Verwandtschaftsrahmen neu geschaffen werden. Damit die Hausgemeinschaft sich reproduzieren kann, müssen die Filiationsbeziehungen den in der Produktion bestehenden Abhängigkeits- und Anterioritätsbeziehungen entsprechen: *die Reproduktionsverhältnisse müssen zu Produktionsverhältnissen werden.* Da nun aber die Zwänge der Produktion (bei unverändertem Niveau der Produktivkräfte) unantastbar sind, können die Regeln, welche die Reproduktion den materiellen Erfordernissen der Produktion anpassen sollen, nur auf der Ebene dieser Reproduktion Anwendung finden. Die Reproduktion ist die formbare Ebene, auf welche die politische Entscheidung sowie die Aktion der Autoritäten zur Realisierung dieser Anpassung einwirken kann.[25] Obwohl also die Reproduktion die vorherrschende Sorge ist, da Ort der sozialen Rekonstruktion, bleibt sie doch den Zwängen der Produktion, die determinierend bleibt, unterworfen.

Die jeweilige Bedeutung der Produktions- und der Reproduktionsverhältnisse zeigt sich in einigen Institutionen. Weit verbreitet in diesem Gesellschaftstypus ist die Erbfolge durch Übertragung der Vorrechte des Ältesten auf die im Zyklus der Vorschüsse und Rückzahlungen einander folgenden Produzenten. Diese Art der Erbfolge, welche die institutionelle Form der kollateralen Filiation, von "Bruder" zu "Bruder" annimmt, ist eng mit dem Produktionszyklus verbunden, der diese Kontinuität herstellt. Sie drückt deutlich ein Produktionsverhältnis aus.[26]

Die Determination der Produktionsverhältnisse zeigt sich auch, wie wir noch sehen werden, in der Umverteilung der Nachkömmlinge oder ihrer Vergemeinschaftung (I,3,III), Institutionen, durch welche sich die Herrschaft des produzierenden Mannes über den reproduzierenden Mann durchsetzt.

Doch der Platz, den die Reproduktionsverhältnisse in der Organisation und Verwaltung der Gesellschaft einnehmen, erklärt die Bedeutung, welche deren juristisch-ideologische Vorstellung, d. h. die Verwandtschaft, gewinnt, und zwar um so mehr, als die Grundlagen der Macht, wie wir sahen, sich in dem Maße abzuschwächen neigen, in dem sie selbst sich festigt. Gleichzeitig tritt der *dominierende* Charakter der Reproduktionsverhältnisse schärfer hervor, die, obgleich den Produktionsverhältnissen untergeordnet, die Tendenz haben, sich in einer nicht egalitären Klassengesellschaft als wesentliche "Werte" durchzusetzen.

Produktionsverhältnisse und Reproduktionsverhältnisse überschneiden sich zwar, decken sich jedoch nicht. Die ersteren begünstigen eine *laterale* Filiation, vom Älteren zum Jüngeren, von "Bruder" zu "Bruder", je nach dem Rang des Eintritts in den Produktionszyklus. Die Reproduktionsverhältnisse dagegen begünstigen eine *vertikale* Filiation, von Generation zu Generation, von "Vater" zu "Sohn". Die laterale Erbfolge bedingt eine Kontinuität zwischen Individuen etwa gleichen Alters, da die Körperkraft der Produzenten ein wichtiges Element bei der Entstehung einer kleinen Gemeinschaft ist, in der die landwirtschaftliche Arbeit überwiegt. Wenn hingegen die Voraussetzungen für soziale Ungleichheit und die Entstehung einer aristokratischen *Klasse* eintreten, die sich nach ihren eigenen Normen reproduziert (auf die politische Erbfolge und die Reproduktion der Voraussetzungen ihrer Herrschaft bedacht), tendiert die vertikale Erbfolge dahin, sich nach und nach gegenüber der kollateralen Erbfolge durchzusetzen. Die vertikale Erbfolge, die einen größeren Altersunterschied zwischen "Vater" und "Sohn" impliziert, kann nämlich erst in dem Augenblick eintreten, wenn die Kontinuität der Gruppe weniger Körperkraft denn politische Intelligenz erfordert, eine Fähigkeit, die ein Individuum bis ins hohe Alter bewahren kann.[27]

Die klassische Ethnologie, die schneller bei der Hand war, die Begriffe auf der Ebene der Vorstellung zu erfassen, welche die Betroffenen sich von ihnen machen, als die Grundlagen der sozialen Organisation zu analysieren, glaubte in der Verwandtschaft den Schlüssel der Anthropologie gefunden zu haben. Eine Illusion, die der strukturalistische Proto-Marxismus teilt, der noch weiter geht und der Verwandtschaft den doppelten Status eines Unterbaus und eines Überbaus zuschreibt (Godelier, 1970, 1973*b*), A und O jeder Erklärung der primitiven Gesellschaften, da die Verwandtschaft gleichsam ihre eigene Determination erzeugt. Woraus in dieser Perspektive folgt, daß die Ökonomie von der sozialen Evolution bestimmt wird (wie es ein Schüler von Godelier begreift, Y. Garlan, 1973, S. 126) und der historische Materialismus keinerlei wissenschaftliche Basis mehr besitzt.[28] Wir sahen jedoch, daß der Unterbau keine Verwandtschaftsbande erzeugt, sondern Produktionsverhältnisse. Die Notwendigkeit, diese Produktionsverhältnisse zu reproduzieren, die nur mit der Produktion des Produzenten entstehen, fesselt sie durch individuelle Bande und stellt sie in einen institutionellen Rahmen, dazu bestimmt, sie zu manipulieren, um sie den Erfordernissen der Organisation und Kontrolle dieser Produktion anzupassen.
Die obige Analyse zeigt, daß die "primitiven" Gesellschaften dem historischen Materialismus nicht entgehen. Sie zeigt, daß "die bestimmte Produk-

tionsweise und die ihr jedesmal entsprechenden Produktionsverhältnisse, kurz, die ökonomische Struktur der Gesellschaft die reale Basis sei, worauf sich ein juristischer und politischer Überbau erhebe..., die Produktionsweise des materiellen Lebens den sozialen, politischen und geistigen Lebensprozeß überhaupt bedinge'" (K. Marx, 1867, I, S. 96).
Im Unterschied freilich zum Kapitalismus, und dies ist entscheidend, *beruht die Macht in dieser Produktionsweise auf der Kontrolle der Mittel der menschlichen Reproduktion: Lebensmittel und Gattinnen,* und nicht auf den Mitteln der materiellen Produktion.
Dieser letztere Unterschied räumt mit den protomarxistischen Interpretationen auf, die in den nicht-kapitalistischen Gesellschaften lediglich eine Vorform der kapitalistischen Gesellschaften zu sehen vermögen, d. h. soziale Systeme, in denen die Produktionsverhältnisse vermittels des juristischen Eigentums an den materiellen Produktionsmitteln entstehen. Diese engstirnige und bigotte Sicht des historischen Materialismus kann einzig zur endlosen Wiederholung einiger Schemata des vulgären Materialismus führen.
Die soziale Kontrolle durch die Mittel der menschlichen Reproduktion setzt sich in allen Gesellschaften fort, in denen die Soziologen das Vorherrschen des "Status" über den "Vertrag" erkannt haben. Ihre Entfaltung sowie ihr Absterben sehen wir in der Sklaverei und den mit ihr einhergehenden Formen der Knechtschaft in Westafrika (Meillassoux, Hrsg., 1975).

3

Die alimentären Strukturen der Verwandtschaft

Das Vorstehende ist nur das deskriptive Schema der Funktionsmechanismen der häuslichen Gemeinschaft. Produktion und Reproduktion erfolgen über die Zirkulation, die sich, wie Marx gezeigt hat, nur analytisch vom Produktionsprozeß unterscheiden läßt.

Die Zirkulation der Produkte gründet auf der Anteriorität im Produktionszyklus. Sie erschien uns, in diesem Stadium der Analyse, nicht in ihrer juristisch-ideologischen Form eines Zyklus von Leistungen und Umverteilungen, sondern in der eines Zyklus von Vorschüssen und Rückzahlungen des Produkts. In diesem Zyklus gibt es keinen *äquivalenten Austausch*, d. h. Übertragung von Gegenständen, Gütern oder Dienstleistungen gegen andere der gleichen Art. Denn die Güter werden hier einander nicht gegenübergestellt (Meillassoux, 1960). Die Bedingungen für das Erscheinen eines Tauschwerts treten nicht ein. Das Produkt zirkuliert vom Produzenten zum Verwalter und kehrt, mit der Zeit, in Form eines *identischen* fungiblen Produkts zu ihm zurück. Doch hinter einer materiell unveränderten Gestalt erfährt das Produkt eine Reihe von Veränderungen, durch die sich die Reproduktion verwirklicht.

"In allen Gesellschaftsformen ist eine bestimmte Produktion, die allen übrigen, und deren Verhältnis daher auch allen übrigen, Rang und Einfluß anweist" (K. Marx, 1859, S. 637).

In der Hausgemeinschaft ist diese bestimmte Produktion die der Agrarprodukte, deren Umwandlung *in menschliche Energie* die Fortdauer und Erneuerung der Gemeinschaft gewährleistet.

Der Begriff "menschliche Energie", den ich hier verwende, ist weiter als der der "Arbeitskraft". Er umfaßt die Gesamtheit der durch die metabolische Wirkung der Nahrungsmittel auf den menschlichen Organismus produzierten energetischen Kraft. In der kapitalistischen Gesellschaft erscheint nur ein Bruchteil dieser Energie als Arbeitskraft, wenn sie auf dem Markt verkauft wird, entweder direkt einem Dienstherrn oder indirekt durch ihre Einverleibung in einen Gegenstand, den der Produzent selbst verkauft. Die Arbeitskraft ist also der Teil der menschlichen Energie, der Tauschwert besitzt. Der Teil z. B., der für die Freizeit verwendet wird, zählt nicht als Ware. Er hat für den Arbeiter nur einen Gebrauchswert, selbst wenn er zur Wiederherstellung der Arbeitskraft dient. In der Hausgemeinschaft, in der die gesamte menschliche Energie nur Gebrauchswert hat, besteht diese Unterscheidung nicht. Die Beweisführung muß auf die ***Totalität*** der menschlichen Energie sowie ihre Verteilung auf verschiedene Tätigkeiten angewandt werden.

Energieproduktion oder Nahrungsproduktion sind nur die beiden Seiten ein und desselben Produktionsprozesses, die eine wandelt sich in die andere und *vice versa.* Ein gewiß universeller Prozeß, dessen im übrigen einfache Analyse jedoch im häuslichen Zyklus noch zu leisten ist, damit sich die sozialen Mechanismen dieser Veränderung, durch welche die Gemeinschaft als kohärente und organische Produktionszelle für ihr Fortbestehen sorgt, aufgliedern lassen.

I. *Die Reproduktion der menschlichen Energie oder der Produktionsprozeß: Energie – Nahrung – Energie*

Die ökonomische Reproduktion vollzieht sich vermittels der Produktion von Nahrung als dem Mittel zur Produktion menschlicher Energie, sowie vermittels der Verteilung dieser Energie im Produktionszyklus, d. h. ihrer Distribution unter vergangene, gegenwärtige und zukünftige Produzenten.

Wie wir bei der Erörterung der Kosten der Reproduktion der Arbeitskraft im Rahmen des Imperialismus sehen werden (vgl. 2. Teil), ist die Berechnung der Arbeitszeit auf Stundenbasis spezifisch mit der kapitalistischen Ausbeutung verbunden. Diese Berechnungsweise schließt nämlich die Kosten für die Ausbildung und die Reproduktion der Arbeitskraft aus, Kosten, die nur durch lohnfremde Mechanismen wieder eingeführt werden. Eine Ökonomie wie die häusliche, in der die Arbeitskraft keine Ware ist, verträgt sich noch weniger mit der Stundenberechnung. Um die Produktions- und Zirkulationsmechanismen, die sich auf der Stufenleiter mehrerer aufeinander folgender Generationen vollziehen, in ihrer Kohärenz zu erfassen, ***muß man eine Berechnung nach der Lebenszeit an ihre Stelle setzen.***

Wenn sich die Kontrolle über die menschliche Energie in dieser Ökonomie nicht von der über den Produzenten trennen läßt, bleibt die Energie, aufgrund ihrer Materialisierung im Produkt und dessen Zirkulation, nicht an das Individuum gebunden. Sie überträgt und reproduziert sich sowohl durch die Selbstunterhaltung des Produzenten wie durch ihre Investition in künftige Produzenten.
Wiewohl die Reproduktion der Produzenten und Reproduzentinnen als eine demographische Tatsache erscheint, untersteht sie ganz der Ökonomie, der Produktion der für das biologische Wachstum der künftigen Produzenten notwendigen Nahrungsmengen. “Die Produktion der Nahrungsmittel [ist] die allererste Bedingung ihres Lebens und aller Produktion überhaupt” (Marx, 1867, III, S. 648). Vor allem ist sie Bedingung der Produktion der

Produzenten. Das demographische Wachstum hängt ab von den Fähigkeiten der Gesellschaft, Nahrungsmittel zu produzieren, sowie von den Mengen derselben, die dieser Reproduktion zufließen. Da das Nahrungsprodukt Mittel der Produktion wie der Reproduktion der Produzenten ist, muß die Produktion und ihre Zusammensetzung in ihrer Zweckbestimmung analysiert werden.
In der häuslichen Gemeinschaft verteilt sich das Nahrungsprodukt wie folgt: ein Teil wird für die Reproduktion des Produkts selbst verwandt, d. h. für das Anlegen eines Vorrats an Saatgut; ein Teil ist gesellschaftlichen Tätigkeiten vorbehalten (Empfänge, Zeremonien, Kulte usw.[1]); der größte Teil schließlich (mit dem allein sich meine Analyse befaßt) ist für den Konsum der Mitglieder der Gemeinschaft bestimmt. Diese konsumierten Lebensmittel erfüllen folgende Funktionen: Wiederherstellung der Energie der Produzenten (von den produktiven Erwachsenen verzehrter Teil); Produktion künftiger Produzenten (von den nicht produktiven Kindern verzehrter Teil); von den ehemaligen Produzenten verzehrter Teil.[2]
Das Vorstehende läßt sich durch folgende einfache Formel ausdrücken:

entweder (in Jahren):

A: vorproduktive Periode der Kindheit
B: produktive Periode des Erwachsenen
C: nachproduktive Periode des Alters,

und $(A + B + C) = T$,

oder (in Quantitäten):

α: jährlicher Konsum pro Individuum[3]
β: Jahresproduktion pro produktives Individuum (in B).

– αA ist der Konsum eines Individuums in seinen vorproduktiven Jahren[4], also auch der Teil des Sozialprodukts, das in die Produktion eines künftigen Produzenten investiert wird;

– αB ist der Teil, den der Produzent während seiner produktiven Periode verzehrt, und entspricht dem Teil des Sozialprodukts, das für die Wiederherstellung seiner Energie bestimmt ist;

– αC ist der Teil des Sozialprodukts, der dem untauglich gewordenen Produzenten in seiner nachproduktiven Periode zufällt, und entspricht im Durchschnitt dem Teil seiner früheren Produktion, der zur Ernährung der Alten der vorhergehenden Generation verwandt worden war. Zu αC rechnen wir auch den Teil, der für andere Untaugliche bestimmt ist (Kranke, Krüppel usw.). αC produziert also, im Unterschied zu αA und αB, keine nützliche Energie mehr.

– βB ist das Volumen der Nahrungsmittel, die ein Individuum während seiner produktiven Periode produziert.

Im Rahmen unserer Definition der häuslichen Gemeinschaft muß das von jedem Produzenten produzierte Lebensmittelvolumen, damit die funktionale Produktionszelle sich reproduzieren kann, gleich dem oder größer als das Volumen sein, das für den Unterhalt des Produzenten selbst, für die Ausbildung der künftigen Produzenten sowie für die Rente eines Nachproduktiven notwendig ist.
Die Bedingungen der Produktion sind also:

– einfache Reproduktion (der Produzent reproduziert sich durch einen einzigen Vertreter):

$$\beta B = \alpha(A + B + C),$$

– erweiterte Reproduktion (der Produzent produziert mehr als einen Vertreter):

$$\beta B > \alpha(A + B + C).$$

(Es wird vorausgesetzt, daß der Teil αA, der in die Ausbildung des betreffenden Produzenten investiert wurde, dem Sozialprodukt der vorhergehenden Generation entnommen worden ist.)
Die Quote der häuslichen Reproduktion Rh (Zahl der minderjährigen Abhängigen, die der Produzent während seines produktiven Lebens bis zu ihrem produktiven Alter ernähren kann):

$$Rh = \frac{\beta B - \alpha(B + C)}{\alpha A} = \frac{M}{\alpha A}$$

(M = Mehrprodukt)

Die obige Formel stellt die Bruttoreproduktionsquote dar; wiederum wird vorausgesetzt, daß der Teil αA, der in die Ausbildung des betreffenden Produzenten investiert wurde, dem Sozialprodukt der vorhergehenden Generation entnommen worden ist. Rh zählt also zu den Abhängigen des Produzenten dessen Vertreter, das Kind, das ihn als Produzent ersetzen wird. Die Nettoreproduktion, die nur die Zahl der zusätzlichen Kinder zählt oder das häusliche Wachstum zum Ausdruck bringt, würde lauten:

$$Rh = \frac{\beta B - \alpha(A + B + C)}{\alpha A}$$

Die Formel gilt für jeden Produzenten, ob Mann oder Frau. Die Reproduktion eines Haushalts ist die Summe der Reproduktionsquoten jedes einzelnen seiner aktiven Mitglieder.
Was die Gattinnen betrifft, die in eine bereits bestehende Gemeinschaft kommen, so wird vorausgesetzt, daß jede Gemeinschaft auf Zeit so viele erhält, wie sie abtritt, so daß die Übertragungen von αA einander aufheben. Diese Hypothese entspricht der Logik des Systems (vgl. I,3,IV).
Die lebenslängliche Produktion eines Produzenten läßt sich im Rahmen der Distribution des Produkts wie folgt formulieren:

$$\beta B_1 = \alpha B_{11} + y\alpha C_{12} + x\alpha A_{10}$$

Im Laufe seines Lebens konsumiert der Produzent:

$$\alpha A_{21} + \alpha B_{11} + \alpha C_{01}$$

y: Zahl der Greise, die mit der Arbeit des betreffenden Produzenten ernährt werden können,
x: Zahl der unproduktiven Kinder, die mit der Arbeit des Produzenten ernährt werden können.

Die Ziffern 0, 1, 2 weisen je nachdem, ob sie an erster oder an zweiter Position stehen, auf den Ursprung oder die Bestimmung des Produkts hin.

0: noch nicht produktive nachfolgende Generation (Kinder),
1: produktive gegenwärtige Generation (aktive Erwachsene),
2: nicht produktive vorhergehende Generation (Greise).

Die Bildung der Gemeinschaft erfolgt um die Übertragungen von αA und αC, d. h. durch die Zirkulation der Nahrungsmittel zwischen den drei aufeinander folgenden produzierenden Generationen.
Setzt man voraus, daß alle Mengen αA und αC untereinander identisch sind, so erhält man, indem man von der lebenslänglichen Produktion jedes Produzenten seinen lebenslänglichen Konsum abzieht, sein lebenslängliches Mehrprodukt:

$$M = (\alpha B + y\alpha C + x\alpha A) - (\alpha A + \alpha B + \alpha C)$$
$$M = \alpha C(y - 1) + \alpha A(x - 1)$$

Auf der Ebene der Gesamtheit der Gemeinschaft wird das Mehrprodukt in jedem Augenblick durch das Volumen der Nahrungsmittel dargestellt,

die über die zur einfachen Reproduktion der Bevölkerungszahl benötigte Quantität hinaus zur Verfügung stehen.
Damit dieses Mehrprodukt ein demographisches Wachstum der häuslichen Gemeinschaft ermöglicht, müssen noch mehrere Bedingungen gegeben sein. In Anbetracht der Tatsache, daß die landwirtschaftliche Produktion niemals regelmäßig ist, sondern den klimatischen Zufällen unterliegt, welche die Produktion mehrere Jahre hintereinander beeinträchtigen können, ist die erste Bedingung des demographischen Wachstums, wie wir sahen, daß Produkte zur Verfügung stehen, die sich über einen Zeitraum hinweg konservieren lassen, der der längsten Katastrophe mindestens entspricht. Infolgedessen muß das durchschnittliche Volumen des Mehrprodukts während einer Periode, die mindestens der Dauer A der Ausbildung einer Generation von Produzenten entspricht, auf einer konstanten Ebene liegen. Eine gute Ernte reicht also noch nicht aus, um die Population zu vermehren. Den überzähligen Kindern, die aus diesem Anlaß möglicherweise geboren werden, muß fünfzehn Jahre lang die zu ihrem Wachstum erforderliche Quantität an Nahrung αA garantiert sein.
Vorausgesetzt also, die Dauer der Lagerung der Nahrungsprodukte ermöglichte es, die Katastrophenzeiten zu überbrücken, so wäre es zur Beibehaltung des demographischen Niveaus erforderlich, daß:

$$\frac{A(V)}{\alpha} = B,$$

und zum Wachstum der Bevölkerung, daß:

$$\frac{A(V + \Delta V)}{\alpha} > B$$

V: jährliches Produktionsvolumen der Gemeinschaft
ΔV: Wachstum von V, Mehrprodukt
B: Bevölkerungszahl der Gemeinschaft

Die Lagerbestände, welche die Gemeinschaften anlegen, stellen also niemals "Mehrwerte" dar, da ihr Zweck darin besteht, ihre Fähigkeit, sich zu reproduzieren und möglicherweise zu wachsen, in der Zeit zu verteilen.
So wirkt sich die Entnahme, die eine ausbeutende Klasse möglicherweise aus dem Sozialprodukt vornimmt, stets zum Nachteil des Wachstums und zuweilen sogar der einfachen Reproduktion der Gruppe aus, wenn diese Entnahme zum vorzeitigen Tod eines Teils der Bevölkerung führt (der vorzeitige Tod durch Elend wird in den Berechnungen der liberalen Ökonomie niemals als ökonomischer Verlust gebucht).

II. *Die Mehrarbeit*

Mehr noch als zu einem Mehrprodukt ist die Hausgemeinschaft zur Produktion von Mehrarbeit fähig.

Die Teilung der landwirtschaftlichen Tätigkeiten in produktive und unproduktive Jahreszeiten macht deutlich die Fähigkeit der Agrikultur sichtbar, ein Nahrungsvolumen $\Sigma\beta$ zu liefern, dessen Konsum eine Energiesumme ΣE produziert, die höher ist als diejenige, die für die Reproduktion von $\Sigma\beta$ benötigt wird. Das läßt sich mühelos an der zur Produktion des landwirtschaftlichen Produkts erforderlichen Arbeitszeit messen, die im allgemeinen nur ein Bruchteil des Sonnenjahres beträgt. Zu dieser Periode ist die für zusätzliche Operationen, insbesondere zur Herstellung von landwirtschaftlichen Werkzeugen, sowie die für die Zubereitung der Nahrungssubstanzen und die Herstellung von Kochgerät erforderliche Arbeitszeit hinzuzurechnen. In den toten Jahreszeiten werden auch die zum Unterhalt des Energieproduzenten unerläßlichen Arbeiten ausgeführt: Bau der Wohnung, Fertigung von Kleidung, verschiedenem Mobiliar usw. Diese für die Produktion wie die Reproduktion *absolut* notwendigen Operationen beanspruchen im allgemeinen nicht sämtliche Kräfte der Arbeiter in der toten Jahreszeit. Auch wenn die Übergangsperiode häufig sehr hart ist, bleibt dennoch ein Überschuß an Energie übrig, der für zusätzliche produktive Tätigkeiten (Jagd, Sammeln usw.), soziale oder politische Tätigkeiten (Diskussionen, Wettkämpfe, Kriege usw.) oder auf die Produktion nicht produktiver handwerklicher Güter verwandt werden kann.

Wenn also E die von jedem männlichen oder weiblichen aktiven Produzenten jährlich erzeugte Energiemenge darstellt,

– wird ein Teil E_b von E zur Produktion eines Nahrungsvolumens landwirtschaftlichen Ursprungs verwendet, das für die Wiederherstellung der Kräfte des Produzenten sowie zur Ausbildung der künftigen Produzenten notwendig ist (vgl. I,3,I);

– wird ein Teil E_i für die zur Herstellung der Produktionsmittel (Werkzeuge, Küchengerät) sowie zum Unterhalt des Produzenten (Wohnung, Kleidung) notwendigen Investitionen bereitgestellt;

– erstreckt sich ein Teil E_d auf andere, zur Produktion von E nicht unbedingt erforderliche ökonomische Tätigkeiten sowie auf soziale und politische Tätigkeiten.

– Der Rest ist E_r.

Also: $E = (E_b + E_i) + (E_d + E_r)$.[5]

Die Differenz zwischen der erzeugten Energiemenge E und der verausgabten Energiemenge $E_b + E_i$ für die Produktion von E ist: $E_d + E_r$. Diese Differenz zwischen erzeugter und verausgabter Energiemenge drückt sich durch eine Differenz zwischen der zur Produktion der Energie E absolut notwendigen Arbeitszeit und der Verwendungsdauer dieser Energie aus, einer Dauer, die mindestens einem vollständigen Landwirtschaftszyklus entspricht, d. h. einem Jahr.[6]

Mit anderen Worten, die Mehrarbeit ist die Energiemenge, die über die Mengen hinaus zur Verfügung steht, die zur Produktion der für die einfache Reproduktion der Gemeinschaft erforderlichen Lebensmittel verwandt werden.[7]

$E_d + E_r$ drückt sich für die Gemeinschaft selbst in einer *freien Zeit* aus, über die sie dank ihren Anstrengungen sowie der Nutzung ihrer körperlichen und geistigen Fähigkeiten verfügt: eine Zeit, die sie nach eigenem Belieben gestaltet, eine für jede Entfaltung und jeden Fortschritt unerläßliche Zeit.

Um am Produktionszyklus teilzunehmen, d. h. um zur Gemeinschaft zu gehören – die Implikationen dieser Bemerkung werden wir erkennen, wenn wir die Sklaverei untersuchen –, sowie um zu seiner eigenen Fortdauer beizutragen, muß jeder Produzent 1. der Gemeinschaft den Teil αA_{21} zurückerstatten, den er während seines unproduktiven Alters konsumiert hat, damit er erneut in die Ausbildung eines künftigen Produzenten investiert werden kann; 2. den Teil αC_{01} vorschießen, den er verzehren wird, wenn er untauglich geworden ist; 3. den Teil αB_{11} produzieren, den er für seinen gegenwärtigen Unterhalt als Produzent braucht.

Der Saldo S, sofern er besteht, fällt normalerweise der erweiterten Reproduktion der Produzenten zu, d. h. dem Wachstum der Gemeinschaft, die dann die oben genannten Ziele besser verwirklichen kann.

Die Zirkulation des Produkts zwischen Generationen, eine für die Wiederherstellung der menschlichen Energie notwendige Zirkulation, macht jedes einzelne Individuum, ob Produzent oder künftiger Produzent, von allen anderen Mitgliedern der Gemeinschaft abhängig. Die Fähigkeit jedes einzelnen Produzenten, einen Energieüberschuß zu produzieren, ist von seiner Zugehörigkeit zur Gemeinschaft abhängig. *Die Energie jedes einzelnen Produzenten ist das gesellschaftliche und vorläufige Produkt der Gemeinschaft sowie der Produktions- und Reproduktionsverhältnisse in einem Zeitraum von drei Generationen.*

Streng ökonomisch gesehen, erscheint der für die Ernährung der Unproduktiven, insbesondere der Greise bestimmte Teil überflüssig. Damit vergißt man, daß die Produktionsbedingungen selbst dazu führen, die Ältesten in den Mittelpunkt der Produktionsverhältnisse zu stellen, und zum Anwachsen ihrer Autorität, zur Konzentration der Verwaltungsfunktion in ihren Händen sowie zur Entwicklung der Ideologie der Erstgeburt beitragen. Diese Strukturen bestimmten den Endzweck dieser Produktionsweise: das Fortbestehen und die Vermehrung ihrer Mitglieder. In dieser Hinsicht stellt die häusliche Gemeinschaft einen Fortschritt gegenüber der Horde dar, die kaum in der Lage ist, die Kranken und Untauglichen zu tragen oder das Überleben der Greise über den Augenblick hinaus zu garantieren, da sie nicht mehr die Kraft haben, zu produzieren.

In der häuslichen Gemeinschaft ist nun aber das Überleben der Nachproduktiven nur durch die Investition der Energie möglich, die sie während ihres produktiven Alters für die Ausbildung der künftigen Produzenten geleistet haben. Ein isolierter Arbeiter, der nichts in eine Produktions- oder Reproduktionszelle investiert, könnte – sobald er aufhört zu arbeiten – nur so lange leben, wie die Nahrungsmittel ausreichen, die er vor seinem Ausscheiden akkumuliert hat, d. h. nur wenige Jahre. In Ermangelung einer Form des Austauschs, die es ihm ermöglichte, mittels Umwandlung des verderblichen Agrarprodukts in dauerhafte und auf Zeit rücktauschbare Werte – wie z. B. Bargeld – Ersparnisse anzulegen, läßt sich die Zukunft nur in die Produktion und Reproduktion der Arbeitskraft der unmittelbaren Abhängigen, in die Herstellung und Wiederherstellung der häuslichen Produktionszelle investieren.

III. *Die Zirkulation der Nachkömmlinge*

Eine der Bedingungen der strukturellen Reproduktion der Gemeinschaft besteht darin, daß die künftigen Produzenten den für ihr Wachstum nötigen Nahrungsanteil αA erhalten. Da das Volumen der Produktion βB jedes Produzenten im Durchschnitt gleich, die Zeugungsfähigkeit des einzelnen dagegen nicht an seine produktiven Fähigkeiten gebunden ist, ist eine Umverteilung geboten, welche die Produktion und Reproduktion in Einklang zu bringen vermag. Anders als es oberflächlich logisch wäre, geschieht diese Angleichung mehr durch die Umverteilung der Nachkommenschaft als die des Produkts.

Fast allgemein wird sie durch die Praxis der Tischgemeinschaft erzielt: das

gemeinsame Produkt wird umgewandelt und die Nahrung zu gleichen Teilen unter alle Mitglieder verteilt. Doch was auf diesem Umweg erreicht wird, ist weniger eine Umverteilung des Produkts als eine Vergemeinschaftung der Nachkommen, die auch als die des Ältesten betrachtet werden.
Aus diesem Grunde ist die Polygamie in ökonomisch stark zentralisierten Gemeinschaften (in denen die Totalität des Produkts vom Ältesten verwaltet wird) ungleichmäßiger als in dezentralisierten Gemeinschaften. In den ersteren kann der Älteste über viele Frauen verfügen und eine große Nachkommenschaft aufweisen, ohne daß diese Situation sich entscheidend auf die Umverteilung der Nahrungsmittel auswirkt, da jeder in gleichem Maße ein Kind des Ältesten ist. Teilt sich die Gemeinschaft in Haushalte, die über die Gesamtheit oder einen Teil ihres Produkts verfügen, wird eine Umverteilung erforderlich, um die Zufälle der Fruchtbarkeit zu korrigieren. Denn in einer dezentralisierten Gemeinschaft muß die Verteilung der geschlechtsreifen Frauen, der Produktiven und der Nachkömmlinge, koste es, was es wolle, mit der Distribution des Produkts übereinstimmen.
Im Rahmen des verfügbaren Produkts ist diese Verteilung zwischen Produktionszellen tendenziell ausgeglichen, denn das gegenwärtige Produkt jedes einzelnen Haushalts gewinnt Wert erst dann, wenn es konsumiert und damit in ein zukünftiges Produkt verwandelt wird.
Der Haushalt, der nicht genügend Nachkömmlinge hat, um sein Produkt aufzuzehren, verwirklicht nicht den Wert dieses Produkts. Die Akkumulation von Lebensmitteln (über die zur Überbrückung der zufälligen Schwankungen der Produktion notwendigen Vorräte hinaus) kommt also ihrer Sterilisierung gleich. Andererseits kann der Haushalt, der zu viele Münder zu stopfen hat, die produktiven Möglichkeiten seiner Nachkommenschaft nicht ausschöpfen.
Unter den historischen Bedingungen des Funktionierens der Gemeinschaft, die (im Gegensatz zu Sklavengesellschaften) nur begrenzte Möglichkeiten der Rekrutierung außerhalb ihres Umkreises hat, erfolgt die Anpassung des Sozialprodukts an den Konsum mehr durch Verlagerung der Individuen zwischen den Produktionszellen als durch die der Nahrungsmittel. Innerhalb der Bevölkerung der Gemeinschaft kann die Zahl der Kinder eines jeden Haushalts stärker und schneller variieren als die Produktion. Die Umverteilung der Abhängigen erlaubt es, die menschliche Energie besser auf die Produktionszellen zu verteilen und die Zahl der produktiven und unproduktiven Individuen in ein ausgewogeneres Verhältnis zu bringen. Diese Politik der Umverteilung der Bevölkerung gemäß den Erfordernissen der Produktion zeigt sich deutlich in der Praxis sowie in verschiedenen Institu-

tionen – z. B. der Adoption von Neffen oder Nichten –, sie ist in der Mobilität der Individuen zwischen den Haushalten ein und derselben Gemeinschaft zu beobachten, Institutionen, die durch eine Manipulation der Verwandtschaftsbeziehungen die ständige Wiederherstellung der Produktionsverhältnisse fördern (siehe 1964, Kap. 4; Pollet und Winter, 1971, S. 385; J. Schmitz, 1975, usw.).

Wenn statt einer Umverteilung der Nachkömmlinge gemäß den oben genannten Mechanismen eine Umverteilung des Produkts stattfände, so würde die Konzentration einer verhältnismäßig größeren Zahl von Kindern in einem fruchtbaren Haushalt es diesem ermöglichen, in einer ersten Phase einen Teil des Sozialprodukts zu erhalten, der seine Eigenproduktion übersteigt und der Produktion der Gemeinschaft insgesamt entnommen wird. Damit würde ihm bereits ein Sonderrecht auf die künftige Produktion seiner Nachkommenschaft zugebilligt, deren Wachstum durch diese Abschöpfung der anderen Haushalte der Gemeinschaft eingeleitet wäre. Wenn das Produkt dieser so entstandenen Nachkommenschaft im selben Haushalt bliebe, wäre der Zyklus der Vorschüsse und Rückzahlungen unterbrochen und jener Teil des Sozialprodukts, der zur Ausbildung der Produzenten des Haushalts verwandt würde, endgültig angeeignet. Freilich reproduziert sich das derart angeeignete ursprüngliche Mehrprodukt nur innerhalb gesellschaftlicher Umstände, die seine Investierung unabhängig vom genetischen Wachstum erlauben. Mit anderen Worten, das Mehrprodukt, das den dank diesen äußeren Ressourcen im Haushalt herangezogenen Produzenten entstammt, muß in der folgenden Generation einer zu ernährenden Nachkommenschaft entsprechen, da andernfalls das Mehrprodukt verlorengeht. Um es zu nutzen, muß der Haushalt folglich außerhalb seines Umkreises – und außerhalb der Gemeinschaft, mit der die Umverteilungszyklen unterbrochen wurden – Individuen finden, die er in die Gruppe aufnimmt, um das Mehrprodukt, über das er verfügt, in sie zu investieren. Eine differentielle Akkumulation des Produkts setzt diese Möglichkeit voraus, *fremde* Abhängige zu rekrutieren. Die historischen Bedingungen des Funktionierens der Hausgemeinschaft schränken diese Möglichkeit nun aber auf zufällige Umstände ein, die sich nicht regelmäßig wiederholen können, also weder institutionell noch organisch sind. Träte sie ein, so würde sie, durch eine erste Umverteilung des *Produkts*, den Beginn einer differentiellen Akkumulation ermöglichen, jedoch zum Preis einer Unterbrechung der häuslichen Produktions- und Reproduktionsverhältnisse, folglich einer radikalen Veränderung der sozialen Strukturen.

So wirkt, unter den Zwängen der Produktion, die Logik der Umverteilung mehr auf die Individuen als auf das Produkt, da jeder Haushalt eher an seinen relativ stabilen Produktionsfähigkeiten als an seinen zufälligen Reproduktionsmöglichkeiten gemessen wird: das Gesellschaftssystem wird anhand der relevantesten Gegebenheiten verwaltet. Durch die Umverteilung der Abhängigen wird kein Produzent um das Produkt seiner Arbeit betrogen, außer im Fall eines vorzeitigen Todes. Sein Mehrprodukt fällt ihm zu, unabhängig von der Zahl der Kinder, die er gezeugt haben mag. Es erlaubt ihm, eine ebenso große Zahl von Kindern $\frac{S}{\alpha A}$ zu ernähren (ob diese Kinder nun ihm oder der Gemeinschaft gehören).

Der Begriff der zur *klassifikatorischen Verwandtschaft* erweiterten Familie, die diese Zirkulation der Individuen institutionell vorsieht, befindet sich also in Einklang mit den Bedingungen der Produktion und der Zirkulation der Lebensmittel, die der produktiven Arbeit logischerweise mehr Gewicht verleihen als der bloßen Zeugungsfähigkeit des Mannes.

4

Die Dialektik der Gleichheit

Die Zirkulation der Nachkommenschaft innerhalb der häuslichen Gemeinschaft wird von keinen materiellen Gegenleistungen begleitet. Die Zirkulation der Gattinnen zwischen verschiedenen Gemeinschaften dagegen zieht zuweilen eine entgegengesetzte Zirkulation von Objekten nach sich, eine Zirkulation, deren Modalitäten, Entwicklung und Auswirkungen wir nun untersuchen wollen.

I. *Die Zirkulation der Gattinnen und des Heiratsgutes*[1]

In dem durch den Zusammenschluß mehrerer Gemeinschaften entstandenen matrimonialen Ganzen wird die Reproduktion jeder einzelnen durch die Umverteilung der verfügbaren geschlechtsreifen Frauen unter ihnen gewährleistet.

Der grundlegende Zweck dieser Umverteilung ist die Reproduktion, deren Instrument die Frau ist. Nicht so sehr die Verteilung der Frauen ist das letzte Ziel ihrer Zirkulation als vielmehr die Verteilung ihrer Nachkommenschaft. Im Folgenden verstehen wir unter "Zirkulation der Frauen" auch "Zuteilung der Nachkommenschaft". Da es üblich ist, daß die Frauen nicht in ihrer eigenen Gemeinschaft gebären (außer im Fall von Präferenzheiraten), werden sie anderen Gemeinschaften übertragen. Diese Übertragung kann nur auf der Grundlage einer absoluten Gegenseitigkeit erfolgen, denn *eine geschlechtsreife Frau hat kein anderes funktionales Äquivalent als eine andere geschlechtsreife Frau.* Unter diesen Umständen, und wenn diese Regel befolgt wird, kann jede Gemeinschaft von den anderen nur die Zahl von Frauen erhalten, die derjenigen, die sie selbst erzeugt hat, genau entspricht. Der Austausch der Gattinnen erlaubt es einer Gemeinschaft also nicht, zahlenmäßig über mehr Frauen zu verfügen, als in ihr geboren werden. Dagegen kann sich diese Zahl durch das Spiel der Versprechungen zeitlich verteilen, Versprechungen, die es gestatten, heute ein heiratsfähiges Mädchen gegen die aufgeschobene Aushändigung eines erst zu zeugenden oder noch zu jungen Mädchens zu erhalten. Auf diesem Wege können die Gemeinschaften, die in einem bestimmten Augenblick keine heiratsfähigen Mädchen besitzen, sich dennoch jener erfreuen, die ihnen vorgeschossen wurden, entweder als Vorleistung für den von dieser Operation erwarteten weiblichen Zuwachs oder als Gegenleistung für ein zuvor abgetretenes Mädchen. Damit ist keine Gemeinschaft allein durch die Tatsache einer differentiellen Fruchtbarkeit zum Aussterben verurteilt, die sie der Mädchen beraubte (paradoxerweise würde sie erst dann aussterben, wenn es an heiratsfähigen Männern fehlte). Im Gegenteil wird die Möglichkeit einer *gleichen* Verteilung der Frauen unter alle Gemeinschaften bewahrt. Die geordnete Mobilität der Frau hat gegenüber der Endogamie und der Matrilinearität den praktischen Vorteil, die geschlechtsreifen Frauen nicht nur im Raum, sondern auch in der Zeit zu verteilen.

Das Gegenstück zu diesem Mechanismus ist die *Polygamie,* die es gestattet, in jeder Gemeinschaft eine Zahl von Frauen unabhängig von der Zahl der heiratsfähigen Männer, die sie zählt, zuzulassen (unter der Voraussetzung, daß diese Zahl zumindest gleich eins ist).

Der Frauentausch vollzieht sich, wie wir sahen, entweder bilateral oder multilateral. Der bilaterale Austausch wird zwischen zwei verbündeten Gemeinschaften und – aufgrund ihres geringen Personenbestandes – im allgemeinen auf Zeit praktiziert. Die Aushändigung einer Frau zieht das Versprechen einer anderen nach sich. Der bilaterale Tausch schränkt die Transaktionen auf die Zahl der geschlechtsreifen Frauen ein, über welche die beiden betroffenen Gemeinschaften verfügen, und verteilt sie über einen langen Zeitraum. Die Zunahme des bilateralen Austauschs mit einer größeren Zahl von Gemeinschaften beseitigt diesen Nachteil zum Teil und verleiht den Transaktionen größeren Fluß.

Die so in einem Kreislauf multilateraler Tauschaktionen befangenen Gemeinschaften müssen jederzeit über den Stand der matrimonialen Transaktionen sowie über die Zirkulation der Außenstände an Frauen unterrichtet sein, damit keine mehr Gattinnen erhält, als sie geliefert oder versprochen hat. Sind diese Transaktionen zahlenmäßig begrenzt, so läßt sich diese Kontrolle durch bloßes Erinnern leisten. Vermehren sie sich, so wird dieses Erinnern der Zirkulation der Außenstände schwieriger, wenn nicht unmöglich. Es hat dann die Tendenz, sich vertragsmäßig in einer umgekehrten Zirkulation stellvertretender Gegenstände zu materialisieren. Beim Übergang vom bilateralen zum multilateralen Austausch läßt sich in der Tat das Auftauchen einer parallelen Zirkulation materieller Gegenstände beobachten (M. Douglas, 1963).

Die Natur dieser Gegenstände hängt eng mit den Funktionen der matrimonialen Transaktion und ihren Besonderheiten zusammen. Im Folgenden werden wir sehen, auf welche Weise sie diese Funktion widerspiegeln und gleichzeitig geeignet sind, sie zu verraten.

II. *Das Heiratsgut als Schuldforderung*

Wo sich die Zirkulation der Frauen durch bloßes Erinnern regulieren läßt, kann die Natur der Objekte, welche dieselbe Funktion erfüllen wie das Gedächtnis, ebenso abstrakt sein wie dieses. Ihre Materialität, die nur die Schuldforderung, nicht aber *den Gegenstand* der Schuldforderung darstellt, ist also von deren Inhalt unabhängig. Wie in jedem beliebigen Kreditsystem kann die matrimoniale Schuldforderung durch ein beliebiges Objekt dargestellt sein, das keinen *immanenten Wert,* sondern nur einen treuhänderischen Wert besitzt, gründend auf dem einhelligen Konsens der Parteien sowie ihrem gegenseitigen Vertrauen.

Durch den multilateralen Austausch kann jede zum matrimonialen Ganzen gehörende geschlechtsreife Frau als Ersatz für eine jeder beliebigen anderen Gemeinschaft abgetretene Frau empfangen werden, wenn die erstere durch den Kreislauf der Schuldforderungen entsprechend bestimmt ist. Die heiratsfähigen Frauen werden im Rahmen ihrer verwandtschaftlichen Zugehörigkeit fungibel, d. h. sie verlieren in diesem Kreislauf einen Teil ihrer Identität. Die Gattin wird nicht aufgrund ihrer Eigenschaften auserkoren, sondern in Funktion einer Opportunität, die sowohl dem Netz der Bündnisse, in dem sich ihre Gemeinschaft befindet, wie den früher von dieser eingegangenen Verpflichtungen und dem ihrem Alter entsprechenden Zeitpunkt des matrimonialen Zyklus entspringt.[2] Die Fungibilität der geschlechtsreifen Frauen äußert sich auch durch das Sororat im engeren Rahmen der Gebergemeinschaft, die als Ersatz für eine fehlende oder verstorbene Gattin eine "Schwester" anbieten kann: eine begrenzte Fungibilität allerdings, denn die Frauen zirkulieren nicht innerhalb eines Systems mit "verallgemeinertem Austausch", wie es eine fehlerhafte Formulierung des Strukturalismus nahelegt, sondern innerhalb einer Gesamtheit multilateraler Kreisläufe, durch welche die Zugehörigkeit einer Frau zu ihrer Ursprungsgemeinschaft niemals verleugnet wird. Im Unterschied zum verallgemeinerten Austausch wird die Frau in der matrimonialen Zirkulation von der Gemeinschaft des Gatten niemals erworben: *diese kann sie keiner dritten Gemeinschaft überlassen.* Ihre Zirkulation vollzieht sich immer nur zwischen ihrer Ursprungsgemeinschaft und einer anderen, *niemals zwischen zwei dritten Gemeinschaften.*

In diesem Rahmen kann sich die Fungibilität der Frauen in der Fungibilität der Dinge widerspiegeln: sie lassen sich durch untereinander austauschbare Gegenstände darstellen.

Die Heiratsgüter, repräsentativ für die Schuldforderungen, die sich immer

nur auf eine *einzige* Frau beziehen, wobei alle in ihren reproduktiven Funktionen *a priori* als identisch gelten, bleiben untereinander äquivalent, ungeachtet ihrer Natur, ihres Inhalts, ihres Volumens oder der Quantität, Qualität, Seltenheit der Dinge, aus denen sie bestehen.
Dennoch sind gewisse Erwägungen im Spiel, welche die Natur der matrimonialen Güter definieren, die, um als solche akzeptiert zu werden, bestimmte Qualitäten aufweisen müssen.
Zunächst ist es unerläßlich, daß diese Heiratsgüter ein inneres Merkmal besitzen, das sie nicht den Frauen – die sich nicht voneinander unterscheiden –, sondern den Männern zuordnet, die sie manipulieren und die, im Gegenteil, bestimmte Qualitäten aufweisen müssen. Die Heiratsgüter müssen die sozialen Vorrechte derjenigen zu erkennen geben, die über sie verfügen, sowie deren Fähigkeit, matrimoniale Transaktionen vorzunehmen. Durch seine Natur und Zusammensetzung muß das Heiratsgut auch die sozialen Eigenschaften des Ältesten zum Ausdruck bringen. Der Älteste, am Pol der Zirkulation der von der Gemeinschaft produzierten Güter stehend, ist derjenige, der die sozialen Fähigkeiten zur Akkumulation besitzt und diese als einziger legitim besitzen kann. Die Heiratsgüter sind also im allgemeinen Produkte, die von einer Konzentration menschlicher Energie zeugen, entweder quantitativ oder qualitativ, die, aufgrund seiner Stellung, nur ein Ältester in sich vereinen kann (Meillassoux, 1960).
Doch auch wenn das Heiratsgut durch seine Zusammensetzung den Ältesten von den anderen Mitgliedern seiner Gemeinschaft unterscheidet, unterscheidet es ihn doch nicht von den anderen Ältesten, deren Vorrechte in matrimonialen Dingen *a priori* identisch sind. Da die Heiratsgüter also einerseits die *abstrakte* Darstellung der geschlechtsreifen Frauen sind, die einander ähneln, andererseits die *konkrete* Darstellung einander gleicher Ältester, unterstehen sie den Gesetzen der Uniformität.
Da die matrimonialen Güter schließlich dazu bestimmt sind, in dieser doppelten Funktion sowohl das *Versprechen einer Frau* wie den *Rang* des Ältesten zu repräsentieren, können sie nur unproduktive Güter sein, ein Merkmal, das ihre ausschließliche Bestimmung für die Zirkulation noch verstärkt.
Solche müßigen und repräsentativen Güter können nur einen *vertragsmäßigen und treuhänderischen Wert* besitzen. Wenn dem so ist, so zirkulieren sie als matrimoniale Güter nur innerhalb einer Gesellschaft, in der solche Verträge gelten, d. h. einer Gesamtheit der im selben matrimonialen Areal zusammengeschlossenen Gemeinschaften.
Unter diesen Voraussetzungen ist es also möglich, für eine solche Gesamt-

heit das Volumen und die Zusammensetzung des Heiratsguts vertraglich festzusetzen: die vertraglich bestimmte und einheitliche Quote des Heiratsguts drückt die prinzipielle Gleichheit der Schuldforderungen wie der Partner aus. Auch wenn das Volumen des Heiratsguts schwanken darf, ändert das nichts an der Natur oder dem Inhalt der Forderung. Wer sich entschließt, ein großzügigeres Heiratsgut zu geben, erwirbt damit keine zusätzlichen matrimonialen Rechte. Mit anderen Worten: Qualität, Volumen, Inhalt des Heiratsguts sind unabhängig von seinen schuldbefreienden Fähigkeiten.
Die matrimonialen Güter können vergänglich oder dauerhaft sein. Je nach dem Fall unterscheiden sich die Mechanismen der matrimonialen Zirkulation. In unserer Hypothese – derjenigen, in der das System des Heiratsguts die Erweiterung der matrimonialen Beziehungen erlaubt – begünstigen die Zirkulation sowie das Horten der matrimonialen Güter die Wahl dauerhafter Güter.[3]

III. *Der identische Austausch*

Die Untersuchung der Zirkulation der Lebensmittel und der geschlechtsreifen Frauen rückt eine grundlegende Tatsache ins Licht, die sie von allen Formen der Warenzirkulation unterscheidet: *es sind identische Güter, die untereinander ausgetauscht werden;* Lebensmittel gegen Lebensmittel im Zyklus der Vorschüsse und Rückzahlungen des landwirtschaftlichen Produkts; Gattin gegen Gattin im matrimonialen Zyklus. Die Zirkulation der Lebensmittel und der Frauen gründet auf ihrem *zeitlich aufgeschobenen* Gebrauch. Die Güter, die in diese Kreisläufe eindringen, sowie diejenigen, aus denen das Heiratsgut im matrimonialen Kreislauf besteht, sind lediglich Zwischenglieder zweier Momente des identischen Austauschs. *Der aufgeschobene Austausch identischer Güter* erklärt auch eine andere Besonderheit der Zirkulation, welche die Ethnologen seit R. Firth beobachtet haben: die Herausbildung von reinen Zirkulationssphären, in denen einzig spezifische, einer bestimmten Zirkulationsebene entsprechende Produkte *untereinander ausgetauscht* werden können, die sich nicht mit anderen, auf einer anderen Ebene zirkulierenden Produkten vergleichen lassen. Diese Zirkulation untersteht nicht den Warengesetzen, da diese Tauschgüter – z. B. die matrimonialen Güter – keinen anderen "Wert" als den von stets identischen Gütern haben, so daß eine Veränderung ihres Volumens und ihres Inhalts eine weder akzeptierbare noch akzeptierte Auswirkung auf den Schlußaustausch hat.[4]

Durch diesen *aufgeschobenen* Austausch besteht die Tendenz zu einer zeitlich gleichen Verteilung der Reproduktionsmittel: der Lebensmittel unter die Mitglieder der Gemeinschaft, der Nachkömmlinge unter die konstitutiven Zellen der Gemeinschaft, der geschlechtsreifen Frauen unter die Gemeinschaften. Die Gesamtheit dieses Prozesses ist die Voraussetzung für die ständige Wiederherstellung der Produktionsverhältnisse.

Freilich offenbaren die Mechanismen, die wir untersucht haben, die Tragweite und die Grenzen dieser Egalisierung. Auch wenn die Sorge um Aufrechterhaltung der egalitären Beziehungen die Ideologie der häuslichen Gemeinschaften beherrscht, so stützt sie sich doch lediglich auf eine langfristige Tendenz, die zuweilen von der Geschichte vereitelt wird (vgl. I,6). Diese Mechanismen tragen gewiß dazu bei, innerhalb jeder einzelnen Gemeinschaft ein Gleichgewicht (je nach den betreffenden Elementen auf kürzere oder längere Frist) zwischen Nahrungsmitteln und Konsumenten, zwischen Produktiven und Unproduktiven, zwischen geschlechtsreifen Frauen und Gesamtbevölkerung zu gewährleisten. Doch wenngleich sie dadurch tendenziell homologe oder gleichartige Gemeinschaften konstituieren, realisieren sie doch nicht in jedem Augenblick eine gleichmäßige Verteilung der Bevölkerung auf alle Gemeinschaften des sozialen Ganzen, die bezüglich ihrer zahlenmäßigen Bedeutung in unterschiedlichen und wechselnden Positionen zueinander stehen können.

Das egalitäre Ideal, das zwischen Gemeinschaften herrscht, spiegelt die Notwendigkeiten der sozialen Reproduktion wider und erweist sich als desto stärker, je schwerer die Gefahren der Ungleichheit durch äußere Zwänge ins Gewicht fallen. Der Fall der Lugbara, von dem J. Middleton berichtet (1974), bei denen jede Gemeinschaft mit allen anderen identisch zu sein behauptet, ist ein anschauliches Beispiel dafür, und ebenso, in der zeitgenössischen Gesellschaft der Soninke, der Entartungsprozeß eben dieses Ideals, den Pollet und Winter beschrieben und erörtert haben (1971).

Die egalitäre Ideologie hat der Strukturalismus durch den Begriff der „Gegenseitigkeit“, der „Reziprozität“ erfaßt, in welcher Lévi-Strauss den Motor des Gesellschaftssystems zu sehen glaubte. Doch mangels einer wissenschaftlichen Behandlung ist dieser intuitive Begriff so verschlissen worden, daß er nunmehr jede Bewegung oder Absicht umfaßt, die in umgekehrter Richtung wirkt (oder es zu tun scheint). Trotz der präziseren Definition, die Polanyi (1957) ihm zu geben versuchte, haben einige Autoren ihn auf Gesellschaften ausgedehnt, für die er nicht gilt, sogar auf Ausbeutungsverhältnisse, wie die Zahlung eines Tributs "im Tausch" für den Schutz des Grundherrn oder des Zehnten für die Gebete des Priesters.[5]

Auf die Hauswirtschaft beschränkt, erklärt der Begriff der Reziprozität ideologisch die identische und egalitäre Zirkulationsform, die ich ans Licht zu ziehen versuchte. Diese Ideologie wird im übrigen in diesem Gesellschaftstypus, über die sozialen Verhältnisse hinaus, auf das Verhältnis zwischen Mensch und Erde projiziert. Für einen Ackerbauern liefert die Erde nichts ohne Gegenleistung: er investiert in sie seine Arbeit und den Samen, er entnimmt ihr die Nahrung. Räuberische oder extraktive Tätigkeiten beunruhigen ihn: sie müssen durch ein "Opfer" vergolten werden, welches das Gleichgewicht wiederherstellt, denn jede punktuelle Abschöpfung der Natur verletzt das Prinzip der Vorschüsse und Rückzahlungen, das die *landwirtschaftliche* Ökonomie beherrscht.
Solche Vorstellungen und Rituale entwickeln sich in Jagd- oder Sammelwirtschaften nicht im gleichen Ausmaß, weil hier die Erde nur Arbeitsgegenstand ist. Die Notwendigkeit einer Rückzahlung steht dem Jäger, der nicht die Erfahrung der Investition hat, weniger deutlich vor Augen.
In den aristokratischen Klassengesellschaften dagegen wird die Ideologie der Reziprozität aufrechterhalten und dazu benutzt, die Ausbeutungsverhältnisse zu rechtfertigen, obwohl sie hier keinerlei organischen Träger besitzt (siehe zu diesem Punkt die scharfsinnige Kritik von Vilakazi an dem Aufsatz von E. E. Ruyle, 1973).

IV. *Der versteckte Wert*

Wenn die Zirkulation der Heiratsgüter mit der Erinnerung an die Transaktionen verbunden ist, weiß jeder Verantwortliche der Gemeinschaft, wer Schuldner oder Gläubiger von Gattinnen ist. Es dominiert die Kreditfunktion des Heiratsguts. Solange die Partner in engen Beziehungen stehen, die es jedem einzelnen ermöglichen, auf die Erfüllung der matrimonialen Verpflichtungen zu achten, behält das Heiratsgut die ihm zugewiesenen Funktionen, seine Zirkulation bleibt den Erfordernissen der Reproduktion der Produktionsverhältnisse unterworfen. Der Kreislauf des Heiratsguts bewegt sich innerhalb sozialer Verhältnisse, die seine Auswirkungen auf das beschränken, was das System verkraften kann. Überdies sind der gemischte Charakter des Heiratsguts, die Arbeitsleistungen, die oft mit ihm einhergehen, nicht dazu angetan, eine einfache und eindeutige Manipulation zu erleichtern, die dem Heiratsgut Tauschfunktionen zusprechen würde, die doch, wie wir sehen werden, latent in ihm vorhanden sind.

Der Besitz eines Heiratsguts reicht nicht aus, um matrimoniale Verhandlungen zu eröffnen. Es muß auch noch das Prinzip dieser Verhandlungen und die Qualität der Partner anerkannt sein. Weil um eine Frau verhandelt wird, wird das Heiratsgut übertragen. Seine Zirkulation verdoppelt im Prinzip nur die notwendige primäre Zirkulation der produzierenden und reproduzierenden Träger, ohne daß es legitim möglich wäre, durch ihr Eingreifen die daraus folgende Verteilung zu modifizieren.

Abgesehen von den vertraglichen und institutionellen Grenzen, die das Heiratsgut in seinen bloßen Kreditfunktionen bestätigen, tragen dazu auch reale Umstände bei.

Wenn, wie wir sahen, das Volumen des Heiratsguts die Glieder der Transaktion nicht modifiziert, wie steht es dann um die Vermehrung der Heiratsgüter, um ihre zahlenmäßige Produktion? Zwei Fälle sind zu beobachten: entweder es gibt keine Begrenzungen des Volumens des Heiratsguts, dann ist es nicht möglich zu bestimmen, bei welcher Menge es sich multipliziert; oder das Volumen des Heiratsguts ist vertraglich festgelegt, aber seine Multiplizierung führt zu keiner proportionalen Multiplizierung der heiratsfähigen Frauen. Doch ein Heiratsgut erfüllt seine Funktion nur dann, wenn die Möglichkeit besteht, es in eine matrimoniale Transaktion einzubringen. Eine Mehrproduktion an Heiratsgut dürfte also seinem Produzenten keinerlei Vorteil verschaffen, weder unmittelbar noch auf lange Sicht.

Kurz, aufgrund der Tatsache, daß das Heiratsgut nur aus unproduktiven Gegenständen besteht, die nicht direkt in die Produktion oder Reproduktion eingreifen können; daß es als mittlerer Terminus eines identischen Austauschs erscheint; daß es nicht eine Frau, sondern eine Übertragung repräsentiert; daß diese Übertragung nur ein Verbot aufhebt (das der freien Paarung), also latente reproduktive Funktionen freisetzt, ohne zu ihrer Schaffung beizutragen; daß seine Zirkulation weder die Zahl der geschlechtsreifen Frauen noch ihre Fruchtbarkeit erhöht; daß seine einzige Funktion darin besteht, die Verteilung der geschlechtsreifen Frauen in Zeit und Raum im Gedächtnis zu behalten, daß jedoch diese Funktion völlig abstrakt ist: aufgrund dieser Tatsachen scheint das Heiratsgut nicht imstande, in einen Äquivalenzkreislauf einzugreifen, der ihm einen Tauschwert verleihen würde.

Doch die Tatsache, daß materielle und dauerhafte Gegenstände in die matrimonialen Transaktionen eingreifen, *Gegenstände, die sich aufgrund ihrer Produktions- und Zirkulationsbedingungen von den Personen und Gütern unterscheiden, die sie darstellen,* führt zu Widersprüchen, die Veränderungen mit sich bringen.

Wenn jedes Heiratsgut mit der Frau identisch wäre, für die es übertragen wurde, müßte es vom Geber der Frau so lange behalten werden, bis er, sobald er als Gegenleistung eine Gattin erhält, es seinem Schuldner zurückerstattet. Das Heiratsgut wäre dann nur ein Pfand. Es würde lediglich bilaterale Abkommen bestätigen, ohne ihre Ausdehnung zu gestatten. Es würden so viele Heiratsgüter hinterlegt sein, wie Frauen ohne unmittelbare Gegenleistung übertragen wurden. Nun sahen wir aber, daß es kein System des Heiratsguts im strengen Sinn gibt, sofern es nicht die Verteilung der Frauen in der Zeit durch eine Zirkulation ermöglicht, die sich auf eine optimale Zahl von Gemeinschaften ein und desselben matrimonialen Ganzen erstreckt, in dem dieselben Verträge gelten. Durch die Ausdehnung seiner Zirkulation, die es ihm ermöglicht, von allen diesen Gemeinschaften akzeptiert zu werden, ist das Heiratsgut nicht mehr nur Pfand, sondern Schuldforderung.

Um diese Funktion zu erfüllen, kann das Heiratsgut folglich nicht wie die Frauen zirkulieren. Denn diese zirkulieren nur zwischen ihrer Ursprungsgemeinschaft und der ihrer Gatten. Und diese kann sie keiner dritten Gemeinschaft übertragen. Im Fall einer Auflösung der Ehe können sie lediglich zu ihrer Ursprungsgemeinschaft zurückkehren. Jede Frau tritt also immer nur in einen umkehrbaren Kreislauf ein, während die Heiratsgüter in einem offenen Kreislauf zirkulieren.

Hinzu kommt die entgegengesetzte Bestimmung beider Objekte, der Frauen und der Heiratsgüter: die Frauen werden – außer im Fall der Scheidung – durch ihre Heirat der Zirkulation entzogen, "konsumiert", bis zur Erschöpfung ihrer Zeugungsfähigkeit genutzt, während das Heiratsgut, das zwar aus dauerhaften, jedoch nutzlosen Gegenständen besteht, eine endlose Existenz hat, die es ihm gestattet, immer wieder in Umlauf gebracht zu werden.

Wenn die matrimonialen Übertragungen in der Reihenfolge der Bedürfnisse der Gemeinschaften zeitlich aufeinander folgen würden, so wäre ein einziges Heiratsgut ausreichend, um die Zirkulation aller Frauen zu gewährleisten. In der Realität ist dem offensichtlich nicht so, und verschiedene Umstände sorgen dafür, daß immer neue Heiratsgüter produziert und in Umlauf gesetzt werden: mehrere Übertragungen können innerhalb des matrimonialen Ganzen gleichzeitig stattfinden; eine Familie, der eine Gattin rückerstattet wurde, hat weder andere Töchter anzubieten noch Heiratsgüter zu ihrer Verfügung; während andere Familien die Heiratsgüter aufbewahren, die sie erhalten haben. Die Zahl der in Umlauf gesetzten Heiratsgüter ist desto größer, je weniger unmittelbar verfügbare Mädchen es gibt. Doch die Aufgabe, das Heiratsgut zu produzieren, fällt der Gemeinschaft zu, die, da ohne heiratsfähige Töchter, die Transaktion mit einer Frauen gebenden Gemeinschaft tätigt. Schon aufgrund dieser Tatsache wird ein für gesellschaftliche Zwecke bestimmtes Objekt in den privaten Bereich verwiesen. Das Heiratsgut erscheint als ein Gegenstand privater Aneignung, dessen Schaffung und materielle Existenz dem Gutdünken des Besitzers überlassen sind. Nun ist aber die Heiratsgüter produzierende Gemeinschaft diejenige, die auf Zeit stets wieder deren letzte Inhaberin wird. Denn wenn diese Gemeinschaft ihrerseits eine Frau liefert, als Rückvergütung derjenigen, die ihr vorgeschossen worden war, steht ihr in der Tat ein Heiratsgut zu. Fällt das Heiratsgut in die Hände eines Gebers von Frauen, so löscht es eine Schuld. Es müßte also gleichzeitig zerstört werden. Doch aufgrund seiner Materialität und seines Inhalts an dauerhaften Prestigegütern überdauert es die Schuldforderung, die es darstellt. Wenn es zulässig ist, daß das Heiratsgut noch Geltung besitzt, nachdem sich der matrimoniale Kreislauf geschlossen hat, ist das System verfälscht.

Wenn nämlich der ursprüngliche Produzent eines Heiratsguts ein anderes (oder dasselbe) erhält, wenn er die Tochter, die er der Kollektivität schuldet, in Umlauf setzt, so erhält er dieses Heiratsgut nicht in derselben Eigenschaft wie ein Geber von Frauen. In seinen Händen stellt das Heiratsgut keine Schuldforderung dar, sondern es löscht sie. Obwohl er das Heiratsgut unter denselben Bedingungen erhält wie ein Gläubiger bei der Heirat seiner Tochter, hat er im Gegenteil keine Tochter vorgeschossen, sondern lediglich diejenige zurückerstattet, die er schuldete. Als Inhaber eines Gegenstandes, der die physischen und vertraglichen Merkmale einer Schuldforderung bewahrt, die doch, da eingelöst, erloschen ist, befindet er sich nichtsdestoweniger in der offenkundigen Situation eines Gläubigers. Dadurch also, daß ein Heiratsgut wieder in Umlauf gesetzt wird, das direkt oder indirekt seinen Zyklus (Vorschuß und Rückzahlung von Frauen) durchlaufen hat, wird die Natur dieses Heiratsguts verdreht: eine gelöschte Schuld wird zur aktiven Forderung.

Mit der Vermehrung und Ausdehnung der matrimonialen Transaktionen sowie dem fungiblen Charakter der Heiratsgüter erweist es sich als immer schwieriger, die matrimonialen Transaktionen im Gedächtnis zu behalten, die der Zirkulation des Heiratsguts zugrunde liegen, und die Heiratsgüter, die in die Hände eines Gläubigers fallen, von denen zu unterscheiden, die eine neue Forderung eröffnen.

Die kontinuierliche Zirkulation der Heiratsgüter verwandelt nun aber jedesmal, wenn sich der Kreislauf der Vorschüsse und Rückzahlungen an Frauen schließt, eine Heiratsgüter produzierende Gemeinschaft in eine Gemeinschaft von Gläubigern. In dem Maße, in dem neue Heiratsgüter in Umlauf kommen und ihren primären Zirkulationszyklus vollenden, werden die Gemeinschaften, welche die wenigsten Mädchen besitzen, zu solchen, welche die meisten Heiratsgüter und Gattinnen besitzen. Um sich zu bereichern und die größtmögliche Zahl von Gattinnen in die Gemeinschaft zu locken, reicht es aus, ein Heiratsgut produziert zu haben, das bei jeder Rotation seinem Produzenten ein neues Guthaben eröffnet. Die Heiratsgüter produzierenden Linien – anfangs die benachteiligtsten – würden also mit der Zeit einen zunehmenden Bedarf an Frauen des matrimonialen Ganzen geltend machen, ohne daß sie gezwungen wären, eine gleiche Anzahl derselben zu liefern.

Wenn also das Heiratsgut dadurch, daß es zu seinem Produzenten zurückkehrt, es erlaubt, eine Gattin zu erwerben, ohne eine Tochter abgetreten zu haben, hört es auf, ein *mittelbares* Gut zu sein. Es gewinnt einen Wert an sich, durch die direkte Konfrontation mit dem einzig noch bestehenden Terminus des identischen Austauschs: einer Gattin. Es wird zum Ausdruck eines festen Werts, der dem einer geschlechtsreifen und vereinbarten Frau entspricht, da es die ursprüngliche Vereinbarung erneuert. Das Heiratsgut erwirbt im Rahmen der matrimonialen Zirkulation einen Tauschwert.

Noch andere Elemente sind im Spiel, die diesem "Wert" die Möglichkeit geben, zu variieren, also die Eigenschaft zu erwerben, Äquivalente zu messen.

Wenn nicht die Gattin selbst der letzte Gegenstand der matrimonialen Transaktion ist, sondern ihre Nachkommenschaft, tritt zu der Funktion einer festen Schuldforderung, die das Heiratsgut erfüllt, noch die einer Bestätigung der Erfüllung der Heirat hinzu, d. h. die der erwarteten Zeugungsfunktionen. Da das Zeugungspotential der Frau mit ihrer fruchtbaren Periode zusammenfällt, erstrecken sich die Heirat und das Volumen des Heiratsguts auf einen Zeitraum, der normalerweise von der Pubertät bis zur Menopause reicht. Wenn das Heiratsgut die Erfüllung der Heirat bestätigt, muß es also sowohl diesem Zeitraum wie der Zahl der Kinder proportional sein. Genau das beobachten wir in der Praxis, wenn eine gestaffelte Zahlung von matrimonialen Gütern vorliegt. Damit zeigt das Heiratsgut die Tendenz, zum Gegenwert der Nachkommen der Gattin zu werden, wie verschiedene Anzeichen bestätigen: Rückvergütung eines Teils des Heiratsguts im Fall einer Scheidung, sofern die Kinder bei der Mutter bleiben; zusätzliche Geschenke des Gatten an die Schwiegereltern bei jeder Geburt; geringeres Heiratsgut für eine Frau, die schon einmal verheiratet war, usw. Zur gleichen Zeit, wie das Heiratsgut im Verhältnis zur Nachkommenschaft variiert, spiegelt es auch den Wohlstand der Gemeinschaft wider. *Durch seine Teilung pflanzt sich der Wert des Heiratsguts auf seine Geber fort.* So können die Heiratsgüter bei verschiedenen Regelungen mitspielen, z. B. bei Bußen im Fall von Mord oder Ehebruch.

Alle diese Phänomene sind latent. Das potentielle Auftauchen des Tauschwerts beschränkt sich auf einen einzigen Sektor, den der matrimonialen und paramatrimonialen Transaktionen, und bringt lediglich die Heiratsgüter ins Spiel. Die Äquivalente bleiben mangels einer direkten Konfrontation der primären Güter des Austauschs im Dunkel: der Frauen und ihrer Nachkommenschaft. In diesem begrenzten Sektor kann es vorkommen, daß der Tauschwert nicht imstande ist, die Hindernisse zu überwinden, welche die institutionellen Kräfte einer solchen Metamorphose in den Weg legen.

Dennoch steht der Weg offen für die Gleichsetzung der Arbeitskraft (angewandt auf die Produktion der matrimonialen Güter) mit dem Reproduktionsträger, also dafür, daß die Arbeit die Möglichkeit erhält, nicht mehr nur den Zuwachs der Nachkommenschaft, sondern auch ihre Verteilung und ihre Akkumulation zu *beeinflussen:* die Produzenten von Heiratsgut erwerben die latente Fähigkeit, mittels ihrer materiellen Produktion Gattinnen zu erwerben. Mehr noch, das Heiratsgut als Tauschwert erlaubt es, die Frau einem Teil der menschlichen Energie gleichzusetzen, die sonst für den Unterhalt der Produktionsträger unbrauchbar ist. Denn die Herstellung der dauerhaften Güter, aus denen das Heiratsgut besteht, kann in den nicht landwirtschaftlichen Jahreszeiten erfolgen, nachdem die für die Unterhaltung dieses Zyklus notwendigen Gegenstände produziert sind, so daß ein Teil der Energie, der sich nicht zur direkten oder indirekten Produktion der Nahrungsmittel verwenden läßt, die Eigenschaft erwirbt, das Äquivalent einer geschlechtsreifen Frau, einer Erzeugerin zu sein, also den Zyklus der Produktion der Energie wieder aufzunehmen.

Um diese vielfachen latenten Widersprüche im Heiratsgutsystem zu bannen, um zu verhindern, daß sich in die Zirkulation der Wert einschleicht, muß das Heiratsgut entweder von einer zentralen Macht produziert werden, die seine Zirkulation kontrolliert; oder es muß *zerstört* werden, sobald die Forderung erlischt, d. h. in dem Augenblick, da es in die Hände desjenigen zurückfällt, der es in Umlauf gesetzt hat. Im Rahmen einer häuslichen Gesellschaft ohne zentralisierte Macht ist die erste Lösung ausgeschlossen. Die Zerstörung oder Neutralisierung der Heiratsgüter in den Händen derer, die sowohl am Anfang wie am Ende ihres Gläubigerzyklus stehen, ist das einzige Mittel, das Heiratsgut in seinen Funktionen zu bewahren: eine Zerstörung, die in der

Tat bei verschiedenen Gelegenheiten in diesen Gesellschaften vorkommt – z. B. bei Begräbnissen, wenn ein Ältester mit einem Teil seiner Schätze beerdigt wird –, jedoch meist sporadisch und unkontrolliert bleibt.[6] Mangels präziser Möglichkeiten zur Identifizierung des Heiratsguts, das aus fungiblen Gegenständen besteht, und da man den Gläubiger nicht auf Anhieb vom Schulder zu unterscheiden vermag, bleibt ein Teil des eingelösten Heiratsguts weiterhin existent und in Umlauf. Gewiß sind jene Gemeinschaften, die die meisten Güter akkumulieren, diejenigen, die im Verdacht stehen, sie nach ihrer Produktion wieder an sich genommen zu haben. Dann kann ein sozialer Druck ausgeübt werden, damit sie sie zerstören oder auf die eine oder andere Weise neutralisieren. Doch wenn diese Zerstörung nicht genau in dem Augenblick erfolgt, da die Schuld erlischt, bleibt ein Spielraum, in dem sie ihre neue und phantastische Eigenschaft als Tauschwert spielen lassen.

Die Zerstörung von Gütern, Reichtümern erweist sich also als die logische Auflösung eines Widerspruchs, der aus der Zirkulation des Heiratsgutsystems erwächst, d. h. daraus, daß sich in Gegenstände, die sonst zur ökonomischen Neutralität und Passivität verurteilt sind, der Wert einschleicht.

In ihrer Eigenschaft als Reproduktionsmittel bleibt die Frau der unersetzbare Reichtum und ihre Nachkommenschaft das höchste Gut, in das sich die Energie der Individuen investieren läßt. Die Reproduktion des Systems, das Fortbestehen der Individuen (sowohl des reichen Mannes wie der anderen) beruhen auf der Fähigkeit, eine Nachkommenschaft zu produzieren und aufzuziehen. Auch wenn das Gold, die Lendenschurze, das Elfenbein, die Fußringe, das Metall, das Vieh eine Verführung sind, auch wenn sie die Form von Schätzen annehmen, sind sie erst dann in der Lage, Reichtümer zu produzieren und zu reproduzieren, wenn es ihnen gelingt, sich in Instrumente des Lebens zu verwandeln. Die Möglichkeiten einer sozialen Kontrolle, die durch ihre Vermittlung ausgeübt werden könnte, sind also stets auf die realen Reichtümer zurückverwiesen, die sie darstellen: die Lebensmittel, die gebärenden Frauen und ihre Nachkommen. Die Verteilung dieser Produktionsmittel durch die Reichtümer fällt weder aus dem Rahmen der organisch zwischen Produzenten und Reproduzentinnen geknüpften Beziehungen, noch aus den bestehenden Grenzen zwischen dem Volumen der Lebensmittelproduktion und der Zahl der vergangenen, gegenwärtigen und zukünftigen Produzenten.

Mit anderen Worten: da die Nutzung dieser stellvertretenden Güter niemals notwendig ist, sind sie niemals der Reichtum, sondern nur sein Bild. Ihr Inumlaufsetzen steht am Ursprung so komplexer und so schwer zu kontrol-

lierender Phänomene, daß es sich durch Anhäufung oder Zerstörung auflöst. Die soziale Kontrolle beruht also letztlich nicht auf dem Besitz von Schätzen, sondern auf der Verwaltung der Reproduktion, und zwar häufiger direkt als indirekt. Daher die offenkundige Großzügigkeit der Ältesten, für welche die Reichtümer nur durch ihr unaufhörliches Inumlaufsetzen wirksam sind, anders als das Gold, wie Marx bemerkt, zu Beginn der Warenzirkulation (vgl. Meillassoux, 1968, S. 765, für eine Unterscheidung zwischen der Zerstörung von produktiven und der von unproduktiven Gütern).
Dieser latente Widerspruch im Gesellschaftssystem reicht jedoch allein nicht aus, es zu verändern. Damit das zufällige Auftauchen des Werts soziale Veränderungen und eine strukturelle Ungleichheit verursachen kann, die die Aneignung dieses Werts erlauben würde, muß sich dieser Widerspruch zuspitzen, d. h. in seinen Implikationen begriffen und vorsätzlich zugunsten einer Fraktion des sozialen Ganzen ausgenutzt werden. Seine Auswirkungen müssen also institutionalisiert und den tieferen Mechanismen der Produktion und der Zirkulation aufgepfropft werden. Es muß ein Wille zur Herrschaft bestehen, damit Geschichte stattfindet.
Die latente Aufwertung des Heiratsguts kann in der Tat das Auftauchen einer herrschenden Klasse begünstigen; der der Geber von Frauen gegenüber der der Nehmer von Frauen; doch da sie nicht in einer verallgemeinerten Warenwirtschaft steht, kann sie diese Überlegenheit nur aufrechterhalten, wenn die Produzenten von Heiratsgut *institutionell* definiert sind. Nichts bezeichnet diese *a priori,* es sei denn, paradoxerweise, die Tatsache, daß sie im primären matrimonialen Kreislauf weniger gut mit Töchtern versorgt gewesen wären. Damit sich ihre Überlegenheit durchsetzen kann, muß sich der Kreis der matrimonialen Transaktionen so stark erweitern, daß die Gedächtniskontrolle versagt; die Treuhandillusion muß sich der Betroffenen in solchem Maße bemächtigen, daß ein Heiratsgut um seiner selbst willen begehrt wird, daß sich also die Möglichkeiten mehren, die Heiratsgüter als Mittel zu benutzen, sich von anderen Verpflichtungen zu befreien. Die Produzenten von Heiratsgut müßten also, wenn sie seinen "Wert" zu Herrschaftszwecken nutzen wollten, seine Produktion auf sich allein beschränken und dann seine Zirkulation polarisieren. Doch die Produktion von matrimonialen Gütern bestimmten Klassen verbieten, heißt auch darauf achten, daß nicht Nebenkreisläufe entstehen, in denen andere Güter die vertraglichen Eigenschaften matrimonialer Regulierung erwerben könnten, die man sich selbst vorbehalten möchte. Da das Heiratsgut aber niemals den matrimonialen oder paramatrimonialen Kreislauf verläßt, kumuliert es niemals mehr "Wert", als die Totalität der geschlechtsreifen Frauen des matrimonialen Ganzen darstellt.

Wenn die Beherrschung des Heiratsgutsystems eine Zentralisierung der Produktion der matrimonialen Güter erheischt, so verleiht ihnen ihr treuhänderischer und stellvertretender Charakter nicht die ausschließliche Fähigkeit, die Heiraten zu beherrschen: jede beliebige andere Gruppe kann sich um eigene matrimoniale Konventionen bilden. Kurz, die Gruppe, die sich das Monopol über das Heiratsgutsystem sichern wollte, wird gewahr, daß dieses System allgemein sein oder verschwinden muß. Die Logik dieser Feststellung besteht nun darin, das Heiratsgutsystem durch ein System der direkten und zentralisierten Verwaltung der Frauen zu ersetzen, nach dem Muster desjenigen, das dem Auftauchen des Heiratsguts vorausgegangen ist, diesmal jedoch zugunsten einer Klasse, die dadurch entstanden wäre, daß sie die Widersprüche der Entwicklung der häuslichen Gesellschaft ausgenutzt hätte.

Der Prozeß der Aufwertung des Heiratsguts, den wir beschrieben haben, vollzieht sich innerhalb der häuslichen Gesellschaft, innerhalb eines begrenzten matrimonialen Ganzen. Der Wert des Heiratsguts ist ein Erbe der vertraglich bestimmten Schuldforderung und bleibt folglich vertraglich gebunden. Dieser Prozeß ist also nicht mit demjenigen identisch, der eintritt, wenn die in einem matrimonialen Ganzen zirkulierenden matrimonialen Gegenstände außerhalb dieses Ganzen (aufgrund ihrer Natur) einen *Waren*wert erhalten; wenn diese Gegenstände z. B. Elfenbein, Gold oder andere kostbare Güter sind, die von den Handelspartnern begehrt werden. Unter diesen Umständen sehen sich die Produzenten von Heiratsgut in der Lage, Frauen zu erhalten, die aus einem anderen matrimonialen Ganzen stammen, im Tausch gegen Ware unter dem Deckmantel von Heiratsgutzahlungen. Indem sie auf diese Weise den matrimonialen Kreislauf öffnen, können sie auch hoffen, die Endabrechnung des Heiratsguts durch seine Verstreuung in immer fremdere Gemeinschaften hinauszuschieben.[7] Wenn das Geld – das im allgemeinen einem äußeren Wirtschaftssystem entstammt – die matrimonialen Güter der Einheimischen ersetzt, werden die Frauen in den Händen ihrer Hüter zum Äquivalent eines Viehbestands und die Heirat das Äquivalent eines Viehpachtvertrags, durch den der Zuwachs der Frauen für einen der gezahlten Summe entsprechenden Zeitraum abgetreten wird. Auch dies ist ein anderes Phänomen, als wir es oben diskutiert haben. Ebenso die Art und Weise, wie es den Frauen gelingt, die matrimonialen Beziehungen gegen die Männer zu wenden (Waast, 1974).

5

Wer sind die Ausgebeuteten?

I. *Die Frauen*

In den vorstehenden Analysen erscheint die Frau, trotz ihrer für die Reproduktion unersetzbaren Funktion, niemals als Vektor der sozialen Organisation. Sie verschwindet hinter dem Mann: ihrem Vater, ihrem Bruder oder ihrem Gatten. Wie wir gesehen haben, ist diese Lage der Frau nicht naturgegeben. Sie resultiert aus den wechselnden historischen Umständen, die immer mit ihren Reproduktionsfunktionen verknüpft sind.
In den Jägerhorden, in denen die Probleme der Zugehörigkeit und der Paarung vorherrschen und die sich wenig um die Notwendigkeiten der langfristigen Reproduktion sorgen, werden die Frauen mehr als Gefährtinnen denn als Reproduzentinnen begehrt. Entführung wird wenig praktiziert. Kriege scheinen selten zu sein, und wenn sie vorkommen, haben sie im allgemeinen nicht die Frau zum Gegenstand. Die Vereinigungen sind prekär. Viele Beobachter sind sich darin einig, daß die Frauen eine einflußreiche Rolle spielen, solange das Beispiel ihrer ackerbauenden Nachbarn ihre Lebensweise nicht verändert.[1]
Wenn die Frauen in den Ackerbaugesellschaften aufgrund ihrer reproduzierenden Eigenschaften begehrt werden, sind sie stärker bedroht. Wie wir gesehen haben, sind sie, ungeachtet ihrer körperlichen Konstitutuion oder ihrer Verteidigungsmöglichkeiten, verwundbarer, weil ständige Aggressionsobjekte von Männern, die sich *verbündet* haben, um sie zu rauben. Ihr Schutz, ihre Erhaltung in ihrer Ursprungsgruppe – die zu einem Hauptanliegen wird – erheischen das organisierte Eingreifen aller ihrer Mitglieder, insbesondere derer, die nicht in gleichem Maße von der Entführung bedroht sind, d. h. der Männer. Damit geraten sie zuerst unter deren *Schutz*, dann unter deren *Herrschaft*. So sehen sich die Frauen, sowohl gegenüber den Männern ihrer Gruppe, die sie beschützen, wie gegenüber denen der anderen Gruppen, die sie rauben, um sie ihrerseits zu beschützen, in eine Situation der Abhängigkeit geworfen, die ihre jahrhundertelange Unterwerfung einleitet. In den Gesellschaften, in denen der matrimoniale Austausch mit Krieg und Raub verbunden bleibt, wird die Frau aufgrund ihrer sozialen Verwundbarkeit inferiorisiert und unter männlichem Schutz an die Arbeit gestellt. Andererseits verschafft das gynäkolokale System, das hier herrscht, der Frau den Vorteil, dauernd in der Gruppe zu wohnen, folglich ihr stabilstes Element zu

sein, *über das notwendig alle Übertragungen von Gütern (eventuell Patrimonien) führen,* mit denen man zuweilen den Acker verbindet.[2]
Sobald es der häuslichen Gesellschaft gelingt, die Reproduktion durch die geordnete Bewegung der geschlechtsreifen Frauen friedlich zu regeln, sind diese zwar nicht mehr im gleichen Ausmaß Schützlinge. Aber sie erben eine Vergangenheit der Entfremdung, die sie zu einer stets notwendigen Unterwerfung prädisponiert, um sich zu den Ehebündnissen und Exilen bereitzufinden, die ihre Lage bedingt, und vor allem auf eine Filiation mit ihrer Nachkommenschaft zu verzichten. Aufgrund der Tatsache, daß die Frau als verheiratete unter ihren Wahlverwandten (*affins*) lebt, *sind ihre Filiationsbeziehungen stets ihren Ehebeziehungen untergeordnet.* Zu wollen, daß es anders sei, ist Verrat, und die Gattin steht immer im Verdacht des Verrats. Freilich verschlimmert sich ihre Lage nicht unbedingt in jeder Hinsicht, insofern ihre materielle Produktion hier weniger determinierend ist als ihre Reproduktionsfähigkeiten (die man zwar unterwirft, aber gleichzeitig verehrt) und ihr eine mit ihrer Mutterfunktion verbundene Sphäre der Autonomie erhalten bleibt.[3]
Der Begriff der Frau umfaßt also in der häuslichen Gesellschaft präzise, doch mit dem Alter variable Funktionen. Die soziale Rolle der Frau beginnt mit der Pubertät, mit dem Auftauchen ihrer potentiellen Reproduktionsfähigkeiten. Doch diese reale Eigenschaft wird ihr institutionell aberkannt: nur der Mann hat die Fähigkeit, das soziale Band zu reproduzieren. Die Filiation vollzieht sich nur über ihn. Die geschlechtsreife Frau wird also kontrolliert, unterworfen, auf die durch die Verpflichtungen ihrer Gemeinschaft definierten Ehebündnisse eingeschworen, so daß die Zeugung im Rahmen von männlichen Filiationsbeziehungen erfolgt.[4]
Als verheiratete, d. h. potentiell fruchtbare Frau untersteht ihre Lage den für die Übertragung ihrer Nachkommenschaft geltenden Regeln. Nach der Menopause und als Ahnin dagegen ist sie von diesen Zwängen befreit, sie kann sich sozial entfalten, erwirbt eine Autorität, die ihr als Gattin und Mutter versagt war. Ist sie Witwe und zeugungsunfähig, nähert sich ihre Lage der des Mannes an, den sie eventuell ersetzen kann, wenn es, in Ermangelung eines "Bruders" oder eines "Vaters" in der Linie, durch ihre Vermittlung ein patrilineares Filiationsband herzustellen gilt, um Verwandtschaftsbeziehungen zu knüpfen, die sonst endgültig unterbrochen wären: erst wenn sie ihre physiologischen Reproduktionsfähigkeiten verloren hat, kann sie soziale Reproduktionsfähigkeiten erwerben.[5]
Die Unterordnung der Frau läßt zwei Ausbeutungsformen zu: Ausbeutung ihrer Arbeit, insofern ihr dem Gatten übergebenes Produkt, der es verwal-

tet oder dem Ältesten überträgt, ihr nicht vollständig zufällt; Ausbeutung ihrer Zeugungsfähigkeiten vor allem, da die Filiation, d. h. die Rechte über die Nachkommenschaft, immer über die Männer läuft. Die direkte Ausbeutung der Frau in der Hausgemeinschaft wird häufig dadurch gemildert, daß man ihr zubilligt, ein Stück Erde oder einen Garten zu bebauen, dessen Produkte ihr ganz oder teilweise zufallen. Doch der Grad der Ausbeutung der Frau bemißt sich nicht allein nach der Arbeitszeit, die sie ohne Gegenleistung der Gemeinschaft liefert, sie bemißt sich auch nach der Arbeitskraft, die sie mit ihren Nachkommen gewinnt, d. h. der Zeit, die ihre Kinder darauf verwenden werden, für ihren Unterhalt zu sorgen. In den häuslichen Gesellschaften kommt es vor, daß der Frau ein Teil der landwirtschaftlichen Arbeit ihrer unverheirateten Söhne zusteht, daß ihr Einfluß von der Zahl ihrer Kinder und deren Situation abhängt. Doch da sie *de jure* ihrer Nachkommenschaft beraubt ist, haben die Beziehungen, die sie zu ihren Kindern unterhält, nicht denselben zwingenden Charakter wie diejenigen, die diese mit dem Vater verbinden. Wird die Frau von ihnen im Stich gelassen, hat sie keine Zuflucht mehr; kinderlos, kann sie nicht wie der Mann eine Nachkommenschaft adoptieren: auf ihre alten Tage wird sie einer Zauberin ähnlich. Bei ihrem Tod ist ihre Beerdigung kaum wahrnehmbar, denn die Frau stirbt nicht, sie verschwindet, ohne den Rang eines Vorfahren zu erhalten.

Die Unterordnung der Reproduktionsfähigkeiten der Frau unter den Mann, die *Enteignung ihrer Nachkommenschaft* zugunsten des letzteren, ihre Unfähigkeit, Filiationsbeziehungen herzustellen, geht einher mit derselben *Unfähigkeit, von den Produktionsverhältnissen her einen Status zu erwerben.* In der Tat wird der Frau, trotz der dominierenden Stellung, die sie zuweilen sowohl in der Landwirtschaft wie in den häuslichen Arbeiten einnimmt, der *Status* einer Produzentin verweigert. Ihren Ehebeziehungen unterworfen, die ihre Filiationsbeziehungen bestimmen, fließt das Produkt ihrer Arbeit nur durch Vermittlung eines Mannes in den häuslichen Kreislauf ein.[6] Infolgedessen ist sie aus dem Produktionszyklus der Vorschüsse und Rückzahlungen ausgeschlossen, der allein das kollaterale Verhältnis bestimmt. Die Filiation der Frauen untereinander, sofern sie anerkannt wird, bezieht sich streng auf die Fortpflanzung. Sie besteht zwischen Mutter und Tochter, niemals zwischen Schwestern. Das Sororat, das vom Ältesten erzwungen wird, um eine fehlende Gattin zu ersetzen, ist in keiner Weise das Gegenstück zum Levirat.[7] Françoise Héritier (1974) hat deutlich gezeigt, daß dies bei den Samo der Fall ist, sogar auf der Ebene des Mythos und des Rituals, auf der die kollaterale Übertragung zwischen Frauen un-

denkbar ist.[8] Marx hatte also recht, als er sagte, daß die Frauen zweifellos die erste ausgebeutete Klasse waren. Allerdings müßte man verschiedene Kategorien unterscheiden, je nach den Funktionen, die sie in jedem Alter übernehmen können und die sie nicht alle den gleichen Ausbeutungs- oder Unterwerfungsbeziehungen aussetzen. Wir haben in diesem Punkt auf die Unterschiede zwischen der Lage der geschlechtsreifen Frau und der Frau nach der Menopause hingewiesen. Untersuchungen in dieser Richtung, welche die Mechanismen und Varianten dieser Ausbeutung ans Licht bringen könnten, wurden noch nicht unternommen. Erneut zu prüfen wären auch die Thesen von Engels über die "historische Niederlage des weiblichen Geschlechts", die er mit dem Auftauchen des beweglichen Eigentums bei den Nomadenvölkern in Verbindung bringt. Das Auftauchen des "Privateigentums"[9] bewirkt sicherlich wichtige Veränderungen in der Lage der Frauen (Goody und Buckley, 1973), wie Engels geahnt hatte, doch diese Unterwerfung hat, wie wir sahen, tiefere und fernere Ursachen.
Schließlich ist die Frau – vielleicht der Gipfel der Entfremdung – das Instrument der Autorität der Ältesten über die Jüngeren sowie auch das Mittel der Emanzipation dieser letzteren gegenüber den ersteren. Zur Abhängigkeit der Kollektivität von der Frau bezüglich ihrer Reproduktion kommt eine Abhängigkeit der Männer bezüglich ihrer Ernährung hinzu. Ganz allgemein obliegt den Gattinnen in den landwirtschaftlichen Gesellschaften die Zubereitung der Nahrung, die Verarbeitung der landwirtschaftlichen Produkte, um sie verzehrbar zu machen. Die landwirtschaftliche Produktion bleibt *fruchtlos,* wenn sie nicht einer Gattin übergeben werden kann, die den metabolischen Zyklus des Lebensunterhalts vollenden soll.[10] Während der jagende Mann aus eigener Kraft überleben kann, da die fleischliche Nahrung nur eine kurze Zubereitung erfordert, ist der Ackerbauer zur Ehe verurteilt. Aufgrund dieser Abhängigkeit, die einer kulturellen Aufgabenteilung entspringt, können sich die jungen Männer nur durch eine Gattin sozial entfalten. Doch diese kulturelle Entscheidung treffen die Ältesten: die Frau ist nur das Instrument ihrer Autorität; die reale Abhängigkeit besteht ihnen gegenüber.

II. *Die Jüngeren*

Im Unterschied zur Horde, die nur das Leben erhält, ist die Hausgemeinschaft auf die Reproduktion ausgerichtet. Das Überleben der Nachproduktiven sowie die Vermehrung der Produzenten sind das doppelte Ziel dieser Produktionsweise.

Während nun dieser Endzweck die Ausbeutung der Frauen begünstigt, steht er einer organisierten Ausbeutung der Männer untereinander entgegen. Die männlichen Produzenten erhalten, bei durchschnittlicher Lebenserwartung, jeweils das Produkt ihrer produktiven landwirtschaftlichen Arbeit zurück; in der Gemeinschaft, in der die Produktion dezentralisiert ist, ist die Polygamie meist begrenzt (häufig ist der Älteste polygam, da er die Gattinnen *seiner* Ältesten geerbt hat, d. h. die Aufgabe, sie auf ihre alten Tage zu ernähren). Jedenfalls werden die Auswirkungen der Polygamie durch die Zirkulation der Nachkommen und der Nahrungsmittel gemildert.
Ausbeutung unter Männern würde vorliegen, wenn sich diese Umverteilung der Nahrungsmittel und/oder der menschlichen Energie organisch zum Nachteil einer bestimmten Kategorie von ihnen auswirken würde. Wenn dies *institutionell* erfolgte und die spezifische Reproduktion einer *Klasse* auf Kosten einer anderen begünstigte, würde es sich um ein anderes Gesellschaftssystem als das von uns beschriebene handeln, auch wenn es sich hinter ideologischen Vorstellungen verbergen würde, die der häuslichen Gemeinschaft entlehnt sind.
Dennoch werden die Beziehungen zwischen den Ältesten und den Jüngeren von einigen Autoren, insbesondere von P.-P. Rey (1971, 1975) als Klassenbeziehungen interpretiert. Rey beschreibt richtig die Funktion des Ältesten als die einer "Distribution der Produzenten unter die verschiedenen Produktionseinheiten" (1975, S. 519). Doch die Ausübung einer Verwaltungsfunktion durch ein Individuum (eine Funktion, die es im übrigen mit seinen unmittelbaren Jüngeren erörtert und teilt) geht nicht notwendig auf Kosten der Jüngeren, ganz im Gegenteil, denn sie garantiert ihnen den Zugang zum Mittel der sozialen Reproduktion. Um zu beweisen, daß die Gesamtheit der Linienältesten eine soziale Klasse bildet, stützt sich Rey auf den historischen Fall von Populationen, die in starkem Maße vom europäischen Sklavenhandel beeinflußt wurden, dessen Zulieferer sie selbst gewesen sind. Für diese Populationen waren die Jüngeren nicht nur Produktionsträger, sondern auch mögliche Waren. Die Strenge der Alten ihnen gegenüber wird von ihrer Habgier diktiert. Indem man sie wegen realer oder vermeintlicher Verfehlungen verbannte, bereitete man sie für den Sklavenhandel zu. Die Ältesten schlossen Bündnisse, um sich gegenseitig ihre jeweiligen Jüngeren unter dem Deckmantel einer Verpfändung oder der Begleichung von Bußgeldern zu verkaufen. Doch die mögliche Entfremdung von Mitgliedern der Gemeinschaft durch den Verkauf verändert tiefgreifend die Natur des Gesellschaftssystems. Sein Endzweck ist umgewandelt. Gewiß lassen sich in dieser Umwandlung nun Ungleichheiten zwischen Kategorien von Individuen feststel-

len. Doch anders, als Rey meint, bilden sich die Klassen nicht aus den beiden Kategorien heraus, die er nennt: der Gesamtheit *aller* Ältesten und der Gesamtheit *aller* Jüngeren der assoziierten Gemeinschaften.
Das Alter, selbst in seiner sozialen Bedeutung verstanden, ist nur ein vorübergehendes Moment im Leben eines Individuums. Wenn die Ältesten eine ausbeutende Klasse sind, könnte jedes ihrer Mitglieder erst in sie eintreten, wenn es zuvor Mitglied der ausgebeuteten unteren Klasse gewesen, also selbst ausgebeutet worden ist. Wenn sich hingegen der Älteste stets in der Lage des Ausbeuters befunden hat, dann wäre nicht die Kategorie der Ältesten im Spiel, sondern eine komplexere soziale Gruppe, die imstande ist, Individuen zu produzieren und zu reproduzieren, die ungeachtet ihres Alters oder Geschlechts das Privileg besäßen, von der Arbeit der anderen zu leben, oder sie zu rekrutieren, bevor sie die Ausbeutung erfahren. In der häuslichen Gesellschaft sind die Ältesten nur deshalb Älteste, weil sie ihre Energie in die Produktion von Jüngeren investiert haben, die demselben Zyklus von Vorschüssen und Rückzahlungen verschrieben sind. Sie können nur fortbestehen, wenn sie den Jüngeren die Mittel zur Reproduktion gewähren, d. h. eine Gattin. Damit schwächt sich gleichzeitig die Abhängigkeit der Jüngeren von den Ältesten ab, da sie die Möglichkeit erhalten, ihrerseits "Vater" zu werden und mit der Zeit über eine wachsende Autorität zu verfügen.[11] Da sie andererseits nacheinander zuerst von dem Arbeitsprodukt ihrer Mütter[12] und dann ihrer Gattinnen profitieren, definieren sich die Jüngeren in bezug auf die Frauen als die Verbündeten ihrer Ältesten. Gegenüber diesen letzteren ähnelt ihre Situation eher der von Kunden als von Ausgebeuteten. Die Konflikte zwischen Ältesten und Jüngeren spiegeln stets einen Gegensatz innerhalb eines Systems wider, das jeder Jüngere so rasch wie möglich zu seinen Gunsten wiederherstellen muß, indem er eine Gattin gewinnt. Doch dieser Gegensatz ist nicht radikal, er zielt nicht darauf ab, die Institutionen in Frage zu stellen, sondern lediglich darauf, Nutzen aus ihnen zu ziehen, und zwar stets durch die Entfremdung einer Frau.[13]
Gewiß setzt das Aufrücken in den Rang eines Erwachsenen, eines Familienvaters seitens des Jüngeren eine Anpassung an die zwingenden Regeln der sozialen Ordnung voraus, deren wachsame und gestrenge Hüter die Ältesten sind; Regeln, die ihre Individualität und ihre Entscheidungsgewalt der Kollektivität anpassen. Sie genießen das unmittelbare Produkt ihrer Arbeit nicht direkt, sie können nicht zu ihrem Nutzen akkumulieren, sie dürfen ihren Ehegatten nicht auswählen, oft sind sie harten sexuellen Abstinenzregeln unterworfen. Bei den Konflikten mit ihren Ältesten ist ihnen im allgemeinen die Ältestenversammlung versperrt. Die Segmentierung ist ein Mit-

tel, die Spannungen zu lösen, welche dieser Disziplin innewohnen, wenn sie ins Extrem getrieben wird. Man weiß auch, daß unter dem Einfluß der Kolonisation und der Geldwirtschaft junge Dorfbewohner diesen Zwängen durch Emigration zu entfliehen suchen.[14] Im Prozeß des Aufrückens in den Rang eines Familienvaters haben die Nachgeborenen einen weniger günstigen Platz, einige von ihnen werden abgeschrieben und bleiben ihr Leben lang unverheiratet. Sofern sie keine intellektuellen, physischen oder sozialen Möglichkeiten besitzen, sich von ihrer Gemeinschaft zu trennen, bilden sie eine kleine, jedoch nie sehr zahlreiche Kategorie von Ausgebeuteten, so daß man sie niemals als ausgebeutete Klasse betrachten kann, die *als solche erhalten und reproduziert* würde.

Daß der Älteste auf seine Jüngeren Autorität ausübt, schafft an sich noch kein Klassenverhältnis. Dazu müßte es mit einem organisierten Ausbeutungsverhältnis einhergehen. Doch keine herrschende Klasse überläßt der beherrschten Klasse freiwillig die Instrumente der Macht. Der Kapitalist überläßt das Kapital nicht dem Arbeiter, der Herr seinem Knecht nicht den Boden: dies ist die Voraussetzung für die Klassenreproduktion. Der Älteste hingegen muß, um die häusliche Reproduktion zu gewährleisten, dem von ihm Abhängigen eine Gattin zubilligen. Das ist nicht mehr der Fall, wenn die Klassenverhältnisse sich durchsetzen: Der Sklave ist niemals der Gatte seiner Gefährtin noch der Vater seiner Nachkommen; die aristokratischen Klassen gewähren ihre Töchter nicht den Gemeinen der ausgebeuteten Klassen, da die Endogamie oder Hypergamie gerade das Symptom für die Herausbildung sozialer Klassen ist. Denn diese entstehen nicht aufgrund von "Kategorien" von "Ältesten" oder "Jüngeren", sondern durch die Beherrschung organisch konstituierter ganzer Gemeinschaften, wobei *allen ihren Mitgliedern*, gleich welchen Alters oder welchen Geschlechts, Vorrechte oder Privilegien in bezug auf alle Mitglieder der beherrschten Gemeinschaften zustehen (Meillassoux, 1960).

In der Tat lassen sich die Klassen nicht auf Alters- oder Geschlechtskategorien reduzieren. Sie sind organische soziale Gruppen, die in funktionalen Beziehungen stehen, voneinander abhängig sind und jeweils ihre eigene Reproduktionsweise besitzen. Bei den Kukuya (Bonnafé, 1975, S. 530) vollzieht sich die soziale Trennung zwischen herrschaftlichen Linien und untergeordneten Linien, nicht zwischen Ältesten und Jüngeren. In Alters"klassen", die im übrigen rein männlich sind, soziale Klassen zu sehen, scheint mir einer ähnlichen Verwechslung zu entspringen wie der zwischen Klassen und Kasten, auf die man allenthalben trifft, d. h. zwischen Klientengruppen und ausgebeuteten Klassen (Meillassoux, 1973). Fügen wir noch hinzu, daß

P.-P. Rey in seinen Klassenanalysen den Frauen keine besondere Stellung einräumt. In Wahrheit analysiert Rey eine Gesellschaft, deren Gemeinschaftsbeziehungen (auf matrilinearer Basis) durch den Einfluß des Sklavenhandels tiefgreifend verändert worden sind. Doch da die Unterschiede zwischen dem System, das dem Sklavenhandel vorausging, und dem, das aus ihm entstanden ist, nicht deutlich werden, ist es schwierig, die sozialen Verhältnisse zu charakterisieren, die in dem einen oder dem anderen vorherrschen.

6

Widersprüche und Kontakte: die Prämissen der Ungleichheit

Kann sich die häusliche Gesellschaft unter dem Einfluß der inneren Widersprüche verändern, die wir in der Produktions- und Reproduktionsweise festgestellt haben?

Auf politischer Ebene entsteht der schärfere Widerspruch durch die notwendige Verstärkung der Macht des Ältesten, insofern sich, durch die Ausdehnung der Hausgemeinschaft, die objektiven Grundlagen dieser Macht abschwächen. Wir haben gesehen, daß die Ausübung der Macht des Ältesten, wenn sie von der materiellen Verwaltung auf die matrimoniale Verwaltung übergegangen ist, die Verstärkung der Exogamie erheischt, insofern mit der Ausdehnung der Gemeinschaft die Zahl der möglichen Sexualpartner wächst. Hinzu kommt, daß, rein demographisch gesehen, die Ausdehnung der exogamen Zellen dazu beiträgt, einen allzu großen Teil von möglichen Ehepartnern zu neutralisieren. Die Möglichkeiten, sich zu verheiraten, sind für die jungen Leute, die zu den jüngeren Zweigen der größten exogamen Einheit gehören, geringer, und einige von ihnen werden benachteiligt. Die Gefahren sozialer Spannungen verschärfen sich mit der Ausdehnung der Gemeinschaft; ebenso wie die Bedingungen ihrer Reproduktion bedroht sind. Abgesehen von seinen Verwaltungsfunktionen und der daraus erwachsenden Autorität verfügt der Älteste zur Aufrechterhaltung des Zusammenhalts der Gemeinschaft lediglich über ein ideologisches Mittel: Moral, Terror des Aberglaubens, sexuelle Verbote, Sublimierung des Vaters und der Ahnen, die er verkörpert, usw. Dieser Apparat, der zuweilen mit Sanktionen verbunden ist, hat die Tendenz, die Schwäche der objektiven Grundlagen der Macht zu kompensieren. Nichtsdestoweniger können diese Mittel über den Punkt hinaus benutzt werden, an dem die soziale Reproduktion der Gemeinschaft bedroht ist. Die Segmentierung, selbst wenn sie verzögert wird, bleibt also die einzige Lösung des Widerspruchs zwischen der Ausdehnung der häuslichen Gemeinschaft, welche die Verstärkung der Macht über die matrimoniale Verwaltung erlaubt, und der Schwächung eben dieser Macht als Folge solcher Ausdehnung: eine Form der Lösung, die freilich, auch wenn sie die Strukturen der häuslichen Gesellschaft nicht in Frage stellt, sondern sie im Gegenteil dadurch ausweitet, daß sie sie wiederholt, dennoch jede einzelne Gemeinschaft schwächt. Die Einheit und die Stärkung des so-

zialen Ganzen werden bewahrt durch ein Phänomen der Aufsplitterung und Schwächung der Gemeinschaften, aus denen es besteht.
Damit ein radikaler Wandel der häuslichen Gesellschaft stattfinde, muß die soziale Reproduktion zugunsten einer organischen Gruppe zum Nachteil einer anderen wirken. *Es muß eine Trennung zwischen dem produktiven und dem reproduktiven Zyklus bestehen,* die in der häuslichen Produktionsweise institutionell und organisch miteinander verschmelzen. Wie wir sahen, erfolgt in dieser Produktionsweise die Versöhnung durch eine Reihe von Operationen, welche die Vaterschaft mittels der Bewegung der Individuen, insbesondere der Kinder, den produktiven Fähigkeiten unterordnen. Trennung der beiden Zyklen dagegen liegt vor, wenn die Bewegung der Individuen durch die Bewegung der Produkte (oder der mittelbaren Güter, die sie darstellen) ersetzt wird, wobei die Individuen durch ihren Status mit ihrer Ursprungsfamilie verbunden bleiben. Während es die Zirkulation der Nachkömmlinge nicht erlaubt, daß sich innerhalb einer Gemeinschaft ein Haushalt oder eine Linie zum Nachteil der anderen ausdehnt, öffnet die Zirkulation der Nahrungsmittel der Akkumulation Tür und Tor, sei's zugunsten der zeugungsstärksten Familien, wenn die Übertragungen in Naturalien erfolgen, sei's zugunsten der produktivsten Familien, wenn die Übertragungen in mittelbaren Gütern erfolgen.
Damit diese Trennung sich vollziehen und institutionell werden kann, muß zudem noch die Reproduktion der Gesamtheit der häuslichen Gesellschaft von einer ihrer Fraktionen kontrolliert und auf deren Vorteil ausgerichtet sein. Diese Kontrolle erfolgt entweder durch Unterwerfung aller geschlechtsreifen Frauen (oder eines entscheidenden Teils von ihnen) unter diese Klasse oder durch Hortung der Heiratsgüter, jedoch ohne daß diese Güter durch die Hortung ihren repräsentativen Wert verlieren. Der Brauch des Heiratsguts sowie seine latente Aufwertung schaffen, wie wir sahen, günstige Voraussetzungen für die Hortung, obwohl diese auf zahlreiche Schwierigkeiten stößt. Die Hortung wird institutionell wie strukturell begünstigt, wenn die Segmentierung nicht mit einer Dezentralisierung der matrimonialen Kontrolle einhergeht. Die Vorrechte des Ältesten werden dann bewahrt und auf alle Mitglieder seiner Linie vererbt, die damit die Vorrechte der Erstgeburt gegenüber den Mitgliedern der jüngeren Linien erwirbt. Die älteste Linie, die aufgrund dieses dem Ältesten entlehnten Privilegs die matrimoniale Politik und gegebenenfalls die Heiratsgüter der jüngeren Linie kontrolliert, befindet sich in einer vorteilhaften Position, um die soziale Reproduktion zu ihren Gunsten zu organisieren und zu verwalten (Meillassoux, 1960). Wie wir bereits sagten, zeigt sich diese in der häuslichen Gesellschaft latente Ten-

denz nur unter historischen Umständen, die einen Teil der Kollektivität ermutigen, sie zu nutzen, d. h. ihre Wiederholung und Institutionalisierung zu ihrem Vorteil zu organisieren. Beispiele für eine solche Veränderung sind in der ethnologischen Literatur selten. Ein Prozeß dieser Art könnte am Ursprung der aristokratischen Gesellschaft der Bamileke gestanden haben, die Tardits beobachtete (1960). Der *fo*, der Älteste der *ältesten Linie*, verschafft sich durch die *nkap*-Heirat die Macht, auf die soziale Reproduktion der jüngeren oder untergeordneten Linien einzuwirken. Vergleichbar sind die Praktiken der "Herren des Himmels", *kukuya*, die ohne Gegenleistung von den untergeordneten Linien Frauen fordern (Bonnafé, 1975), oder die *napogsyure*-Heirat der Mossi (Izard, 1975; Capron und Kohler, 1975). Solche Gesellschaften, deren soziale Komponenten mit Hilfe dieser Praktiken *unterschiedliche Reproduktionsweisen* erwerben, wobei die eine der anderen untergeordnet ist, müssen als Klassengesellschaften betrachtet werden.[1] Sollte die Untersuchung der historischen Umstände ergeben, daß dieser Prozeß innerhalb der häuslichen Gemeinschaft einzig aufgrund ihrer eigenen inneren Widersprüche einsetzt und sich entwickelt, dann besäßen wir die Gewißheit einer dialektischen Veränderung dieser sozialen Organisation.

Häufiger als für einen endogenen Wandel liefert uns die Beobachtung Beispiele für die Herausbildung von sozialen Klassen durch das friedliche oder gewalttätige Zusammentreffen fremder Populationen. Obgleich die Struktur und die Organisation der häuslichen Gemeinschaft zu einer Polarisierung der Autorität führen, scheinen die Beziehungen zwischen den Gemeinschaften kaum geeignet zu sein, eine koordinierte Struktur der Macht hervorzurufen. Die häusliche Gemeinschaft bildet nicht an sich eine Gesellschaft, sondern erst durch ihren Zusammenschluß mit anderen ähnlichen Gemeinschaften zum Zwecke der Reproduktion. Mag dieser stets wesentliche Zusammenschluß nun gewaltsam oder geordnet vonstatten gehen, in jedem Augenblick konstituiert er ein endliches soziales Ganzes, eine Kollektivität, die einem matrimonialen Areal entspricht, das dem von allen Gemeinschaften eingenommenen Raum entspricht, zwischen denen Transaktionen stattfinden. Dieses Ganze kann, wenn frei vom Einfluß der Warenwirtschaft[2], als eine *Gesellschaft* angesehen werden, die auf Produktions- und Reproduktionsverhältnissen gründet, welche auf der Ebene der ihnen entsprechenden Produktivkräfte das bilden, was man die häusliche Produktionsweise nennen kann. Doch die Widersprüche, die wir festgestellt haben und die es nicht erlauben, daß die matrimonialen Beziehungen eine harmonische Entwicklung nehmen oder das Heiratsgut unzweideutig repräsentiert werden kann, die Versuche, diese Widersprüche zugunsten der einen oder anderen der Parteien auszunutzen, die Möglichkeit jeder einzelnen Gemeinschaft, sich auf ihre Fähigkeit zur Selbstversorgung zurückzuziehen, bewirken, daß diese Gesellschaft, trotz allen Bündnissen und Versöhnungsprozeduren und obwohl sie auf der friedlichen Zirkulation der Frauen beruht, sich dennoch in einem dauernden Zustand verborgener oder offener Konflikte befindet. Bei diesen verschiedenen und zuweilen zahlreichen Gemeinschaften wird die matrimoniale Regulierung den nicht koordinierten Entscheidungen der Häuptlinge jeder Gemeinschaft überlassen, Entscheidungen, die unaufhörlich das matrimoniale Netz modifizieren, dazu beitragen, die Grenzen des matrimonialen Areals zu verschieben, und die Konfliktursachen vermehren.

In vielen Fällen wird daher die Heirat eher als ein *casus belli* denn als ein Friedenspfand betrachtet.[3] Hinzu kommt ein historischer Umstand, der vielfach die Bildung von matrimonialen Ganzen beherrscht: die Gemeinschaften, aus denen sie bestehen, sind sehr häufig die Erben von Gruppen, die sich *nacheinander* niedergelassen haben. Nun befindet sich aber immer oder fast immer derjenige, der behauptet, den anderen vorausgegangen zu sein, in einer *Position der Anteriorität* gegenüber den Gemeinschaften, die er aufgenommen hat, wie der Älteste gegenüber seinen Jüngeren: er ist es, der den Neuankömmlingen das Saatgut und die Nahrung vorgeschossen hat, die sie zum Start des landwirtschaftlichen Zyklus brauchen. Hat er nicht auch eine oder mehrere Gattinnen vorgeschossen? Damit werden die neuen Gemeinschaften in die Stellung von permanenten Schuldnern gedrängt, gemäß dem Prozeß, den wir zwischen den Ältesten und den Jüngeren innerhalb ein und derselben Gemeinschaft beobachtet haben, nur mit dem wichtigen Unterschied, daß die Beziehung sich nicht zwischen Individuen, sondern zwischen sozialen Zellen herstellt, die zum Zweck der Produktion und Reproduktion organisiert sind. Die Abtretung von Feldern ist nur die Folge dieser organischen Beziehungen, die jedem landwirtschaftlichen Unternehmen vorausgehen. Damit besteht die Tendenz, daß sich mehr oder weniger geduldete, zuweilen verworfene oder zurückgewiesene inegalitäre Beziehungen einnisten, welche die dem matrimonialen Austausch innewohnenden Spannungen noch verschärfen. Im allgemeinen gleichen die Forderungen nach matrimonialer Versöhnung die politischen Auswirkungen der Selbstversorgung weder aus, noch laufen sie der Aufrechterhaltung ökonomisch getrennter Gemeinschaften zuwider, die kein gemeinsames materielles Interesse haben und immer bestrebt sind, die Freiheit ihrer Bündnisse zu bewahren oder wiederzufinden.

Abgesehen von dieser Schwäche gibt es noch andere Gründe, aus denen die landwirtschaftlichen Gemeinschaften verwundbar sind: ihre Seßhaftigkeit, wodurch ihre Siedlungen leicht auszumachen sind; die Notwendigkeit, das landwirtschaftliche Produkt zu speichern, womit es zu einer begehrten Beute wird; die Verstreuung der Erwachsenen auf den Feldern während der produktiven Periode, usw. Damit sind sie ein leichter Raub plündernder Banden. Gewiß entzieht ihnen dies nicht bestimmte Widerstandsfähigkeiten, die sich häufig im Bau von Befestigungsanlagen aus Holz oder Erde materialisieren. Ihre Überwältigung durch Gewalt ist keine leichte Sache (die koloniale Eroberung ist bei diesen segmentären Gesellschaften häufiger auf Widerstand gestoßen als bei den mächtigen König- oder Kaiserreichen); doch verwundbar sind sie durch Plünderungen, den Raub von Frauen, Sklaven oder Vieh, Belagerungen usw. Sie müssen sich gegen jene schützen, die ihre Produkte oder ihre Produktionsträger begehren, und dieser Schutz gebietet neue Zwänge.

Mehrere exogame Gemeinschaften können sich vereinen und zusammenwohnen, ein Dorf bilden, das mehrere Funktionen erfüllt: gemeinsamer Schutz, kollektive Jagd, gegenseitige Hilfe beim Ackerbau usw. Die gemeinsamen Probleme werden dann zwischen den Linienvertretern erörtert und gelöst. Doch nach allgemeiner Beobachtung entsteht aus den Schlichtungsfunktionen, die zur Lösung der Konflikte ausgeübt werden, keine zentralisierte *Macht*.

Zuweilen wird mit benachbarten Dörfern oder Gemeinschaften ein Bündnis zu kriegerischem Schutz geschlossen; doch da die Nachbarschaft sowie die matrimonialen Beziehungen häufiger Anlaß zu Schikanen denn zu Bündnissen geben, erweisen sich solche Koalitionen oft als unsicher. Ein wirksamer Schutz ergibt sich seltener aus einer Übereinkunft zwischen den Parteien ein und desselben matrimonialen Areals denn aus der Herrschaft einer – zuweilen fremden[4] – Linie über die anderen.

Paradoxerweise taucht in diesem Stadium die Verwandtschaft wieder auf, jedoch in veränderter Form, um die Ideologie der Macht zu stützen. Wenn sich auf solchen Gemeinschaften eine Klassenherrschaft errichtet, drückt sie sich in der Sprache der Verwandtschaft aus, selbst wenn sie einer fremden Macht entstammt. Die herrschende Klasse oder der Souverän, der sie repräsentiert, gleicht sich dem Ältesten (*senior* oder *seigneur*) oder dem Vater an. Er ist befugt, seine Untergebenen zu "essen", so wie der Vater befugt ist, von seinen Kindern deren Produkte und Arbeit zu erhalten. Dagegen erwartet man von ihm, daß er sie schütze. Scheinbar distributive Mechanismen werden in Gang gesetzt zwischen dem Herrn und seinen Untergebenen, zwischen dem Ältesten und seinen Abhängigen. Einigen von ihnen gibt der König sogar Gattinnen, gemäß einem komplexen Prozeß matrimonialer Übertragungen. Mit anderen Worten, der Souverän erfüllt auf der Ebene des Königreichs die offenkundige und symbolische Funktion des "Vaters" in seiner Gemeinschaft.

Diese Beziehungen sind zuweilen von einer Ideologie begleitet, welche die Gesamtheit des Volks zu einer gemeinsamen mythischen Verwandtschaft zusammenschweißt, wobei der Souverän der Nachfolger des Ahnen ist. Diese Beziehungen sind jedoch im Kern nicht identisch mit den häuslichen Beziehungen. Sie bewahren nur deren Schein, um Ausbeutungsverhältnisse zu verschleiern (Meillassoux, 1968), denn sobald sich die sozialen Beziehungen nicht mehr von Personen zu Personen knüpfen, sondern zwischen konstituierten Gruppen, sobald sie vom *Status* der Parteien abhängen, d. h. von der angeborenen Zugehörigkeit zu diesen Gruppen – in diesem Fall aristokratischen Linien und bürgerlichen Linien –, drückt die Verwandtschaft nicht mehr die Beziehungen aus, die aus dem Wachstum und der Organisation einer Gesellschaft entstehen wie im Fall der Hausgemeinschaft, sie dient vielmehr als ideologische Stütze für die Ausbeutung einer Klasse durch eine andere.

Diese Ideologie schafft die Bedingungen einer Veränderung der Verwandtschaftsbeziehungen auf drei Ebenen: innerhalb der aristokratischen Linien, in denen z. B. die vertikale Erbfolge überwiegt aufgrund der Zwänge, welche die politische Herrschaft auferlegt; innerhalb der beherrschten Klassen, denen eine Doktrin der Verwandtschaft aufgezwungen wird, die ihrer untergeordneten Position sowie ihrer produktiven Funktion Rechnung trägt, damit die Ausbeutungsverhältnisse bewahrt bleiben; schließlich zwischen der herrschenden und den beherrschten Klassen, damit die jeweiligen Voraussetzungen ihrer Reproduktion gewährleistet sind.[5] Zur selben Zeit also, da auf ideologischer Ebene die Verwandtschaft zwischen allen Klassen behauptet wird, wird sie in der Praxis durch die Verstärkung der Endogamie und der Hypogamie verleugnet. Erreicht die Verwandtschaft eine religiöse Dimension, wird der Herr oder der König zum Repräsentanten eines „Gott-Vaters“ auf Erden, dann kann sie stark genug werden, um als die göttliche Rechtfertigung für Ausbeutung und Herrschaft verstanden und akzeptiert zu werden. Die Gesellschaft organisiert sich gemäß einer herrschenden Ideologie mit juristischer Tragweite, die als die Charta des sozialen Systems erscheint, Trägerin dessen, was die Kulturanthropologen "Werte" nennen. In diesem juristisch-ideologischen Stadium der sozialen Organisation können die "Werte" in der Tat als explikativ erscheinen, und die Ideologen der Anthropologie lassen es gern dabei bewenden. Damit ignorieren sie die ökonomischen und historischen Voraussetzungen, die dieser Ideologie und dem Recht zugrunde liegen, dessen Erscheinungsformen sie beobachten.

Die *häusliche Produktionsweise,* wie wir sie beschrieben haben, d. h. bestehend aus homologen Gemeinschaften, die organische Beziehungen nur zu gleichartigen Gemeinschaften unterhalten, existiert nicht mehr. Ihre Fähigkeiten, auf kohärente und geordnete Weise zu produzieren und sich zu reproduzieren, sich vor allem zu perpetuieren, ohne untergeordnete Formen der sozialen Organisation auszusaugen, haben sie zu allen möglichen Ausbeutungen verurteilt. Auf der häuslichen Wirtschaft haben alle anderen Ökonomien aufgebaut, von der aristokratischen Wirtschaft bis zum Kapitalismus, und sogar noch die Sklaverei, die, wiewohl deren Negation, nur durch sie existieren kann. Doch die *häusliche Gemeinschaft* – erdrückt, ausgepreßt, zerstückelt, erfaßt, taxiert, rekrutiert – ist zwar im Wanken, hält aber immer noch stand, denn die häuslichen Produktionsverhältnisse sind nicht gänzlich verschwunden. Noch heute liegen sie Millionen von Produktionszellen zugrunde, die in verschiedenem Maße der kapitalistischen Gesellschaft eingegliedert sind und sich unter dem zermalmenden Gewicht des Imperialismus ihrer Substanz und Energie entleeren. In den fortgeschrittenen Gesellschaften bestimmen sie die Familienverhältnisse, eine zwar schmale, aber wesentliche Basis der Produktion des Lebens und der Arbeitskräfte.
Die Untersuchung einer sowohl veralteten wie immer noch lebendigen Produktionsform ist also nicht unwichtig für das Verständnis der Gegenwart, denn um die wesentliche Rolle zu verstehen, die sie bis heute in der Sozialgeschichte gespielt hat, muß man sowohl ihre Spezifität wie die fernen Implikationen ihres Verschwindens erkennen können.

II

Die Ausbeutung der häuslichen Gemeinschaft: der Imperialismus als Mittel zur Reproduktion billiger Arbeitskräfte

Dieser zweite Teil ist die ausgearbeitete Fassung eines Vortrags auf dem Bielefelder Kolloquium über "Die Anwendung der Theorie der vorkapitalistischen Formationen auf die sog. peripherischen Kapitalismen" im Dezember 1972, unter dem Titel: "Imperialism as a Mode of Reproduction of Cheap-Labour Power".

1

Die Paradoxa der kolonialen Ausbeutung

Viele jüngere Untersuchungen angesehener marxistischer Autoren über die Unterentwicklung berufen sich stärker auf den ungleichen Austausch als auf die Ausbeutung der Arbeit. Doch sofern man nicht wie die Klassiker der Ansicht ist, daß der Tausch den Wert schafft, kann die Bereicherung der imperialistischen Länder nur auf eine Ausbeutung der Arbeiter in diesen Ländern und nicht auf den internationalen Handel zurückzuführen sein.
Alle diese Autoren räumen zwar ein, daß der ungleiche Austausch mit einer geringen Entlohnung der Arbeit einhergeht, doch ohne daß man wüßte, welches von beiden Ursache oder Folge des anderen ist. Für Samir Amin (1970) erklärt sich die Sache sehr einfach: wenn "bei gleicher Produktivität" die Arbeit in den Ländern der "Peripherie"[1] geringer entlohnt wird, so liegt das an einem wachsenden Überschuß an Arbeitskräften, der durch "politische Mittel" organisiert wird (S. 139, 145). Die relative Überbevölkerung (d. h. der Bevölkerungsüberschuß in einem bestimmten Augenblick gemessen an den konjunkturellen Beschäftigungsmöglichkeiten des Kapitalismus) sei manchmal auch strukturellen Umständen zu verdanken, wie dem Überwiegen einer Latifundienwirtschaft – in Lateinamerika –, die wenig investiert, aber viel importiert, oder dem Verschwinden des Handwerks, das von keiner Industrie ersetzt wird (S. 103 f.). Alle diese Umstände sollen zu einem "wachsenden Ungleichgewicht zwischen Arbeitsangebot und -nachfrage" führen (S. 183).
Dieses Räsonnement entstammt unmittelbar dem Arsenal der liberalen Ökonomen. Die "politischen", außerwirtschaftlichen Mittel führen in die Beweisführung die stochastischen Zufälle wieder ein, welche die Ökonomen, in ihrer disziplinären Spezialität befangen, immer dann heranziehen müssen, wenn sie sich der herkömmlichen und stets unerklärten Schwelle des "Politischen" nähern. Doch die administrativen Mittel, die der kapitalistische Staat ins Werk setzt, einschließlich der Zwangs-, Unterdrückungs- und Korruptionsapparate, gehören zum ökonomischen Arsenal des Kapitalismus. Sie stellen einen Kostenfaktor dar. Freilich wurden während der kolonialen Periode die Arbeitskräfte eher durch Zwangsrekrutierung als durch Enteignung von ihren Feldern verjagt, doch welches der beiden Mittel ist mehr oder weniger ökonomisch als das andere? Der Vorteil der Methoden der Zwangsrekrutierung bestand für die Lohnherren darin, fast die gesamten Kosten der Arbeitskraft der Administration aufzubürden

und dadurch eine verdeckte Subvention zu erhalten, entsprechend der allgemeinen Ausrichtung der imperialistischen Politik des Augenblicks. Nachdem in den Kolonien die Zwangsarbeit verschwunden war, mußte man, um dieselben Arbeitskräfte zu erhalten, einen Mindestlohn bieten, der sie in den kapitalistischen Arbeitssektor zu locken vermochte. Die Kosten für die Mobilisierung der Arbeitskraft gingen zu Lasten der Unternehmen. Statt in Form administrativer und polizeilicher Unkosten verausgabt zu werden, wurden sie in Form etwas höherer Löhne ausgegeben. Doch die Entwicklung der Arbeiterschaft beseitigt nicht die zur Ausbeutung der Arbeit unerläßlichen Unterdrückungskosten, die stets und überall der kapitalistische Staat übernimmt, sowohl im eigenen Land wie in den kolonisierten Ländern. In keinem Fall läßt sich die Zuhilfenahme dieser politischen Mittel als außerökonomisch betrachten. Sie bringt lediglich, je nach der Konjunktur, eine zweckmäßige Aufteilung der Kosten und Aufgaben unter die Privatunternehmer und den kapitalistischen Staat zum Ausdruck, um die zur Ausbeutung der Arbeit und zur Realisierung des Profits geeigneten Strukturen zu garantieren.

Der Rückgriff auf das Gesetz von Angebot und Nachfrage zur Erklärung der niedrigen Löhne, ein weiteres Argument der klassischen Ökonomie, beruht auf einer Reihe von Irrtümern. Seit Marx wissen wir, daß Angebot und Nachfrage, sofern sie zum Zuge kommen, nicht die Rate erklären, auf die der Lohn auf lange Sicht sich einpendelt, sobald das Gleichgewicht erreicht ist. Was diese Rate bestimmt, sind die Reproduktionskosten der Arbeitskraft. In den unterentwickelten Ländern hat das Gesetz von Angebot und Nachfrage praktisch keine Relevanz mehr. Anders als Amin meint, kann es nicht die niedrigen Löhne erklären. A. G. Hopkins (1973, S. 229) behauptet bezüglich Westafrika, daß hier ein chronischer Mangel an Arbeitskräften herrscht, ohne daß sich diese Situation in der Entlohnung der Arbeit wiederspiegelt. Hymer hingegen (1970) stellt fest, daß zu Beginn der Kolonisierung Ghanas "wages were high, since much of the population had access to land to grow food or export crops without paying high rent... Europeans (including the United Africa Cy, a Lever subsidiary) were able to obtain land; what they were not able to do was to earn profit at the going wagerate or to compete with ghanaian farmers. Similarly, the mines found it difficult to pay the going wages."[2] Das Problem wurde durch die Emigration der Populationen aus dem Norden und aus den unterentwickelten französischen Territorien gelöst, die keinen Exportanbau betrieben.

Während dieser Pionierjahre der Kolonisation hatten die Entwicklungstheoretiker auch entdeckt, daß man die Löhne senken mußte, um das Arbeitsangebot zu erhöhen, da die Arbeiter aus dem bäuerlichen Sektor nach Hause zurückkehrten, sobald sie die Summe beisammen hatten, die sie sich festgesetzt hatten. Wenn alle diese widersprüchlichen Beispiele nicht mit dem Gesetz von Angebot und Nachfrage übereinstimmen, so deshalb, weil, wie Marx erkannt hatte (1867, I, S. 795, 797), wenn die "Masse des Bodens noch Volkseigentum ist [was es jedem einzelnen erlaubt, sich als Ackerbauer oder unabhängiger Handwerker niederzulassen],... das Gesetz der Arbeitsnachfrage und Zufuhr in die Brüche gerät". In Afrika, wo diese Situation noch vorherrscht, muß also ein anderes Erklärungsprinzip für die niedrigen Löhne gefunden werden. Wenn sich schließlich Amins Argumentation nur auf die Industriesektoren bezieht, in denen die Produktivität der unterentwickelten Länder jener der entwickelten Länder gleichkommt ("bei gleicher Produktivität"), so reduziert sie sich auf die banale Feststellung, daß, da die Arbeiter an der "Peripherie" schlechter bezahlt werden, die ausländischen Gesellschaften – vorausgesetzt, sie beschäftigen kein importiertes Personal – natürlich größere Gewinne einheimsen können. Doch was Amin nicht erklärt, und was der Schlüssel des Problems ist, sind die besonderen Bedingungen der Produktion der Elemente der Reproduktion der Arbeitskraft, die es ermöglichen, diese niedrigen Löhne zu zahlen, während die Produktivität im landwirtschaftlichen Sektor der Nahrungsproduktion niedriger ist als in den entwickelten Ländern – im Gegensatz zu seiner Hypothese. Oder mit anderen Worten: welches sind die Bedingungen der Überausbeutung der Arbeit in den kolonisierten Ländern?[3]

Die Entscheidung, das Problem der Ausbeutung der Arbeit und folglich des Klassenkampfs aus der Debatte auszuklammern und die Unterentwicklung nur unter dem Gesichtspunkt des Austauschs zu betrachten, hat mancherlei ideologische Implikationen. Wenn nämlich die Unterentwicklung ihre Ursache und Erklärung in den Mechanismen des internationalen Handels fände, würde sie unter Staaten geregelt, wie die internationalen Institutionen sie zu regeln behaupten (GATT, FAO, Internationale Rohstoffkonferenz usw.). Der Kampf der ausgebeuteten Völker gegen Elend und Herrschaft würde über die unbestreitbare Vermittlung ihrer Regierungen führen. Er läge genau auf dem Gebiet des Reformismus und des Nationalismus. Für die "Revolutionäre" gäbe es also nichts anderes zu tun, als diese Regierungen zu "beraten", *ungeachtet ihres Regimes.* Auf diese Weise wäre der "Experte", der – oft ausländische – Ökonom mit allen Mitteln des politischen Kampfs ausgestattet. Rührt die Unterentwicklung dagegen von einer Überausbeutung der Arbeit her, dann fällt die politische Aktion wieder in die Hand der Revolutionäre dieser Länder, befreit von den Bevormundungen der wohlmeinenden Kooperation. Da sich Amins Thesen auf der Ebene des *internationalen* Austauschs bewegen, konfrontieren sie Staaten miteinander, von denen die einen die Opfer der anderen wären, nicht aber Klassen. Die ökonomische Spaltung deckt sich für Amin haarscharf mit den nationalen Grenzen. Diese Thesen sind in Wahrheit für die machthabenden Bürokratien durchaus akzeptabel, mehr noch für die lokalen Bourgeoisien mit nationalem Anspruch, die, obzwar sie nicht nach Belieben von der kolonialen Ausbeutung profitieren, dennoch deren Komplizen sind (Amin, 1969). Diese Thesen erlauben es ihnen, von ihren mächtigen Verbündeten sowohl einen größeren Anteil an den Profiten zu fordern wie gleichzeitig gegenüber dem Volk als seine Verteidiger aufzutreten.

C. Palloix (1970) stellt das Problem korrekter: "Was es zu erkennen gilt, sind die Mechanismen, die zu einer Unterbewertung des Werts der Arbeitskraft in den nicht industrialisierten Ländern führen, eine Unterbewertung, von der in der Zirkulationssphäre die tatsächliche Realisierung der Ungleichheit des Tauschs abhängt"[4] (S. 27). Palloix sieht die Lösung in einer Aufwertung des Tauschwerts der Arbeitskraft, den der kapitalistische Exportsektor in den unterentwickelten Ländern "für Null erachtet", "da er die Möglichkeit hat, die Reproduktions- und Ausbildungskosten sowie die Unterhaltskosten auf den traditionellen Sektor abzuwälzen, aus dem er die Arbeitskraft schöpft, die er braucht" (S. 30). Genau hier liegt das Problem. Freilich lassen sich die geringen Kosten dieser Arbeitskräfte nicht durch "die geringe Produktivität des Subsistenzsektors" erklären (S. 33), ganz im Gegenteil: die Analyse von Palloix bleibt beim "traditionellen Sektor" stehen, dessen Natur er nicht kennt.

So kommt Palloix, trotz diesen richtigen Prämissen, zu der Ansicht, der ungleiche Austausch ereigne sich zwischen kapitalistischen Zweigen mit verschiedener Zusammensetzung des Kapitals[5], sei also lediglich die *Auswirkung einer Übertragung von Mehrwert der einen,* derjenigen, welche die schwächste organische Zusammensetzung haben (d. h. im Verhältnis die meisten Arbeiter beschäftigen), *auf die anderen.* Weder Palloix noch Amin sehen die Unterentwicklung auch und vor allem als Resultat einer Übertragung zwischen Wirtschaftssektoren, die auf der Grundlage verschiedener Produktionsverhältnisse funktionieren. Ihre Beweisführung erklärt die Übertragung des Profits, nicht aber die Art und Weise, wie er realisiert wird.[6] Hinzu kommt die Unfähigkeit dieser Theoretiker, das doppelte Paradox der landwirtschaftlichen Ökonomie in den kolonial ausgebeuteten Ländern zu erklären.

Wenn der Wert der Arbeitskraft auf der Arbeitszeit beruht, die gesellschaft-

lich notwendig ist zur Produktion aller Güter, insbesondere der Subsistenzmittel, derer es zur physiologischen und geistigen Reproduktion der Arbeiter (also ihrer Arbeitskraft) sowie zur Reproduktion der künftigen Arbeiter bedarf, so folgt daraus, daß *in der kapitalistischen Sphäre* eine auf die Produktion von Nahrungsmitteln ausgerichtete Landwirtschaft mit geringer Produktivität, wie sie in den unterentwickelten Ländern besteht, die Kosten der Arbeitskraft erhöhen muß, da sie, um die zum Unterhalt des Arbeiters nötigen Subsistenzmittel zu produzieren, mehr Stunden aufwenden muß als eine Landwirtschaft mit hoher Produktivität (Marx, 1867, I, S. 333; III, 825). Nun sind aber in diesen Ländern die Arbeitskräfte aus dem häuslichen Sektor sowie die durch die Familienausbeutung produzierten Lebensmittel billig. Ein Paradox, das sich weder mit dem Verweis auf die unterschiedliche organische Zusammensetzung des Kapitals noch mit dem Gesetz von Angebot und Nachfrage, nicht einmal in den strengen Grenzen der Mehrwert-Analyse lösen läßt. Diesem Paradox steht ein anderes zur Seite: Der Logik des Kapitalismus zufolge müßten die Kapitale in diesen Sektor mit geringer Produktivität investiert werden, weil hier die Profite, die sich aus dieser Kapitalspritze ergäben, ungemein hoch sein müßten. Tatsächlich aber wird die Nahrungsmittel produzierende Landwirtschaft in unterentwickelten Ländern vom Kapitalismus bislang fast vollständig vernachlässigt.
Diese beiden Paradoxa erhellen sich in der Perspektive einer Überprüfung der Theorien des Lohns und der ursprünglichen Akkumulation.[7] Wir wissen, daß in den unterentwickelten Ländern die Nahrungsmittel produzierende Landwirtschaft fast gänzlich aus der Produktionssphäre des Kapitalismus herausfällt, auch wenn sie direkt oder indirekt mit der Marktwirtschaft in Beziehung steht, da sie Arbeitskräfte, die im häuslichen Sektor ernährt werden, oder Exportwaren liefert, die von Ackerbauern produziert werden, welche sich von ihren eigenen Ernten ernähren. Diese Nahrungsmittel produzierende Wirtschaft gehört also zur *Zirkulationssphäre* des Kapitalismus, insofern sie ihn mit Arbeitskraft und Lebensmitteln versorgt, während sie gleichzeitig außerhalb der kapitalistischen *Produktionssphäre* bleibt, da das Kapital nicht in sie investiert und die Produktionsverhältnisse hier häuslicher und nicht kapitalistischer Art sind. Die Beziehungen zwischen den beiden Sektoren, dem kapitalistischen und dem häuslichen, lassen sich nicht als Beziehungen zwischen zwei Zweigen des Kapitalismus ansehen, wie es zur Erklärung des ungleichen Austauschs ausreicht: die Beziehung besteht zwischen Sektoren, in denen unterschiedliche Produktionsverhältnisse herrschen. Durch die organischen Beziehungen, die der Imperialismus zwischen

kapitalistischer und häuslicher Ökonomie schafft, setzt er die Mittel zur Reproduktion einer billigen Arbeitskraft zugunsten des Kapitals ein; ein Reproduktionsprozeß, der in seinem gegenwärtigen Stadium die Hauptursache für die Unterentwicklung wie gleichzeitig für den Wohlstand des kapitalistischen Sektors ist. Sozial und politisch steht er auch am Ursprung der Spaltungen der internationalen Arbeiterklasse.
Bisher hat dieser Prozeß die Entwicklung des Kapitalismus ständig begleitet, und zwar in einem immer schnelleren Rhythmus und in stets wachsendem Ausmaß, so daß er, gleich den anderen Mechanismen der kapitalistischen Reproduktion, *als ihm immanent betrachtet werden muß.*
Bevor wir fortfahren, ist es angebracht, den Gebrauch des Begriffs "Produktionsweise" in dieser Beweisführung kurz zu erläutern.
Der Ausdruck hat bei Marx keinen wirklichen wissenschaftlichen Status. Er stellt *zeitlich sukzessive* Formen sozialer und ökonomischer Organisation einander gegenüber, die auf verschiedenen Produktionsverhältnissen gründen, in der Absicht, den Fortschritt der Geschichte zu veranschaulichen. Etwas anderes ist es, wie wir es hier tun, Produktionsweisen durch ihr *gleichzeitiges* Zusammentreffen, ihre Verschränkung oder die mögliche Herrschaft der einen über die andere miteinander zu konfrontieren. Wenn die Reproduktion der Arbeitskraft, wie wir in diesem zweiten Teil zu zeigen versuchen, sogar im kapitalistischen System sich im Rahmen sozialer Verhältnisse häuslichen Typs vollzieht, d. h. durch organische Eingliederung einer Heterogeneität in die kapitalistische Produktionsweise (während die häusliche Produktionsweise auf der Basis homogener Beziehungen funktioniert), so wären die aufeinander folgenden Produktionsweisen, insofern die einen organisch (und nicht als Residuum) die Elemente einer anderen enthalten, nicht homogen und würden nicht der gleichen Definition unterstehen. Dieser Umstand erlaubt es nicht, den Kapitalismus oder den Feudalismus der Hauswirtschaft entgegenzusetzen, als einander ausschließend, da die beiden ersteren in ihrer Produktion von den häuslichen Verhältnissen abhängen.[8] Ihre Konfrontation muß nicht in allen Fällen zur Ersetzung der einen durch die andere, sondern kann auch zu ihrer wechselseitigen Veränderung oder zur Unterordnung der einen – die erhalten bliebe, doch in welchem Maße als "Produktionsweise"? – durch die andere führen.
Der dialektische Materialismus räumt zwar ein, daß es eine mögliche Wertüberführung von einer Produktionsweise auf eine andere gibt, und zwar durch den Mechanismus der *einfachen* ursprünglichen Akkumulation, d. h. wenn diese Überführung durch *Zerstörung* einer Produktionsweise zugunsten einer anderen erfolgt.[9] Aber es gibt keine Theorie einer kontinuierli-

chen Wertabschöpfung, die nicht durch Zerstörung, sondern durch Bewahrung der beherrschten Produktionsweise erfolgte. Wenn dies der Fall ist, stellt dann dieses organische Ganze eine neue Produktionsweise dar, oder muß man zugeben, daß die anfänglich einander berührenden Produktionsweisen erhalten bleiben? und bis zu welchem Punkt? P.-P. Rey kommt das Verdienst zu, dieses Problem im kolonialen Rahmen gestellt zu haben. Rey zufolge ist es richtig, da operatorisch, hier "Produktionsweisen" einander gegenüberzustellen, auch wenn die eine, da der anderen unterworfen, unter dem Einfluß der Ausbeutung verfällt, deren Opfer sie ist: hier könnte es eine eingeschränkte Reproduktion geben, so wie es eine erweiterte Reproduktion gibt, ohne daß die Natur der sozio-ökonomischen Organisation verschieden wäre.[10] Allerdings befaßt sich Rey in seiner Arbeit von 1971 mit dieser Verquickung von Kapitalismus und "Sippenproduktionsweise" lediglich unter dem Aspekt des Politischen.

In ihren Beziehungen zur kapitalistischen Produktionsweise würden die Funktionen der "Sippenproduktionsweise", reduziert auf die eines Zulieferers an Arbeitskraft, dadurch hergestellt, daß der Kolonialherr die alten Häuptlinge politisch stärkt und ihnen den Auftrag erteilt, die Jugendlichen in den kapitalistischen Sektor zu treiben (Rey, 1971, S. 460). In Ermangelung einer massiven Enteignung analog derjenigen, welche die Bauern Europas in die Fabriken trieb, bestünde die historische Aufgabe der "Klasse" der Ältesten darin, dem Kapitalismus auf diese Weise freie Arbeiter zu liefern, indem sie die direkten Produzenten durch Zwang von ihren Produktionsmitteln trennt (ibid.). Doch hierbei handelt es sich um eine langfristige Perspektive lokaler Auswirkungen des Kolonialismus, die eine wichtige und aktuelle Phase des Imperialismus außer acht läßt. Denn wie ich noch zeigen werde, hat der Kapitalismus, unter bestimmten historischen Bedingungen und in einem bestimmten Stadium seiner Einbürgerung, kein unmittelbares Interesse daran, diese Trennung in allen Fällen voranzutreiben. Ganz im Gegenteil: gerade durch die *Aufrechterhaltung* eines Nahrungsmittel produzierenden häuslichen Sektors realisiert und vor allem perpetuiert der Imperialismus die ursprüngliche Akkumulation. Die Produktionsweisen verschränken sich also nicht auf der Ebene der "Klassenbündnisse" zwischen Kapitalisten und korrumpierten Sippenhäuptlingen, sondern organisch und innerlich auf der ökonomischen Ebene.

Zu Anfang ist die Berührung zwischen zwei Produktionsweisen unzweideutig, die eine beherrscht die andere und verwickelt sie in einen Prozeß der Veränderung. Solange die häuslichen Produktions- und Reproduktionsverhältnisse bestehen, bleiben die im Wandel begriffenen bäuerlichen Gemeinschaften qualitativ von der kapitalistischen Produktionsweise verschieden. Die allgemeinen Bedingungen der Reproduktion des sozialen Ganzen dagegen hängen nicht mehr von den der häuslichen Produktionsweise innewohnenden Determinanten ab, sondern von im kapitalistischen Sektor getroffenen Entscheidungen. Durch diesen im Wesen widersprüchlichen Prozeß wird die häusliche Produktionsweise sowohl erhalten wie zerstört: erhalten als soziale Organisationsform, die für den Imperialismus Wert produziert; zerstört, da die Ausbeutung sie allmählich ihrer Reproduktionsmittel beraubt. Unter diesen Umständen gibt es die häusliche Produktionsweise und gibt es sie nicht.[11]

Auch wenn mehrere Autoren (Stavenhagen, 1969, 1973, S. 16; G. Franck, 1969; Amin, 1970) mit Recht die liberale These eines ökonomischen Dualismus verwerfen, die in den unterentwickelten Ländern zwei Sektoren entdeckt, einen industriellen und einen "traditionellen", die nicht miteinander kommunizieren, so folgt daraus noch nicht, daß die Hauswirtschaft sich unter dem Einfluß der imperialistischen Herrschaft *ipso facto* und von Grund auf in eine verarmte Form des Kapitalismus verwandelt. Je nach den Umständen und vor allem je nach dessen Bedürfnissen erfährt die Hauswirtschaft mehrere Wandlungen (Laclau, 1971; Wolpe, o. J.). Es reicht also nicht aus, den Dualismus schlicht zu verleugnen und zu behaupten, daß unter dem Einfluß der Kolonisation alle Produktionsverhältnisse kapitalistisch werden, sondern es muß untersucht werden, auf welche Weise der moderne Imperialismus die einen wie die anderen und die einen durch die anderen zu seinem Profit einrichtet. Wir werden also nicht die Zerstörung einer Produktionsweise durch eine andere zu prüfen haben, sondern die widersprüchliche Organisation der ökonomischen Beziehungen zwischen den beiden Sektoren, dem kapitalistischen und dem häuslichen, wobei der eine den anderen erhält, um ihm seine Substanz zu entziehen, und ihn dadurch zerstört.

2

Direkte Löhne, indirekte Löhne

Das Problem der kapitalistischen Ausbeutung stellt sich in den allgemeinen Termini der Produktion und Reproduktion der Arbeitskraft. Die Tatsache, daß diese Arbeitskraft im Rahmen einer Institution produziert wird, die einen spezifischen und von dem des kapitalistischen Unternehmens verschiedenen Status besitzt, der Familie, als einer Institution, in der häusliche Produktionsverhältnisse, Verhältnisse persönlicher und nicht vertraglicher Abhängigkeit dominieren, stellt den dialektischen Materialismus vor Probleme, denen offensichtlich noch nicht genug Aufmerksamkeit geschenkt wurde.[1] Die besonderen Umstände, welche die Produktion sowie die Reproduktion der Arbeitskraft bestimmen, machen es erforderlich, daß ihr Inhalt überprüft wird, besonders dann, wenn die häuslichen Verhältnisse nicht nur als Reproduktionsverhältnisse, sondern auch als Produktionsverhältnisse überleben (was in den unterentwickelten bäuerlichen Zonen der Fall ist).
Die Ausbeutung der Arbeit verwirklicht sich nämlich unter verschiedenen Bedingungen, je nachdem, ob der Kapitalismus die ausschließliche Produktionsweise ist und die Marktwirtschaft die Gesamtheit der Transaktionen beherrscht (d. h. im theoretischen Fall eines *integralen* Kapitalismus), oder ob der Kapitalismus nicht-kapitalistische Produktionsformen beherrscht und folglich nicht nur freie Arbeiter, sondern auch organisierte Produktionszellen ausbeutet (*imperialistischer Kapitalismus*). Ich will versuchen, aufzuzeigen, daß, wenn die Theorie des Mehrwerts, so wie Marx sie im *Kapital* dargelegt hat, in der Hypothese eines integralen Kapitalismus anwendbar sein soll, sie so umgearbeitet werden muß, daß sie auch der Ausbeutung der Arbeit im Rahmen des Imperialismus Rechnung tragen kann.

Heute steht fest, daß das *Kapital* von Marx das Modell eines *integralen* Kapitalismus ist, der nach folgenden Hypothesen funktioniert:

1. Alle Produkte, einschließlich der Subsistenzmittel, sind Waren, d. h. Güter, die sich nicht außerhalb des Markts beschaffen lassen;
2. die Entwicklung des Kapitalismus ist endogen, nach der Anfangszeit der ursprünglichen Akkumulation erhält er von außen keinerlei kostenlosen Zufluß mehr.[2]

Dem ersten Buch des *Kapital* zufolge vollzieht sich die Reproduktion der Arbeitskraft durch den Ankauf der Arbeitskraft zu ihrem Wert. Doch der

Ankauf der Arbeitskraft ist, wie Marx nachweist, mit der Analyse des Mehrwerts verbunden, der sich im Lauf eines genau bestimmten Zeitraums realisiert: der Dauer des *stundenweisen Verkaufs der unmittelbar verfügbaren Arbeitskraft des Arbeiters.* Anders gesagt, der Mehrwert ist abhängig von der Dauer der Beschäftigung der Arbeitskraft des Arbeiters, berechnet nach Arbeitsstunden; er realisiert sich weder vor noch nach diesem Zeitraum. Marx sagt: "Der Wert der Arbeitskraft... ist bestimmt durch die zur Produktion, also auch *Reproduktion,* dieses spezifischen Artikels notwendige Arbeitszeit... Der Wert der Arbeitskraft ist der Wert der zur Erhaltung ihres Besitzers notwendigen Lebensmittel", einschließlich, so fügt er später hinzu, "der Ersatzmänner, d. h. der Kinder der Arbeiter" (Marx, 1867, I, S. 184 ff.). Und er präzisiert auch, daß der "gewöhnliche Lohn [der Arbeiterklasse] hinreicht, nicht nur ihre Erhaltung zu sichern, sondern auch ihre Vermehrung" (Marx, ibid., I, S. 607).

Diese Subsistenzmittel müssen auch hinreichen, den Arbeiter in seinem "normalen Zustand eines arbeitenden Individuums" zu erhalten, also auch in Zeiten der Nichtbeschäftigung als Mitglied der industriellen Reservearmee.[3]

Wir haben also drei Komponenten des Werts der Arbeitskraft: Erhaltung des Arbeiters während der Zeit seiner Beschäftigung (oder *Wiederherstellung* der unmittelbaren Arbeitskraft); *Unterhaltung* des Arbeiters in Zeiten der Nichtbeschäftigung (Arbeitslosigkeit, Krankheit usw.); Ersetzung des Arbeiters durch Aufzucht und Unterhaltung seiner Nachkommenschaft (was wir *Reproduktion* nennen werden).

Von diesen drei Komponenten dessen, was der theoretische Lohn sein müßte, trägt lediglich eine einzige, die erste, zur Wiederherstellung der Arbeitskraft als unmittelbar auf dem Markt verfügbarer Ware bei, d. h. jener Arbeitskraft, die der Arbeiter dem Kapitalisten verkauft, welcher im Lauf des Kontrakts deren Wert realisiert, indem er sie für eine begrenzte und in Arbeitsstunden bemessene Zeitdauer auf die Produktionsmittel anwendet, deren Besitzer er ist. Die Arbeitskraft der "Ersatzmänner" des Arbeiters sowie die Arbeitskraft desjenigen, der in einer künftigen Periode der Nichtbeschäftigung unterhalten wird, sind als Ware erst in einer unbestimmten Zukunft realisierbar, während die Arbeitskraft des Arbeiters, die in einer vorhergehenden Periode der Arbeitslosigkeit unterhalten wurde, erst im Verhältnis zu seinen späteren Arbeitsstunden realisierbar ist. Der aktuelle Arbeitgeber dieses Arbeiters kann – im Rahmen der vertraglichen Beziehungen, die ihn an ihn binden, d. h. der Verpflichtung zur Lohnarbeit – keine zukünftige Ware kaufen. Und er tut es auch nicht. Denn in der Praxis bezahlt der an den Arbeiter entrichtete direkte Stundenlohn nur die während der Arbeitsdauer gelieferte Arbeitskraft. Genau nach dieser Dauer wird er berechnet, unabhängig von den Familienlasten des Arbeiters, den Zeiten, da er arbeitlos oder krank war oder sein wird, unabhängig davon, ob er – körperlich oder geistig – innerhalb oder außerhalb der kapitalistischen Produktionssphäre ausgebildet worden ist. Ob der Arbeiter Familienvater oder Junggeselle ist, kränklich oder gesund, geschickt oder ungeschickt, eingewandert oder eingesessen, auf dem Land oder in der Stadt geboren – keiner dieser Faktoren wird bei der Berechnung des dem Arbeiter tatsächlich gezahlten Lohns berücksichtigt, der im allgemeinen für alle Arbeiter derselben Kategorie der gleiche ist.[4] Mit anderen Worten: der *Stunden*lohn, der Preis, der jedem Arbeiter für den Ankauf seiner Arbeitskraft gezahlt wird, bemißt sich nach den Kosten der Wiederherstellung des Arbeiters während und nur während seiner Arbeitszeit, und nicht nach denen seines Unterhalts noch seiner Reproduktion. Es ist bekannt, daß z. B. in Frankreich der Minimallohn (SMIC[5]) so berechnet ist, daß er die Bedürfnisse eines *unverheirateten* (also sich nicht reproduzierenden) Arbeiters deckt, unter der impliziten Voraussetzung, daß dieser Arbeiter ununterbrochen an allen legalen Werktagen im Jahr beschäftigt ist, d. h. niemals krank oder arbeitslos wird und im Pensionsalter stirbt.

Für die Erhaltung und Reproduktion der Arbeitskraft zu sorgen, stellt also den Kapitalismus vor einige Widersprüche, die sich nicht allein durch die Ausbezahlung des Stundenlohns lösen lassen.

Denn damit Mehrwert realisiert werden kann, muß sich der Lohn nach der präzisen Arbeitszeit bemessen, die der Arbeiter tatsächlich geliefert hat. Doch damit die Reproduktion funktioniert, müssen die Einkünfte des Arbeiters seine individuellen Bedürfnisse *während seines ganzen Lebens* (von der Geburt bis zum Tod) decken, ungeachtet der tatsächlichen Summe der gelieferten Arbeitskraft.

Anders gesagt, es bedarf einer Ausgleichung, damit, unabhängig von der Dauer des aktiven Lebens des Arbeiters, die Kosten für seine Arbeitskraft in jedem Augenblick und für alle Arbeitgeber die gleichen sind; sowie einer weiteren Ausgleichung, damit die Kosten für die Familienlasten des Arbeiters den aktuellen Preis seiner Arbeitskraft nicht modifizieren. Die Lösung dieses Problems erzeugt ein anderes: der Vorschuß für die Reproduktion der Arbeitskraft als künftiger *Ware* (Aufzucht der Kinder) müßte logisch eine *Investition* sein, also ein Element des Kapitals, während die Einkünfte des Lohnarbeiters, die ihm aus seinem Arbeitslohn zufließen, im kapitalistischen

System nicht durch Kapital gebildet sein können, ohne daß der Lohnarbeiter *ipso facto* zum Kapitalisten würde. Die Reproduktion der Arbeitskraft muß also (und das bleibt in der Logik der vorstehenden Bemerkung) außerhalb der Normen der kapitalistischen Produktion stattfinden, im Rahmen von Institutionen wie der Familie, in denen nicht-kapitalistische soziale Beziehungen zwischen den Mitgliedern fortbestehen und die juristisch nicht in der ökonomischen Position eines Unternehmens stehen. Das heißt, daß jene für das Funktionieren der kapitalistischen Wirtschaft unerläßliche Ware, die Arbeitskraft, ebenso wie jener zur Herstellung der kapitalistischen Produktionsverhältnisse unerläßlich soziale Agent, der *freie Arbeiter,* den Normen der kapitalistischen Produktion entgehen, wiewohl im kapitalistischen Umkreis und unter kapitalistischer Herrschaft erzeugt.

Die bürgerliche Klasse überwindet diese Widersprüche und wendet sie durch eine Unterscheidung zwischen zwei Arten von Entlohnungen zu ihrem Vorteil: dem direkten Lohn und dem indirekten Lohn. Der erste wird direkt vom Arbeitgeber an den Lohnarbeiter gezahlt, auf der Basis der Zahl der Arbeitsstunden, die der Lohnarbeiter geliefert hat. Er deckt mindestens, aber nicht notwendig mehr als die Erhaltung des Arbeiters. Er garantiert die Wiederherstellung der Arbeitskraft. Dagegen wird der indirekte Lohn nicht im Rahmen der vertraglichen Beziehungen gezahlt, die den Arbeitgeber mit dem Lohnempfänger verbinden, sondern durch einen vergesellschafteten Organismus verteilt. Partiell oder insgesamt stellt er, je nach den Lohngruppen, den Teil des Sozialprodukts dar, der zur Unterhaltung und Reproduktion der Arbeitskraft auf nationaler Stufenleiter nötig ist. Dieser Teil wird nicht nach der Arbeitszeit berechnet, sondern *streng nach den Unterhaltungs- und Reproduktionskosten jedes individuellen Arbeiters* gemäß seiner *präzisen* Familiensituation, der Zahl der Kinder, der durch Arbeitslosigkeit oder Krankheit ausgefallenen Tage usw. So daß der Teil des Sozialprodukts, der für die Reproduktion bestimmt ist, nicht in ein Investitionsmittel, sondern ein Konsumtionsmittel verwandelt wird. Hinzu kommt das Gesetz der legalen Volljährigkeit, das es den Eltern verbietet (falls sie nicht Eigentümer von Produktionsmitteln sind), aus den so in die Unterhaltung und Ausbildung ihrer Kinder investierten Revenuen Nutzen zu ziehen, da diese Kinder nur durch die Kapitalinhaber beschäftigt werden können, die allein in der Lage sind, ihnen einen Arbeitsplatz zu verschaffen und ihre Arbeitskraft legal auszubeuten. So vollzieht sich die Ausgleichung des zur Reproduktion der Arbeitskraft bestimmten Teils des Sozialprodukts auf der Ebene des Gesamtprozesses der kapitalistischen Reproduktion und in Form eines Einkommens und nicht einer Investition. Damit entgeht dem Arbeiter der Nut-

zen dieser Produktion an Arbeitskraft als Ware zugunsten der Kapitalistenklasse. (Dieser Gesamtprozeß läuft in der gegenwärtigen Praxis auf der Ebene des Staats ab, sofern sich in ihm auf institutioneller Basis das historische Potential der Entwicklung eines nationalen Kapitalismus kristallisiert.) Die Entwicklung der Organismen der Sozialversicherung in den Ländern, in denen das Proletariat integriert ist – d. h. wo es nur über seinen Lohn als Revenue verfügt, ohne Zuschüsse aus der Familienfarm oder dem Schrebergarten –, ist der Ausdruck dafür.[6]
Die Reproduktion der Arbeitskraft erfolgt also durch Zahlung eines indirekten Lohns und nicht allein durch den Ankauf der unmittelbaren Arbeitskraft und wird damit theoretisch ihrem Preis gemäß bezahlt.[7] Auf diesem Wege wird der Lohnempfänger *lebenslänglich* und nicht mehr nur "stundenweise" in die kapitalistische Wirtschaft integriert.[8]
Pflichtet man dieser Analyse bei, so kann man *a contrario* argumentieren, daß, wenn das Proletariat nur einen direkten Stundenlohn erhält (wie es in Europa lange der Fall war und in den meisten unterentwickelten Ländern noch heute der Fall ist), die Reproduktion und Unterhaltung der Arbeitskraft nicht in der kapitalistischen Produktionssphäre gewährleistet, sondern notwendig auf eine andere Produktionsweise verwiesen werden. Wir befinden uns hier also nicht in einer Situation, die dem Marxschen Modell entspricht, das besagt: "Hat die Produktion kapitalistische Form, so die Reproduktion" (1867, I, S. 591).
Die Untersuchung dieses besonderen Punkts eröffnet die Diskussion über den Begriff der ursprünglichen Akkumulation, eine Diskussion, die nur die historische Folgerung aus der vorangegangenen ist.

3

Die ursprüngliche Akkumulation

Der Begriff der ursprünglichen Akkumulation ist bei Marx mit einer bestimmten Periode und einem präzisen historischen Kontext verbunden: dem Emporkommen des Kapitalismus aus den Ruinen des Feudalismus, das er ins 16. Jahrhundert datiert (1867, I, S. 742 ff.). Es war die "Frucht eines siegreichen Kampfes [der Kapitalisten] gegen die Feudalmacht". Große Bedeutung mißt er dem Grundeigentum zu, dem Instrument zur Enteignung des Bauern von seinen Arbeitsmitteln. Das Grundeigentum, das hier, unter der Einwirkung des Handelskapitalismus, aus der Umwandlung der Staatsdomänen und der Gemeindeländereien resultiert, stellt die erste Etappe zu einem Agrarkapitalismus dar. Das Grundeigentum trägt auch zur Auflösung der alten Bande persönlicher Abhängigkeit bei und liefert den kapitalistischen Arbeitgebern die gehorsamen Arme eines "vogelfreien", endgültig seiner Erde beraubten Proletariats. In diesem Ereignis faßt Marx zwei gleichzeitige Überführungen ins Auge: die Überführung der Erde (die durch Aneignung dem Kapital einverleibt wird) und die Überführung der Arbeitskraft durch die Migration der Bauern in die Städte. Doch in bezug auf diese letztere betont er vor allem die "Scheidung zwischen den Arbeitern und dem Eigentum an den Verwirklichungsbedingungen der Arbeit", die *soziale* Umwandlung des abhängigen Arbeiters (und des unabhängigen Produzenten) in den "freien Arbeiter", d. h. befreit von Fesseln persönlicher Abhängigkeit (Verwandtschaft, Leibeigenschaft usw.) und "frei", seine Arbeitskraft demjenigen zu verkaufen, der sie ihm abkauft. Eine Umwandlung, die dem kapitalistischen Unternehmer ein variables Kapital zur Verfügung stellt, dessen Angebot lange Zeit bei weitem das konstante Kapital überwog (ibid., I, S. 766). Keinen Nachdruck dagegen legt er auf die Auswirkungen dieses Zuflusses an Arbeitskraft, die außerhalb der kapitalistischen Sphäre produziert wird, obwohl sie ihm bekannt sind (ibid., III, S. 247 f., und oben II, 2).

Die ursprüngliche Akkumulation ist also für Marx ein historisches Phänomen, der Ausgangspunkt des Kapitalismus durch die Auflösung des Feudalismus. Hat dieses Ereignis einmal stattgefunden, wird es nicht weiter in Betracht gezogen. Nachdem sich die kapitalistische Wirtschaft – gemäß dem theoretischen Modell des *Kapital* – dank diesem Zufluß errichtet hat, soll sie auf der Grundlage rein kapitalistischer Produktions- und Reproduktionsnormen wachsen und funktionieren, ohne Zuhilfenahme anderer

Produktionsweisen. Doch diese doppelte Hypothese berücksichtigt nicht historisch den realen kapitalistischen Wachstums- und Expansionsprozeß, der sich durch *kontinuierliche* Einverleibung neuer Ländereien und mehr noch neuer Populationen unter dem Einfluß des Imperialismus und der Kolonisation vollzieht. Die Geschichte zeugt von der Tatsache, daß die kostenlose Überführung von Werten der kapitalisitischen Gesellschaften an die imperialistischen Mächte eine permanente und bislang zunehmende Erscheinung ist, welche die kapitalistische Wirtschaft seit ihrem Bestehen immer gespeist hat. Ein Phänomen, das nicht nur als anfänglich und vorübergehend betrachtet werden darf, sondern das dem Prozeß der Entwicklung der kapitalistischen Produktionsweise immanent ist. Wenn Lenin und Rosa Luxemburg gezeigt haben, daß der expandierende Kapitalismus den dem *Kapital* zugrunde liegenden Arbeitshypothesen nicht entspricht, so haben sie den Imperialismus mehr durch die Suche nach Absatzmärkten als durch die nach Mehrwert erklärt. Die unterentwickelten Länder – die man im allgemeinen als Besiedlungskolonien amerikanischen oder britischen Typs ansieht – erscheinen hier eher als die Ventile für die Produktion einer kapitalistischen Wirtschaft, die in den Widersprüchen eines ungleichen Wachstums befangen ist, denn als eine Quelle für Arbeitskräfte. Rosa Luxemburg (1913) behauptete im Gegenteil, daß die kolonisierten Länder in keiner Weise den industrialisierten Ländern verwertbare Arbeitskräfte liefern können. Auch bei Lenin, der sich doch oft mit dem Problem befaßt hat, finden wir keine ökonomische Analyse der Wanderungen der Landbevölkerung und ihrer Auswirkungen auf den kapitalistischen Sektor. Das wird in dem Artikel deutlich, den E. Balibar, gestützt auf zwei wichtige Texte (Lenin, 1913, 1916), Lenin und der Einwanderung widmet (1973). Lenin stellt zwar die historische Umkehrung der Wanderungsbewegung zugunsten einer wachsenden Migration ausländischer Arbeiter in die industrialisiertesten Länder fest, befaßt sich jedoch hauptsächlich mit den politischen Auswirkungen der kolonialen Ausbeutung auf die Arbeiterklasse: Herausbildung einer "Oberschicht" und einer "Unterschicht" sowie Entwicklung des Arbeiteropportunismus. Fügen wir noch hinzu, daß der II. Kongreß der Kommunistischen Internationale von 1920 diese Thesen aufgriff, jedoch unter Betonung der entscheidenden Rolle der kolonialen Ausbeutung der Arbeiterschaft sowie der natürlichen Rohstoffquellen als Mittel des Kapitalismus, dem Bankrott zu entgehen, selbst um den Preis, "den Mehrwert in seinen eigenen Ländern zu opfern", um den der Kolonien zu behalten, womit er sich der Komplizität der Arbeiteraristokratie versicherte. Der Kongreß stellte auch das Hindernis fest, das sich der Entwicklung in Gestalt des ausländischen Imperialismus in den Weg stellt, sowie die Tatsache, daß in den Kolonien die Herausbildung einer proletarischen Klasse im strengen Sinn des Worts gehemmt wird, da “sich die große Mehrheit des Volks aufs Land zurückgeworfen und gezwungen sieht, sich landwirtschaftlicher Arbeit und der Produktion von Rohstoffen für den Export zu widmen”. Doch sieht er in dieser Epoche nur eine “Konzentration des Agrareigentums, die eine riesige Masse landloser Bauern”, also *endgültig* expropriierter Bauern schuf.

4

Ohne Haus und Herd: die Landflucht

Die Überführung der Arbeitskraft vom nichtkapitalistischen Sektor in die kapitalistische Wirtschaft geht auf zweierlei Weise vonstatten. Erstens in Form dessen, was man die Landflucht genannt hat, und zweitens in jüngerer Zeit durch die Organisation der Rotationswanderungen.
Die Landflucht betraf und betrifft noch immer Millionen von Menschen in allen Zonen kapitalistischer Expansion. Sie hat die englischen Felder entleert; überall sonst in Europa hat sie die Bauern auf eine Minorität der Bevölkerung schrumpfen lassen. Noch bis in die jüngste Zeit unserer Geschichte erfolgte die Reproduktion eines großen Teils der Arbeitskraft auf diese Weise, durch *unwiderrufliche* Emigration der Bauern in die Städte.
Vollzieht sich die ursprüngliche Akkumulation durch die Expropriation der Bauern, so reicht die Ausdehnung der Einflußsphäre des Kapitalismus aus, um ihm einen Teil seiner Arbeitskraft zu liefern und zu erneuern, da sie eine stets wachsende Flut von "fix und fertig auf die Welt gekommenen" Arbeitern in seinen Bann zieht. Doch auch wenn die endgültige Emigration ein Mittel ist, das kostenlos zur Reproduktion der auf dem kapitalistischen Markt verfügbaren Arbeitskraft beiträgt, löst sie doch nicht das Problem ihrer Unterhaltung. Diese auf den Arbeitsmarkt strömenden Arbeitskräfte, deren Zahl jedoch nicht von der Nachfrage des industriellen Sektors, sondern vom Rhythmus der Expropriationen, Konkurse oder ländlichen Hungersnöte bestimmt ist, führten in Europa zu einer relativen Überbevölkerung, die sich durch die Erhöhung der Arbeitsproduktivität in den Fabriken noch verschärfte. Aus dieser Situation heraus entstand, wie wir wissen, der Malthusianismus, aus der Angst der bürgerlichen Klassen, vom Proletariat und den Arbeitslosen, die sie hervorriefen, überschwemmt zu werden (Mattelart, 1969). Der Überschuß dieser Arbeitskräfte war dem Elend, dem Tod (Thompson, 1963), der Karitas oder neuen Wanderungen in noch fernere Länder preisgegeben, in denen diese "vogelfreien" Entwurzelten ohne Haus und Herd ländliche Lebensbedingungen wiederzufinden hofften. Die Geschichte des Vereinigten Königreichs im 19. Jahrhundert ist beispielhaft für diesen Mechanismus, durch den der Bedarf an industrieller Arbeitskraft durch die Flut der Migranten gedeckt wurde, die zuerst aus den britischen und irischen Feldern kamen und ständig "frische" Arbeiter an die Fabriktore schwemmten, während der überschüssige oder verbrauchte Teil in die neuen Ländereien Amerikas oder der Dominien auswanderte.

Auf diese Weise wurde auf gut Glück ein gleichmäßig niedriger Pegelstand der Arbeitskraft aufrechterhalten.[1]
In Europa reichten die bäuerlichen Wanderungen und die daraus folgende relative Überbevölkerung aus, um das Kapital von der Aufgabe zu entbinden, die für eine organisierte Verwaltung der Reproduktion der Arbeitskraft nötigen Institutionen zu schaffen (und die Ökonomen von der Aufgabe zu entbinden, die sich aus dieser Reproduktion ergebenden Probleme zu untersuchen). Bis es offenkundig wurde, daß die kontrollierte Versorgung der Arbeitskräfte einige Aufmerksamkeit verdiente und daß die Auswanderung, wie die *endgültige* Einwanderung der Arbeiter innerhalb und außerhalb des Systems, zu wenig elastisch war und die Krisen eher zu verschärfen drohte, statt sie zu mildern.
Die Übernahme der Unterhalts- und Reproduktionskosten dieser Arbeitskraft wurde zu einem Problem, das es durch Bereitstellung immer perfektionierterer Ausgleichungsmechanismen zu lösen galt, dem Rhythmus angepaßt, in dem sich das Proletariat immer vollständiger in die kapitalistischen Produktionsverhältnisse integrierte: die Karitas, die öffentliche Fürsorge, schließlich – während die Arbeiter es unter sich mit verschiedenen Hilfsvereinsformen versuchten – die Sozialversicherung. Diese erscheint zunächst auf der Ebene von großen Unternehmen (z. B. Krupp im 19. Jahrhundert), dann von Industriezweigen, schließlich auf nationaler Ebene. Hinzu kommen zuweilen, solange die Grundstückspekulation noch nicht gedeiht, die "Schrebergärten", welche die Arbeiter auf eine partielle Selbstversorgungswirtschaft verweisen, die ihre Freizeit zur Produktion eines Teils ihrer eigenen Nahrung mobilisiert, was die Kosten der Arbeitskraft genau um diesen Teil verringert, denn "was die Familie auf ihrem eignen Gärtchen und Feldchen erarbeitet, das erlaubt die Konkurrenz dem Kapitalisten vom Preis der Arbeitskraft abzuziehen"[2] (Engels 1872, S. 365). Bevor die Arbeiter gänzlich urbanisiert sind, bewahren sie notwendig noch lange Zeit, und solange sie können, die Verbindung zur Erde, zu dem Teil der Familie, der auf dem Land geblieben ist. Die allmähliche Liquidierung der Bauernschaft, der Rückgang der Landflucht, die Lockerung und schließlich der Bruch der Verbindungen der städtischen Arbeiter zum Land entsprechen im industriellen Sektor der Herausbildung eines immer stabilisierteren Proletariats, Gegenstück eines integralen Kapitalismus, in dem nunmehr die Arbeitskraft ausschließlich im Rahmen des Kapitalismus produziert, unterhalten und reproduziert wird, d. h. einem Rahmen, in dem sie gemäß dem Marxschen Schema restlos Ware ist.

Diese ungeheuren Bevölkerungsbewegungen, welche die Entwicklung des Industriekapitalismus kennzeichnen, diese Überführungen von Millionen Arbeitsstunden in den kapitalistischen Sektor waren und sind noch heute der Motor aller Expansionen. Marx (1867, I, VII. Abschnitt) hat ihren Ursprung mit der ursprünglichen Akkumulation erklärt, wie er es nannte. Doch diese Bewegung hat seither nicht nachgelassen, denn man schätzt, daß zwischen 1800 und 1930 die Migrationen etwa 40 Millionen Individuen betroffen haben. Nach dem Zweiten Weltkrieg waren die Flüchtlingsströme Ursache für eine Reihe von "Wirtschaftswundern" wie in Westdeutschland, dessen Bevölkerung um 13 Millionen anwuchs (d. h. eine Erhöhung um 25 % der aktiven Bevölkerung). Die Rückkehr von Tausenden Japanern in ihre Heimat nach der Niederlage, eine beispiellose Landflucht[3], sind die Hauptfaktoren zur Erklärung des Aufschwungs der japanischen Wirtschaft. Alle Migrationsbewegungen koinzidieren mit einer Neubelebung der kapitalistischen Expansion durch den kostenlosen Zufluß an Arbeitskraft, den diese Überführungen in die Beschäftigungszonen darstellen. Das Gegenstück zu diesen Gewinnen (die, wenn es um solche endgültigen Migrationen geht, nur so lange anhalten wie das aktive Leben des Einwanderers) ist die plötzliche Erhöhung der Ersatzkosten dieser Arbeitskräfte in der zweiten Generation, sobald sie ausschließlich vom kapitalistischen Sektor getragen werden müssen (Dupriez, 1973). Diese Stabilisierungskosten der Arbeitskraft spielen sehr wahrscheinlich auch bei der Krise der 70er Jahre und der Ölkrise eine Rolle.

5

Die ewige Rückkehr in die Heimat: die Rotationswanderungen

Neben diesem Prozeß der Versorgung des Arbeitsmarkts durch die endgültige Landflucht, durch die Zerstörung der Bauernschaft und die Auflösung der häuslichen Produktionsverhältnisse hat eine andere, perfektioniertere Form der ursprünglichen Akkumulation seit dem Zweiten Weltkrieg immer größere Bedeutung gewonnen, vor allem zum Vorteil des europäischen und afrikanischen Kapitalismus: diese wird verwirklicht durch temporäre und rotierende Arbeitsmigrationen, durch die *Aufrechterhaltung* und Ausbeutung der häuslichen Agrarwirtschaft.

Während der Anfangsperiode der imperialistischen Expansion erlitt die häusliche Produktionsweise dasselbe Schicksal wie der Feudalismus oder die Sklaverei. Ganze Populationen wurden verjagt, zuweilen teilweise oder total ausgerottet, um für die Farmen der kolonialen Siedler oder die konzessionierten Gesellschaften Platz zu schaffen. Doch dies fand nicht allgemein, auch nicht überall unmittelbar statt. Aus verschiedenen historischen Gründen wurden vor allem in den Ausbeutungskolonien die Erde vor der privaten Aneignung bewahrt und viele Populationen bei ihrer häuslichen Produktionsweise der Selbstversorgung belassen oder zu ihr zurückgeschickt. Einige sahen sich bei dieser Gelegenheit sogar von der Ausbeutung der aristokratischen Klassen befreit, die sich auf ihrem Rücken eingenistet hatten. Dies war besonders in Afrika der Fall, wo noch 1950 nur 5 % der Gesamtfläche von der Kolonisation ausgebeutet wurden. Selbst in den Besiedlungskolonien Ost- und Südafrikas wurde die Ausdehnung des Privateigentums zugunsten der Siedler durch die Schaffung von "Reservaten" eingedämmt.

Nach verschiedenen Ausbeutungsformen – Zwangsarbeit, konzessionierte Gesellschaften, Zwangsbewirtschaftung –, deren Ertrag ebenso gering war wie ihre Anwendung brutal, kam man in Afrika ziemlich allgemein zu einer Kolonialpolitik, welche die Produktionsmöglichkeiten der Hauswirtschaft nutzte und organisierte. Im Unterschied zu anderen, auf Klassen- und Ausbeutungsverhältnissen gründenden Produktionsweisen ließ sich die häusliche Gemeinschaft mittelfristig in der Tat besser durch ihre Erhaltung als durch ihre Zerstörung ausbeuten.

Die Ausbeutung der häuslichen Gemeinschaft stützt sich auf zwei ihrer Merkmale: einerseits ist sie eine kollektive produktive Organisation, deren Ausbeutung einträglicher ist als die eines Individuums; andererseits produziert sie Mehrarbeit.

Der erste Punkt geht deutlich aus unserer Analyse im ersten Teil dieses Buchs hervor. Da die Arbeitskraft das Sozialprodukt der Gemeinschaft ist, bedeutet die Ausbeutung eines einzigen ihrer Mitglieder, solange es nicht von ihr losgelöst ist, die Ausbeutung aller anderen. Die Ausbeutung betrifft nicht nur den einzelnen Arbeiter, sondern auch und vor allem die Zelle insgesamt, der er angehört.

Wie wir ebenfalls gesehen haben, produziert die Hausgemeinschaft eine Mehrarbeit, die der Dauer der "freien Zeit" entspricht, d. h. der Differenz zwischen der zur Produktion der Lebensmittel und der Mittel zur Produktion dieser Subsistenzen notwendigen Arbeitszeit und der Gesamtdauer der Konsumtion des Produkts, die außer bei Unglücksfällen das Sonnenjahr umfaßt. Die Mehrarbeit entspricht der Energiesumme E_r oder $E_d + E_r$ unserer obigen Beweisführung. Dem Feudalherrn oder dem Aristokraten, der die häusliche Gemeinschaft ausbeutet, fällt die Mehrarbeit als eine *Arbeitsrente* zu, d. h. als Lieferung kostenloser Arbeitszeit. Marx zufolge besteht Arbeitsrente, wenn der Arbeiter seine *produktive Zeit aufteilt* zwischen den für seine eigene wie seiner Kinder Erhaltung notwendigen Tätigkeiten der Selbstversorgung einerseits und den ohne Gegenleistung für einen Dritten verrichteten Tätigkeiten andererseits. In der Getreideanbauwirtschaft wird die Aufteilung zwischen Arbeitszeit und freier Zeit deutlich durch die Aufeinanderfolge einer produktiven und einer toten Jahreszeit abgegrenzt.[1]

Die relativ lange Dauer der toten Jahreszeit sowie ihre Kontinuität erleichtern die Mobilisierung der Bauern zugunsten der ausbeutenden Klasse. Doch in Anbetracht des niedrigen Niveaus der Produktivkräfte ist die Verwendung der so mobilisierten Arbeitskraft begrenzt: sie läßt sich nur auf nichtlandwirtschaftliche und saisonbedingte Tätigkeiten anwenden: Handwerk, Bauarbeiten, bald produktive (Staudämme, Bewässerungskanäle, Speicher usw.), bald unproduktive (Festungen, Pyramiden usw.).

Damit zudem eine maximale Rente erzielt werden kann, muß der Arbeiter in der Nähe seiner Speicher und Gattinnen bleiben, die ihm die tägliche Nahrung zubereiten.

Mit dem technischen Fortschritt vervielfältigen und verbessern sich die Möglichkeiten zur Gewinnung der Rente. Der Kapitalismus ist in dieser Hinsicht besser ausgerüstet, die Rente auszubeuten, als der Feudalherr, denn er verfügt über perfektioniertere landwirtschaftliche Techniken, über vielfältigere industrielle Mittel, wirksamere Transportarten, die es ermöglichen, die Beschäftigung der Arbeitskraft auf das ganze Jahr zu verteilen.

Da die aristokratische oder feudale Ausbeutung nur partiell oder ertragsarm ist, überläßt sie das Feld gegebenenfalls den wirksameren Formen, die der Kolonialkapitalismus einführt. Es kann zu einem vorübergehenden Bündnis zwischen Kapitalisten und Aristokraten zum Zweck der Teilung der Rente kommen, wobei jeder einen Teil der Population oder abwechselnd dieselbe Population nach seinen eigenen Modalitäten ausbeutet. Dieses Bündnis kann politische Form annehmen, wenn die aristokratische Klasse vom Kolonialherrn geschützt wird und es ihr obliegt, die koloniale Ordnung zu garantieren; in einigen Fällen fließen ihr ihre Revenuen stets aus den eigenen Exploitationsweisen zu; häufiger ersetzt sie der Kolonialherr durch ein Entgelt aus den Revenuen, die er durch die kolonialen Ausbeutungsweisen bezieht. Auch wenn ein taktisches Bündnis besteht, so praktisch niemals eine "Verquickung" zwischen der aristokratischen und der kapitalistischen Produktionsweise, die ihrem Wesen nach konkurrent sind.[2]

Damit der Kapitalismus in den Besitz der Arbeitsrente kommen kann, muß er ein Mittel finden, sie zu gewinnen, ohne die Selbstversorgungswirtschaft und die häuslichen Produktionsverhältnisse zu zerstören, welche die Produktion dieser Rente ermöglichen; d. h. so, daß die häusliche Reproduktion der Arbeitskraft durch deren partiellen Abzug in den kapitalistischen Sektor nicht beeinträchtigt wird.[3]

Die Modalitäten dieser Ausbeutungsform unterliegen also bestimmten Zwängen.

Die punktuell abgesaugte Arbeitskraft kann auf mehrere Weisen beschäftigt werden: entweder beim Anbau von Exportgütern, wenn dieser sich ganz oder teilweise außerhalb der Perioden praktizieren läßt, in denen die Produktion der Subsistenzmittel erfolgt (oder indem man die Arbeiter während der toten Jahreszeit in klimatisch andere Zonen verlegt); oder indem man sie zu nicht landwirtschaftlichen, vom jahreszeitlichen Zyklus unabhängigen Produktionen heranzieht. Die erste Form entspricht der Entwicklung der kommerziellen Landwirtschaft, die zweite, mit der ich mich näher befassen werde, der Organisation der Wanderarbeit auf Rotationsbasis.[4]

Bevor ich die praktischen Voraussetzungen für das Funktionieren dieser besonderen Ausbeutungsweise der Arbeit und ihre Grenzen untersuche, möchte ich ihre Natur anhand einiger schematischer Fälle präzisieren.

Nehmen wir an, ein Kapitalist, Eigentümer der kapitalistischen Produktionsmittel, der die Elemente seines fixen Kapitals kauft und seine Produkte auf dem kapitalistischen Markt verkauft, ließe während der toten Jahreszeit des landwirtschaftlichen Zyklus in seinem Unternehmen oder seinen Ländereien Bauern arbeiten; nehmen wir weiter an, diese Bauern befänden sich nahe genug bei ihren Häusern, um sich täglich von ihren Vorräten ernähren

zu können. Diese Kapitalist hätte keinerlei Veranlassung, Arbeitslöhne zu zahlen oder in den landwirtschaftlichen Sektor zu investieren, um die Unterhaltung, Wiederherstellung und Reproduktion der Arbeitskraft zu gewährleisten, da diese ausschließlich durch die Arbeit der Bauern selbst erfolgt. Er verwendet fixes Kapital, aber keinerlei variables Kapital. Er erhält eine Arbeitsrente, doch keinen Mehrwert. Diese abartige und scheinbar hypothetische Formel entspricht jedoch fast haarscharf derjenigen der Zwangsarbeit, wenn z. B. in den Kolonialplantagen die unbezahlten Arbeiter und ihre Familien fortfahren, ihre in der Nähe der Plantage liegenden Felder zu bestellen, um ihren Nahrungsbedarf zu befriedigen. In der Praxis jedoch ist es, damit die Bauern kostenlos ihre Arbeit zur Verfügung stellen, erforderlich, sie einem Zwang zu unterwerfen, dessen Kosten von dem Profit abzuziehen sind, der aus ihrer Ausbeutung erzielt wird, Kosten, die im allgemeinen von den kolonialen Autoritäten übernommen werden, welche die Unterdrückungskräfte in der Hand haben (Meillassoux, 1964, XII).
Häufiger aber wird der Arbeiter zu Arbeitsstätten gebracht, die nicht in der Nähe seines Heimatorts liegen. Wird der Arbeiter, und zwar ausschließlich in der toten Jahreszeit, für eine Dauer von mehr als einem Tag verschickt, d. h. über die Zeit hinaus, in der er seine Kräfte wiederherstellen kann, indem er seinen Nahrungsbedarf durch den Zugang zu der Nahrung deckt, den seine Gemeinschaft produziert hat, so muß ihm der Arbeitgeber diese Nahrung oder ihr Äquivalent in Kaufkraft liefern. Er muß ihn im Verhältnis zur Arbeitszeit entlohnen. In diesem Fall läßt sich die Arbeitsrente nicht voll realisieren, denn sie ist um den – geringen – Preis der dem Arbeiter zugestandenen Nahrung geschmälert. In einem dritten Fall, wenn der Arbeiter für eine Dauer emigriert, welche die Periode der toten Jahreszeit übersteigt, reduziert sich die Lebensmittelproduktion seiner Gemeinschaft um den entsprechenden Teil dessen, was er während der landwirtschaftlichen Saison produziert hätte. Ein solcher Arbeiter ist für den Arbeitgeber teurer, weil dieser, um die Bedingungen der Reproduktion der Arbeitskraft im häuslichen Sektor zu erhalten, eine Vergütung zahlen muß, die außer den Kosten für die Wiederherstellung der unmittelbaren Arbeitskraft auch den Produktionsausfall des Arbeiters im häuslichen Sektor während seiner Beschäftigung im kapitalistischen Sektor deckt.
Wenn schließlich der Arbeiter nicht mehr in seine Ursprungsgemeinschaft zurückkehrt, sondern sich endgültig im kapitalistischen Sektor niederläßt, haben wir den Fall einer endgültigen Emigration vor Augen.
Zusammenfassend lassen sich also drei Varianten für die Gewinnung der Arbeitsrente durch den Kapitalisten unterscheiden:

1. Der Arbeiter wird im kapitalistischen Sektor lediglich während der toten Jahreszeit beschäftigt und ernährt sich während dieser ganzen Zeit von seinen häuslichen Reserven. Der Arbeitgeber befindet sich in der Lage, ihm eine Arbeitsrente zu entziehen, die E_r, wenn nicht $E_d + E_r$ entspricht. Diese Ausbeutung der Arbeit ist dem Frondienst analog, wobei der Kapitalist an die Stelle des Feudalherrn tritt.

2. Der Arbeiter wird im kapitalistischen Sektor lediglich während der toten Jahreszeit beschäftigt, ist jedoch von seinem Heimatort entfernt und kann sich nicht von seinen häuslichen Vorräten ernähren. Dann muß die Rente um den Wert der Lebensmittel gekürzt werden, die der Arbeitgeber dem Arbeiter während der Dauer seiner Beschäftigung liefert, um die unmittelbare Arbeitskraft wiederherzustellen. Eine für den Arbeiter weniger schlechte Situation, insofern sie es ihm ermöglicht, das Volumen seines Konsums am häuslichen Produkt zu sparen.

3. Der Arbeiter wird im kapitalistischen Sektor für eine Periode beschäftigt, welche die tote Jahreszeit übersteigt. Außer den zur Wiederherstellung seiner unmittelbaren Arbeitskraft während der Beschäftigungsdauer notwendigen Lebensmitteln muß seinem Lohn das Äquivalent des Produktionsausfalls hinzugefügt werden, der aus seiner Abwesenheit während der produktiven Periode resultiert. Die Ausbeutung der Arbeit realisiert unter solchen Voraussetzungen die Überführung vom häuslichen Sektor in den kapitalistischen Sektor – *im Verhältnis zum Alter des Migranten und seiner Beschäftigungsdauer im kapitalistischen Sektor* –

a) eines proportionalen Teils von αA_0, äquivalent dem Marktwert der Lebensmittel *am Ort der Beschäftigung*, den seine Vorfahren in seine Produktion als Produzent von Arbeitskraft investiert haben,
b) eines proportionalen Teils von αB_1, dem Marktwert der Lebensmittel, die der Arbeiter während seiner vergangenen Zeiten der Nichtbeschäftigung im häuslichen Sektor konsumiert hat (Arbeitslosigkeit, Krankheit, Invalidität),
c) der Totalität von αC_1, seiner "Pension", die durch seine eigene Arbeit oder die seiner Angehörigen gewährleistet sein wird.[5]

Zwischen der ersten und der zweiten Variante besteht ein wichtiger Unterschied. Im ersten Fall wird der Zwangsarbeiter nicht bezahlt; im zweiten erhält er einen Arbeitslohn. Im ersten Fall profitiert der Arbeitgeber eindeutig und allein von einer Arbeitsrente. Im zweiten Fall erscheint sein Profit nicht mehr als eine kostenlose Rente, sondern als ein Mehrwert, bestehend aus der

Wertdifferenz zwischen dem Preis der Lebensmittel, die der Arbeiter während seiner Beschäftigungsdauer verzehrt und die mit dem Stundenlohn bezahlt werden, und dem Wert der Waren, die der Arbeiter im selben Zeitraum produziert. Was ist aus der Rente geworden?

Die Rente besteht weiter, da die vom Arbeitgeber gezahlte Summe nur die unmittelbare Wiederherstellung der Arbeitskraft deckt – was gewitzte Kapitalisten einen "Zuverdienst" nennen.[6] Der Profit des Arbeitgebers, auf den schieren Mehrwert reduziert, wäre um all das verringert, was wir unter *a, b,* und *c* aufgeführt haben. Eine andere indirekte Profitquelle, aus welcher der koloniale Arbeitgeber schöpft (im Gegensatz zu seinem metropolen Homolog, der aus dieser selben Kolonie stammende Arbeiter beschäftigt), ergibt sich daraus, daß die auf dem lokalen Markt gekauften Lebensmittel, wenn sie vom häuslichen Sektor produziert wurden, aufgrund der Arbeitsrente, die sie enthalten, unter ihrem Wert verkauft werden.[7]

Theoretisch gesehen, ist die Tatsache, daß die Arbeitskraft zur unmittelbaren Produktion des Produzenten durch die Produktion von Gebrauchswerten verwendet wird, nicht geeignet, diese mit abstrakter Arbeit zu vergleichen, die der allgemeinen Ausgleichung des kapitalistischen Produktionspreises unterliegt. Die Zeit als Maßstab der Arbeit läßt sich hier nicht direkt anwenden, was sogar im kapitalistischen System ihre Perpetuierung erlaubt, trotz ihrer geringen Produktivität. Außerdem bewahrt diese Situation die Spezifität des Lebensmittel produzierenden Selbstversorgungssektors, eines Produzenten von Gebrauchswerten.[8]

Allgemein läßt sich also feststellen, daß ein Arbeiter, der sowohl in der sich selbst versorgenden Landwirtschaft tätig ist wie einer entlohnten Beschäftigung im kapitalistischen Sektor nachgeht, sowohl eine Arbeitsrente wie einen Mehrwert produziert. Die erstere rührt von der kostenlosen Überführung einer in der Hauswirtschaft produzierten Arbeitskraft in den kapitalistischen Produktionssektor her, die andere von der Ausbeutung der vom Kapitalisten angekauften Arbeitskraft des Produzenten. *Am Beschäftigungsort* erscheint die Arbeitsrente im allgemeinen nicht als solche, denn der Arbeiter scheint seinem Arbeitgeber nicht getrennt eine unbezahlte Arbeitszeit und eine bezahlte Arbeitszeit zu liefern: er liefert lediglich eine billige Arbeitszeit. Außerdem realisiert sich die Rente gleichzeitig wie der Mehrwert und im Verhältnis zu den bezahlten Arbeitsstunden. Schließlich verschmelzen für den Kapitalisten Rente und Mehrwert zu ein und demselben Profit. Doch wir wissen, daß trotz dieser besonderen Art der Rentengewinnung, die sich scheinbar nicht von der Erzielung des Mehrwerts unterscheidet, die Elemente der Arbeitsrente dennoch vorhanden sind, da der Arbeiter, in einem

Zeitraum, der seine Beschäftigungsdauer übersteigt, seine Arbeitskraft aufteilt zwischen seiner eigenen Produktion und der Produktion einer Ware für seinen Arbeitgeber.

Diese Unterscheidung ist von erheblicher sozialer und politischer Bedeutung, denn *die Rente realisiert sich nicht auf dieselbe Weise wie der Mehrwert,* sie bringt nicht dieselben Institutionen ins Spiel: die Erzielung der Arbeitsrente erheischt den Einsatz des komplexen und spezifischen Mechanismus der Rotationswanderungen, die Schaffung eines doppelten Arbeitsmarkts sowie eine angemessene diskriminierende Ideologie.

Die Arbeit des C.E.D.E.T.I.M. (1957) über die Immigranten enthält die Elemente einer ökonomischen Analyse der Migrationen, doch der erste Teil schließt ziemlich klassisch mit der Erklärung der Lohndifferenzen aus dem Unterschied des Lebensstandards (S. 33 f.). Dieses Argument stammt aber nicht von Marx, sondern von der Bourgeoisie: "Diese Leute haben nicht dieselben Bedürfnisse wie wir." Es ist tautologisch, denn die Bedürfnisse drücken sich weder in bezug auf das Individuum noch auf das besondere Milieu aus, in dem es lebt, sondern in bezug auf die sozialen Bedürfnisse der sozialen Reproduktion im allgemeinen, in diesem Fall die der kapitalistischen Produktionsweise. Tatsächlich erklärt Marx, daß die Bedingungen der Reproduktion der Arbeitskraft, *für ein und dieselbe Gesellschaft,* in einem gegebenen historischen Zusammenhang stehen, der sich mit der Zeit verändert und die Forderung des integralen Proletariats nach steigenden Löhnen insofern rechtfertigt, als diese Bedingungen fortschreiten – nicht aus schierer Gerechtigkeit, sondern weil der allgemeine Fortschritt der Produktion sich nur auf die gleichzeitige Entwicklung der Produktivkräfte stützen kann, deren Träger auch das Proletariat ist. Man kann also die niedrigen Löhne, die bestimmten Populationen gezahlt werden, wenn diese in der ökonomischen Sphäre des Kapitalismus beschäftigt sind, nicht mit der Armut erklären und noch weniger rechtfertigen, die in ihren Heimatländern herrscht, einer Armut, die die Folge und nicht die Ursache der niedrigen Löhne ist.

Weiter unten fügen die Autoren hinzu: "Mit der Festsetzung niederer Löhne... bezahlt die Arbeitgeberschaft die Arbeit der Immigranten in Frankreich unter ihrem Wert, d. h. auf der Grundlage einer Gesamtheit von Gütern, die hier im allgemeinen nicht als Wiederherstellung der Arbeitskraft betrachtet würden – jedoch in ihrer Ursprungsgesellschaft als solche gelten."[9] Diese Analyse schließt also die Möglichkeit aus, daß ein Arbeiter in seiner "Ursprungsgesellschaft" auf diese Weise ausgebeutet werden kann. Die Bezugnahme auf den "ungleichen Austausch" zeigt, daß sich in den Augen dieser Autoren die ökonomischen Beziehungen zwischen Nationalstaaten und nicht zwischen "Produktionsweisen" herstellen. Schließlich unterscheidet dieser erste Teil nicht zwischen endgültigen und rotierenden Migrationen. Dagegen findet man in der Analyse, die sich mit den Arbeitern aus Schwarzafrika befaßt (S. 205 ff.), eine korrekte Einschätzung des Problems, die diese Fallen des Ökonomismus vermeidet.

6

Unterhaltung der Arbeitskraftreserven

Damit die Überausbeutung der Arbeit durch die doppelte Auspressung von Arbeitsrente und Mehrwert nicht nur zufällig, sondern *systematisch* betrieben werden kann, müssen in der Emigrationszone sowie auf dem kapitalistischen Arbeitsmarkt mehrere Bedingungen gleichzeitig gegeben sein.

In der Emigrationszone sind diese Bedingungen an die vollständige oder partielle Aufrechterhaltung einer Landwirtschaft der Selbstversorgung und an häusliche Produktionsverhältnisse geknüpft. Zu diesem Zweck müssen die Kapitalisten paradoxerweise die Ausdehnung des Kapitalismus in den ländlichen Zonen verhindern, die Arbeitskräfte liefern. Die Bedeutung, die der Kapitalismus dieser Ausbeutungsform beimißt, läßt sich an den Maßnahmen ablesen, welche die rassistischen Staaten Ost- und Südafrikas getroffen haben, die seit einem dreiviertel Jahrhundert ihren Wohlstand auf die Ausbeutung dieser "Reserven schwarzer Arbeitskraft" gegründet haben (Murcier 1973), die noch ergiebiger sind als die Gold- oder Diamantminen.[1]

In diesen Besiedlungskolonien wird ein Teil des kolonisierten Territoriums der privaten Aneignung der Siedler entzogen. In diesen "Reservaten" werden die afrikanischen Populationen zusammengepfercht: sogenannte Bodenreservate, doch in erster Linie Arbeiterreservate, die bislang die Haupttrümpfe der Wirtschaftspolitik der rassistischen Staaten gewesen sind.[2] Unter dem Vorwand, die Bedingungen des "Stammes"lebens zu bewahren, versuchten die Autoritäten, durch entsprechende Gesetze hier das Auftauchen eines Grundeigentums sowie die Entstehung kapitalistischer Produktionsverhältnisse aufzuhalten. Jede Familie erhält im Prinzip zu ihrem Lebensunterhalt ein Stückchen Land im Verhältnis zu ihrer Größe: *one man, one plot.* Diese Parzellen unterliegen scharfen Beschränkungen: sie sind unveräußerlich, um ihre Konzentration in den Händen einer Klasse von eingeborenen Grundeigentümern zu verhindern; es ist nicht gestattet, Lohnarbeiter auf diesen Feldern zu beschäftigen oder eine Ertragswirtschaft zu betreiben. Zudem ist in den Reservaten die Geldzirkulation auf ein Minimum beschränkt, um eine Konzentration des Kapitals zu vermeiden, die zu einer Umwälzung der Produktionsverhältnisse und einer Hinwendung der Arbeitskräfte zu bezahlten Tätigkeiten innerhalb der Reservate führen würde.

Die Philosophie dieser Politik hat Lord Hailey, ein Theoretiker der britischen Kolonisation, deutlich formuliert (1938, S. 605): "Die Reservate werden als 'Puffer' verwendet, insofern sie die Bedürfnisse der Arbeitslosen, Kranken, Alten befriedigen, *ohne dem Staat zur Last zu fallen...* Die einzige Alternative wäre ein ständiges Arbeiterpotential in den Städten, in der Nähe der Minen und Fabriken, völlig von der Erde getrennt; doch ein solches Arbeiterpotential erforderte höhere Löhne, angemessene Wohnungen, Schulen, Zerstreuungen und soziale Sicherungen."

Diese Prinzipien greifen die rassistischen Regierungen fast wörtlich auf: "Es gereicht den Minen eindeutig zum Vorteil, wenn die eingeborenen Arbeiter ermuntert werden, am Ende ihrer normalen Arbeitsperiode nach Hause zurückzukehren. Davon hängt die Erhaltung des Systems ab, dank dem die Minen in der Lage sind, nicht qualifizierte Arbeit zu einem niedrigeren Preis zu erhalten, als er im allgemeinen in der Industrie gezahlt wird, denn andernfalls würden die zusätzlichen Subsistenzmittel verschwinden und der Arbeiter allmählich ein ständiger Bewohner von Witwatersrand werden" (aus einem Bericht der Kommission für Eingeborenenlöhne in den rhodesischen Minen, zitiert von Shapera, 1947, S. 204).

"Es ist eine gute Politik, immer wenn es möglich ist, die Fürsorge für die Kranken und Versehrten den Stammessippen und Familienorganisationen zu überlassen, die seit alters her diese Verantwortung auf sich genommen haben" (Bericht des Gouverneurs von Uganda, 1956, zitiert von Mukherjee, 1956, S. 198). Das Prinzip liegt auf der Hand: es gilt, mit legalen und repressiven Mitteln einen Ort zu erhalten, in dem die Arbeitskraft sich selbst zu reproduzieren vermag, jedoch einzig auf der Ebene der Subsistenz. Die Arbeiter, die zwangsläufig aus den Reservaten gelockt werden, um sich das Bargeld zu verschaffen, das nur der kapitalistische Arbeitsmarkt gegen Arbeitskraft verteilt, werden dort jedoch nur für kurze Zeiten akzeptiert, damit sie den Arbeitgebern nicht zur Last fallen. Damit stellt sich zwischen diesen Reservaten und den Bergwerk- und Industriezonen ein ständiges Kommen und Gehen von Millionen von Arbeitern ein.

Zur Durchsetzung dieser Wirtschaftspolitik bedarf es nicht unbedingt eines institutionellen Systems. Von selbst entstehen "natürliche Reservate" in den kolonisierten Gebieten, die nicht unmittelbar von der kapitalistischen Aneignung bedroht sind und gleichzeitig von der Entwicklung der Exportlandwirtschaft ferngehalten werden. Dies ist in den Ausbeutungskolonien der Fall, Zonen, die von den Absatzwegen zu weit abliegen, sich wenig für die kommerzielle Landwirtschaft eignen und nur schwach von Kolonisten besiedelt sind. Neben ihren eigenen Reservaten verfügte die Südafrikanische Union auf diese Weise über die Arbeit der Populationen aus Angola und

Mozambique, deren Rotation von der portugiesischen Kolonialverwaltung organisiert wurde. Auch in den französischen Neokolonien haben sich solche natürlichen Reservate gebildet. So z. B. in Obervolta, das die Elfenbeinküste und Ghana mit landwirtschaftlichen Saisonarbeitern versorgt.[3] So vor allem in den Tälern des Senegal und der Falémé, die Zehntausende von Arbeitern aus Mali, Senegal und Mauretanien nach Frankreich exportieren (C.E.D.E.T.I.M., 1975, S. 205 ff.). In diesen Reservaten, die sich täglich weiter ausdehnen – heute haben sie den Niger und den Tschad erreicht –, haben die Einwohner nichts anderes zu verkaufen als ihre Arbeitskraft. Der Bedarf an Bargeld (zur Zahlung der Steuern, zum Kauf der einst getauschten einheimischen Produkte, zur Ersetzung der handwerklichen Produkte durch Industriewaren usw.) zwingt diese Populationen, den kapitalistischen Markt zu betreten. Da andererseits die Erde verfügbar bleibt und sich die Bedingungen der Nahrungsmittelproduktion kaum verändern, bestehen die häuslichen Produktionsverhältnisse fort als die einzigen, die in der Lage sind, das Überleben und die Fortdauer der Gemeinschaften zu gewährleisten. Was der rassistische Gesetzgeber der Südafrikanischen Union durch Zwang aufrechtzuerhalten sucht, wird hier also durch den relativen Verzicht auf diese Regionen erreicht, der die Bauern einem schleichenden Elend preisgibt und sie damit aus ihren Dörfern treibt.

7

Der doppelte Arbeitsmarkt und die Segregation

Diese Bauern-Proletarier, notgedrungen in den kapitalistischen Sektor gestoßen und wegen Sparmaßnahmen in den häuslichen Sektor zurückgedrängt, bilden ein spezifisches Arbeiterpotential, angesichts dessen sich eine ebenfalls spezifische Ausbeutungsform etabliert hat.
Ob in offen rassistischen Ländern wie der Südafrikanischen Union und Rhodesien oder in den europäischen Ländern, *die Arbeitsbedingungen der Wanderarbeiter sind von gleicher Art.* Die kapitalistische Auspressung der Arbeitsrente macht nämlich die Einrichtung von bestimmten Institutionen, Mechanismen und Ideologien erforderlich, die aufgrund dieser Tatsache universell sind. Es sind dies einerseits der *doppelte Arbeitsmarkt* und andererseits die *Rotation der Arbeiter ländlicher Herkunft,* die dadurch erzielt wird, daß man sie periodisch in den häuslichen Sektor entläßt, welche Politik durch eine notwendige *rassistische Ideologie* gestützt wird.
Der doppelte Arbeitsmarkt verfolgt das Ziel, das Proletariat organisch in zwei Kategorien zu spalten, gemäß der Ausbeutungsart, der es unterliegt: die der *integrierten* oder stabilisierten Arbeiter, die sich ausschließlich im kapitalistischen Sektor reproduzieren; und die der Wanderarbeiter, die sich hier nur teilweise reproduzieren. Dieser doppelte Markt entsteht vermittels verschiedener Diskriminierungen, in der Hauptsache der beiden folgenden:

– Die erste gründet auf der Unterscheidung zwischen direktem und indirektem Lohn. Familienbeihilfen, Arbeitslosengelder, Kostenübernahme bei Krankheiten oder Arbeitsinvalidität werden auf diskriminierende Weise gewährt. Unter verschiedenen Vorwänden werden sie ganz oder teilweise solchen Arbeitern verweigert, die verpflichtet sind, sich ganz oder teilweise außerhalb des kapitalistischen Sektors zu unterhalten und zu reproduzieren.
Diese Politik wird von den rassistischen Staaten Afrikas und, in verschiedenem Maße, von den europäischen Regierungen aktiv betrieben, die eingewanderte Arbeitskräfte beschäftigen. So zahlt die französische Regierung den Wanderarbeitern einen indirekten Lohn, der drei- oder viermal unter demjenigen liegt, den ein französischer Arbeiter unter gleichen Bedingungen erhalten würde.

– Die zweite Diskriminierung drückt sich darin aus, daß einige Industriezweige oder bestimmte Sektoren eine geschickte Politik der *Unbeständig-*

keit des Arbeitsplatzes und der Niedriglöhne verfolgen, um die integrierten Arbeiter fernzuhalten – die, da gänzlich auf den Markt angewiesen, von solchen Einkünften nicht leben könnten –, und nur solche Arbeiter beschäftigen, die sich ihre bäuerliche Herkunft zugutehalten.[1] Die Existenz dieses doppelten Arbeitsmarkts wird von der französischen Arbeitgeberschaft ausdrücklich anerkannt: "Die ausländischen Arbeitskräfte werden häufig an provisorischen Arbeitsplätzen beschäftigt... *Sie verfügen über keine Arbeitsplatzsicherheit...* Sie bilden also eine Art zweiten, sehr elastischen und aktiven Arbeitsmarkt" (*Entreprise,* Nr. 948, 9. November 1973). Daher liegen auch die Löhne der Immigranten um 20 bis 30 % unter denen der integrierten Arbeiter (ibid.).

Es werden verschiedene Verfahren angewandt, um diesen doppelten Markt zu verstärken, zu lenken und zu erleichtern, insbesondere indem man bei der Bevölkerung des Aufnahmelandes rassistische und fremdenfeindliche Vorurteile schürt, Vorurteile, die es erlauben, die Arbeiter ausländischer Herkunft *a priori* als unqualifizierter zu betrachten und sie durch dieses abgekartete Spiel willkürlich den am schlechtesten bezahlten und *unsichersten* Arbeitsplätzen zuzuleiten.
In dieser Hinsicht muß man begreifen, daß der Rassismus oder der Fremdenhaß oder jede andere diskriminierende Ideologie für das Funktionieren des doppelten Arbeitsmarkts unerläßlich sind (Wolpe 1972). Dieses gemeine Geschäft für den Kapitalismus zu betreiben, obliegt insbesondere der Presse und den faschistoiden Parteien, die in den Einwanderungsländern ein für die Überausbeutung der sogenannten unterentwickelten Bevölkerungen unerläßliches rassistisches Klima schaffen.[2] Damit nutzen die Arbeitgeberschaft und die Regierung den Widerspruch, in den diese Form der Überausbeutung sie stürzt (die ausländischen Arbeitskräfte bäuerlicher Herkunft sowohl anzuziehen wie zurückzustoßen), indem sie sich als die Schiedsrichter zwischen den Rassisten und den Migranten aufspielen, in Rassenmord spezialisierte Banden bald bestrafen, bald ins Leben rufen, meistens aber gewähren lassen und niemals geeignete Maßnahmen ergreifen, um diese zur Realisierung des Mehrprofits unerläßliche uneingestandene Unterdrückung zu beseitigen.[3]
Der Rassismus hat noch eine zweite, ebenso wichtige Funktion, nämlich bei einem Teil des Proletariats Angst zu schüren, das, da überausgebeutet, genug Gründe hätte, sich aufzulehnen und zur Gewalt zu greifen. Eingekreist von einer feindseligen Bevölkerung, den Vorurteilen ihrer Arbeitskollegen ausgesetzt, sehen sich die immigrierten Arbeiter in einem sozialen Klima, das dem Ausdruck jeglicher Forderung abträglich ist.

Schließlich trägt er dazu bei, das Klassenbewußtsein zu hemmen, indem er die Eingewanderten den Einheimischen oder anderen Eingewanderten entgegengestellt, aufgrund ihrer ethnischen Besonderheiten oder ihrer nationalen Zugehörigkeit, auf die sie angewiesen sind, um sich zu erkennen, zu identifizieren und zu organisieren.

Die Rotation der Wanderarbeiter wird also mit Hilfe dieser Diskriminierungen erreicht, die, da sie dem Wanderarbeiter die Sozialversicherung und die Sicherheit des Arbeitsplatzes vorenthalten, ihn damit zwingen, in seine Heimat zurückzukehren. Administrative Maßnahmen sowie bestimmte illegale Praktiken der Arbeitgeberschaft verstärken diesen Zwang. Arbeitsgenehmigungen werden nur für einen begrenzten Zeitraum gewährt und nur unter ganz bestimmten Voraussetzungen verlängert. Das in Südafrika praktizierte "Paß"system, das es den rassistischen Arbeitgebern erlaubt, die afrikanischen Arbeiter nach Gutdünken umzusiedeln, hat in Frankreich sein Gegenstück in den verschiedenen Erlaubnissen (Aufenthalts-, Arbeitserlaubnis usw.), die den Wanderarbeiter der Willkür von Polizei, Administration und Arbeitgeberschaft aussetzen und es gestatten, über die Dauer ihres Aufenthalts nach wirtschaftlichen Gesichtspunkten zu entscheiden.

Diese Methoden sind wirksam, denn man schätzt, daß die Aufenthaltsdauer der Wanderarbeiter in Frankreich im Durchschnitt drei Jahre beträgt. Schließlich gibt es noch andere Manipulationen – z. B. Duldung der illegalen Einwanderung, Erpressung seitens der Polizei oder der Arbeitgeberschaft, denen diese Arbeiter unterliegen, willkürliche Entlassungen, die sie der Vergünstigungen des Dienstalters berauben usw. –, die diese Arbeiter nicht nur bei der Bevölkerung, sondern auch innerhalb der Arbeiterklasse selbst zu Fremden stempeln.

Schließlich finden wir in den Verordnungen der Arbeitskräfte importierenden Länder zahlreiche Vorkehrungen, die bezwecken, das Nachkommen von Frauen und Kindern einzuschränken, zu erschweren und den Wanderarbeitern den Mut zu nehmen, sich in dem Land niederzulassen, in dem sie beschäftigt sind.[4]

Der Mechanismus der Rotationswanderungen funktioniert bald innerhalb ein und desselben Landes zwischen ländlichen Zonen und urbanisierten Zonen, bald auf internationaler Stufenleiter zwischen Ländern mit bäuerlicher Dominanz und industrialisierten Ländern. Er steht am Ursprung riesiger Bevölkerungsbewegungen zwischen Afrika und Europa, die seit dem Zweiten Weltkrieg immer stärker zugenommen haben, Migrationen, die mancher zurückgebliebene, blinde oder mitschuldige Soziologe weiterhin der "Mentalität der Eingeborenen" oder ihrer "Tradition" zuschreibt. Die

"Behinderung des ökonomischen Fortschritts", den die Experten so gern der "Mentalität" oder den "Bräuchen" in die Schuhe schieben und die als Patenterklärung für die wiederholten Mißerfolge ihrer sogenannten Entwicklungsprojekte herhalten, ist in Wahrheit das Produkt der Situation, in welche die abhängige Bauernschaft gestellt wird und deren Auswirkungen sie zu tragen hat.[5]

Eine weitere Auswirkung des doppelten Arbeitsmarkts: die "Elastizität", zu der die auf dem niederen Markt geschaffene Instabilität verhilft. Die Zahl der Wanderarbeiter schwankt mit der wirtschaftlichen Konjunktur des Landes, das sie beschäftigt. In Zeiten der Rezession sinkt sie aufgrund des Stillstands oder der Verlangsamung der Emigration und der Nichtverlängerung der Verträge eines Teils der beschäftigten Arbeiter. Dadurch sind die Arbeitgeberländer in der Lage, ihre Arbeitslosigkeit in die ärmeren Länder zu exportieren, damit diese an ihrer Statt deren Lasten tragen.[6] Lebt dagegen die Konjunktur wieder auf, so wird die Einwanderung gefördert, die Einschränkungen werden aufgehoben, die Kontrollen gelockert.

Die Verwendung der Wanderarbeiter als industrielle Reservearmee, als Pufferlohnmasse, als "Arbeitskraftrücklage" ist ein integrierender Bestandteil der Beschäftigungspolitik der französischen Regierung. Georges Pompidou brachte das als Präsident der Republik im Jahre 1972 deutlich zum Ausdruck: "Die Einwanderung ermöglicht es, eine gewisse Entspannung auf dem Arbeitsmarkt zu erreichen und dem sozialen Druck standzuhalten."[7]

8

Die Vorteile der Immigration

Die folgende Tabelle gibt einige Zahlen über die Emigration in den europäischen Ländern. Diese Zahlen umfassen Einwanderer aller Nationalitäten. Sie unterscheiden nicht zwischen endgültigen Wanderungen und Rotationswanderungen.

Tabelle I. *Ausländische Bevölkerung in sieben Ländern Europas*

	ausländische Bevölkerung insgesamt		aktive ausländische Bevölkerung	
	Zahl	% der Gesamtbevölkerung	Zahl	% der Gesamtbevölkerung
	A	B	C	D
Frankreich, 1973	3 775 000	7	1 800 000	8
Deutschland, 1973	3 600 000	5,9	2 345 000	10,9
Belgien, 1971	720 000	7	220 000	7,2
Niederlande	204 000	1,6	125 000	3,2
United Kingdom	2 580 000	4,7	1 782 000	7,3
Schweden, 1972	417 000	5,1	220 000	5,6
Schweiz, 1971	1 000 000	16,1	865 000	28,8

Quelle: *Entreprise*, Nr. 948, 9. November 1973

Der Anteil der Alleinstehenden unter diesen Einwanderern ist beträchtlich. Nach der Zählung von 1968 der nach Frankreich immigrierten Bevölkerung gibt es unter den Männern 720 740 Junggesellen, plus 53 960 Witwer und Geschiedene, das sind 774 700 Alleinstehende auf 1 618 340 Individuen; ebenso 581 880 alleinstehende Frauen auf 1 045 720 Immigrantinnen (Morokvasic, 1974). Um sich eine Vorstellung von der Bedeutung dieser nicht integrierten Population zu machen, braucht man nur die Spalte D der vorstehenden Tabelle mit der Spalte B zu vergleichen: die *aktive* eingewanderte Bevölkerung weist immer einen höheren Prozentsatz der *aktiven* Gesamtbevölkerung auf als die Eingewanderten insgesamt in bezug auf die Gesamtbevölkerung. Eine einfache Rechnung liefert die theoretische Mindestzahl der alleinstehenden Einwanderer. Wäre die ausländische aktive Bevölkerung

in minimale Familienverhältnisse integriert (ein Ehegatte und zwei Kinder), um ihre einfache Reproduktion zu sichern, unter der Annahme, daß 20 % der eingewanderten Frauen aktiv sind (Durchschnittsquote der eingewanderten Frauen in Frankreich; Morakvasic, 1974), so läge ihre Zahl bei A/3,8. Die Differenz zwischen C (reale aktive Bevölkerung) und A/3,8 (normale aktive Bevölkerung) bildet also die theoretische Mindestzahl der Arbeiter, die nicht an Ort und Stelle in den Genuß der sozialen Voraussetzungen ihrer Reproduktion kommen.
Auf die Zahlen der Tabelle I bezogen, liefern diese Berechnungen folgende Resultate:

Tabelle II

	A/3,8	Alleinstehende (C – A/3,8)	% Alleinstehende
Frankreich	992 000	808 000	44
Deutschland	925 000	1 420 000	61
Belgien	211 000	9 000	4,3
Niederlande	50 100	75 000	60
United Kingdom	985 000	797 000	45
Schweden	150 000	70 000	32
Schweiz	320 000	545 000	63

Einige dieser Zahlen scheinen sich mit anderen zu überschneiden: In Westdeutschland beträgt der Aufenthalt von 60 % der Migranten nur zwei Jahre. In der Schweiz halten sich nur 20 % der Migranten länger als vier Jahre hintereinander auf.

Die Vorteile, die der internationale Kapitalismus aus diesen Bevölkerungsbewegungen zieht, sind beträchtlich. Luas zufolge (1970) belaufen sich die Gewinne, die der Weltkapitalismus jährlich aus den Arbeiterwanderungen herausschlägt, 40 Milliarden Dollar.
Nach der Zeitschrift *Entreprise* (Nr. 948, November 1973) müßte der französischen Wirtschaft, da "das Aufnahmeland nicht die Kosten für die Aufzucht und Erziehung der Einwanderer zu tragen hat", die Kosten für die Ausbildung eines französischen Arbeiters von 18 Jahren hingegen auf 150 000 Franken geschätzt werden, während des VI. Plans ein kostenloser Zufluß von 90 Millarden (neuer) Franken zugute gekommen sein, was 600 000 Einwanderern entspricht.

Diese Rechnung ist jedoch, wie die von Luas, nicht ganz korrekt, denn sie setzt voraus, daß der Aufenthalt dieser eingewanderten Arbeiter endgültig ist und sie ihr ganzes aktives Leben im Einwanderungsland verbringen. Der Zufluß müßte nach dem Verhältnis des Alters des Migranten und der Dauer seiner bezahlten Beschäftigung berechnet werden. Doch wie wir gesehen haben, erspart die Tatsache, daß man ihn periodisch in die Hauswirtschaft entläßt, dem Kapitalismus einen Teil der Unterhaltungs-, Reproduktions- und Pensionskosten, die er dem endgültigen Migranten zahlt.[1] *Entreprise* zufolge sind die den Einwanderern gezahlten Familienbeihilfen um drei- bis viermal niedriger als die eines Franzosen, was für die Sozialversicherung einen positiven Saldo von über einer Milliarde bedeutet, was nur ein Hinweis auf die erzielten Gewinne ist.[2]

Die Gewinne aus der rotierenden Immigration lassen sich präziser schätzen: sie entsprechen im Großen und Ganzen den Kosten der gesellschaftlichen Arbeitszeit, die zur Reproduktion und Unterhaltung einer äquivalenten Arbeitszeit *in der kapitalistischen Produktionssphäre* notwendig ist; oder aber den indirekten Lohnsummen, die man bei gleicher Arbeit den integrierten Arbeitern hätte zahlen müssen, plus der Differenz zwischen den Löhnen der beiden Arbeiterkategorien (der Verdienstausfall durch geringere Produktivität dieser Arbeitskräfte resultiert aus den Einsparungen der Kosten für ihre Ausbildung, braucht also nicht verbucht zu werden).

Seit den Anfängen der Kolonialgeschichte wird dieses Mehrprodukt von der Kapitalistenklasse konfisziert, heute von den von der Kapitalistenklasse beherrschten Nationen. Da sich dieser kontinuierliche Prozeß der ursprünglichen Akkumulation auf immer zahlreichere Populationen ausdehnt, beraubt er diese der Mittel für ihren industriellen Start. Die Kolonisation wie die Neokolonisation ermöglichen es den kapitalistischen Mächten, sich weiterhin dieses immer wieder erneuerten Mechanismus zu versichern. So ist es der kolonialen und europäischen Bourgeoisie gelungen, eine Situation zu kontrollieren und zu steuern, die noch vor einem knappen Jahrhundert explosiv gewesen wäre. Die Bewegungen der Arbeiterschaft organisieren sich, hinter ihrer scheinbaren Anarchie, ihrer gewollten und geduldeten Klandestinität, gemäß den Bedürfnissen des internationalen Kapitalismus und zu seinem Profit.

9

Die Grenzen der Überausbeutung der Arbeit

Man kann sich denken, daß die Bewahrung einer mehr oder weniger künstlich erhaltenen Zone der Selbstversorgung innerhalb einer expandierenden kapitalistischen Wirtschaft vorübergehend und kritisch sein muß. Die Grenzen einer solchen Situation zeigen sich lokal in den Emigrationszonen nach einem mehr oder weniger langen Zeitraum und unter verschiedenen Umständen, je nachdem, ob es sich um territorial abgegrenzte Reservate, in denen der Zugang zur Erde durch die Kleinheit des Territoriums gebremst wird, oder um offene Zonen handelt. Der häusliche Sektor erfährt gerade aufgrund der Ausbeutung, deren Gegenstand er mittels der Emigration ist, einen langsamen Niedergang, der allmählich seine Möglichkeiten der Reproduktion und kontinuierlichen Versorgung des Arbeitsmarkts beeinträchtigt.

Wir haben hier nicht die Absicht, die Geschichte der Art und Weise aufzurollen, wie die kolonisierten Populationen in den kapitalistischen Ausbeutungssektor gelockt wurden.[1] Erinnern wir daran, daß die Enteignung von Grund und Boden, anders als in Europa, nicht überall die allgemeine Ursache gewesen ist und daß man andere Zwangsmittel anwenden mußte, um die Arbeitskräfte aus den Dörfern zu treiben: Steuern, die dazu zwangen, sich Bargeld zu verschaffen, das nur im kolonialen Sektor verteilt wurde, Zwangsarbeit, deren Bedeutung immer noch unterschätzt wird (Hopkins, 1973), Anwerbung, Verschuldung usw. waren die Mittel, durch die eine irreversible Abhängigkeit der Bauern eingeleitet wurde. Die handwerklichen Tätigkeiten (Herstellung der Geräte, der Kleidung) sowie die Nebentätigkeiten (Bauarbeiten, Jagd, Sammeln) wurden nach und nach zugunsten der Ausübung von "gewinnbringenden" Tätigkeiten aufgegeben, was die Hauswirtschaft in bezug auf ihre Versorgung mit lebenswichtigen Artikeln vom kolonialen Sektor abhängig machte. Die wachsende Monetarisierung der Wirtschaft verschärfte diese Situation, indem sie bei allen Transaktionen, sogar innerhalb der Hauswirtschaft, einen Artikel (das Geld) ins Spiel brachte, der aus dem kolonialen Sektor kam. Andererseits wurden die Anstrengungen, die man den Bauern für die Produktion abverlangte, von keinerlei Maßnahmen zur Erhöhung der Produktivität der Arbeit oder des Ertrags der Felder unterstützt. Unter diesen Umständen geht der Bauer nicht mehr unter dem administrativen Zwang ins Exil des kolonialen Sektors, sondern aufgrund der ökonomischen Bedingungen, die in seinem Milieu herrschen, und insbesondere aufgrund der Unmöglichkeit, die Produktion anders als durch eine Verlängerung der Arbeitszeit zu erhöhen. Das heißt, *aufgrund der Unmöglichkeit, hier den Fortschritt einzuführen.*

Dem kapitalistischen Industriesektor dagegen bleibt es, aufgrund der erheblich höheren Produktivität seiner Produktionsmittel, vorbehalten, einen Lohn zu bieten, dessen Kaufkraft höher ist als der Handelswert der Produkte, die in der gleichen Zeit vom häuslichen Sektor produziert werden. Es genügt, daß der gebotene Arbeitslohn den Produktivitätsabstand der beiden Sektoren *partiell* widerspiegelt, um den Landarbeiter anzulocken, und daß er unter dem Durchschnittspreis der Arbeitskraft auf dem kapitalistischen Markt bleibt, damit außer dem Mehrwert noch eine Arbeitsrente erzielt werden kann.

Die Blockierung des häuslichen Produktionssektors, ob vorsätzlich oder nicht, und die wachsende Produktivität des kapitalistischen Sektors genügen somit, wenn die Situation der Abhängigkeit des bäuerlichen Sektors vom industriellen Sektor einmal eingeleitet ist, um unabhängig von jeglichem Zwang den Mechanismus der Migrationen in Gang zu setzen. Für den Arbeiter ländlicher Herkunft hat der vom kapitalistischen Sektor gebotene Lohn zumindest zwei Vorteile: 1. Zugang zum Bargeld, das im häuslichen Sektor selten und "teuer" ist, und dank diesem Bargeld Zugang zu den Objekten, welche die handwerkliche Produktion ersetzen; 2. ein Einkommen, das im Vergleich zu demjenigen relativ hoch ist, das ihm die Anwendung derselben Arbeitskraft auf die häuslichen Produktionsmittel verschafft hätte. Gewiß vergißt der Landarbeiter in dieser Rechnung die Arbeitsrente, die er dem Kapitalisten liefert, ebenso daß dieser es unterläßt, sie ihm zu bezahlen. Nichtsdestoweniger kann er, mittels dieser Ausbeutung, eine Erhöhung seiner unmittelbaren Einkünfte feststellen, da sich die Produktivität seiner Arbeit im Durchschnitt erhöht hat.[2] Kurzfristig oder sogar mittelfristig kann die Beschäftigung im kapitalistischen Sektor den ländlichen Arbeiter täuschen. Er ist überausgebeutet, doch die Produktivitätsdifferenz zwischen seinem Ursprungssektor und seinem Arbeitssektor ist groß genug, daß ihn seine unmittelbaren Gewinne ermutigen, die Opfer zu ertragen, die ein Leben im Halbexil ihm auferlegen, die Härten und Gefahren der Arbeiten durchzustehen, die man ihm aufbürdet, die Wohnungs- und Gesundheitsverhältnisse auf sich zu nehmen, deren Opfer er ist. Sein wirkliches Elend steht uns weniger deutlich vor Augen: es entspringt der Unsicherheit seines Arbeitsplatzes, der Unmöglichkeit, sich niederzulassen und im Familienkreis zu leben, der Ungewißheit, die seine alten Tage bedroht. Aufgrund seiner Stellung auf dem Arbeitsmarkt kann der Vorteil, der ihm aus seiner Beschäfti-

gung im kapitalistischen Sektor erwächst, nur konjunkturell und prekär sein, denn, und *dies ist die Voraussetzung für die Erzielung der Rente, er verfügt über keine Sicherheit des Arbeitsplatzes.*
Dieser Umstand, die Unbeständigkeit der Arbeit des migrierenden Proletariers im kapitalistischen Sektor, ist auf Zeit auch die Ursache für den Verfall der Faktoren der Reproduktion dieser Rente im häuslichen Sektor.[3]

a) Die Schwelle der Pauperisierung
Da sich der eingewanderte Arbeiter nicht organisch in den kapitalistischen Sektor eingliedern kann, muß er um die Aufrechterhaltung seiner Ursprungsgemeinschaft Sorge tragen, um deren Produkt genießen zu können, wenn er sich dort aufhält, und jene ökonomische Position zu erhalten, die es ihm ermöglicht, dem kapitalistischen Sektor eine billige Arbeitskraft anzubieten. Die häusliche Gemeinschaft darf also während seiner Abwesenheit keine Unterbrechung erfahren. Sie muß groß und ausgeglichen genug bleiben, um ihre Kräfte zwischen den beiden Produktionssektoren, dem häuslichen und dem kapitalistischen, aufteilen zu können und den Produktionsausfall des einen durch den anderen oder umgekehrt, je nach der Konjunktur, ausgleichen zu können.[4] Wenn die Emigrationsperioden ein Jahr überschreiten, so verringert sich der Lebensmittelbedarf der Hausgemeinschaft, die fast ständig eines Teils ihrer Arbeitskraft beraubt ist, nicht im gleichen Maße, in dem der aus diesen Abgängen resultierende Konsum zurückgeht. Denn die Produktion βB eines aktiven Produzenten während der produktiven Monate deckt nicht nur seinen Jahresverbrauch, sondern auch die Totalität oder einen Teil des Verbrauchs seiner Abhängigen und Vorfahren. Die zurückgebliebenen Arbeitskräfte müssen dieses Defizit auf irgendeine Weise ausgleichen: Arbeitseinsatz von sozialen Kategorien, die bisher der Landwirtschaft fernstanden, Verlängerung der aktiven Periode, Verkürzung der Brachzeiten der dem Dorf nächstliegenden Felder, um die verfügbare Arbeitszeit intensiver zu nutzen. Da diese Maßnahmen aufgrund der doppelten Erschöpfung der Produzenten und des Ackerbodens immer weniger in der Lage sind, den Lebensunterhalt der Gemeinschaft zu gewährleisten, wird ein wachsender Anteil der von den ausgewanderten Arbeitern erbrachten Einkünfte für den Kauf von Lebensmitteln auf dem Markt oder in anderen Fällen zur Einstellung von Saisonarbeitern verwendet, um die brachliegenden Felder zu bestellen.[5] Die Monetarisierung der Wirtschaft, die auf diese Weise Wurzeln schlägt, erhöht noch die Bedürfnisse an Bargeld, da die einst getauschten Produkte in Waren verwandelt werden, was einen irreversiblen Zyklus in Gang setzt.

Hier greift die allgemeine Politik der Lebensmittelpreise ein, die in den Emigrationszonen betrieben wird. In den offenen Reservaten, in denen der Zugang zur Erde nicht streng begrenzt ist, dürfen die auf dem Markt verfügbaren Lebensmittelprodukte, um den Bauern zu veranlassen, eine bezahlte Beschäftigung zu suchen, nicht so hoch sein, daß er im Gegenteil angereizt wird, sich einer rein auf die Produktion von Nahrungsmitteln ausgerichteten Landwirtschaft zu widmen, die sowohl seinen Nahrungsmittel- wie seinen Geldbedarf decken kann. Eine Erhöhung der Lebensmittelpreise würde auch den Preis der Arbeitskraft der Arbeiter erhöhen, die zu ihrer Ernährung den lokalen oder nationalen Markt in Anspruch nehmen. Noch notwendiger ist es, die Nahrungsprodukte billig zu halten, wenn das Emigrationsland Exportwirtschaft betreibt, um die Produktion von kommerzialisierbaren Gütern nicht zu dämpfen.[6] Diese Politik ist nur durch die Einfuhr von subventionierten oder unter hohen Produktivitätsbedingungen produzierten Lebensmitteln möglich, heute das für eine wachsende Zahl unterentwickelter Länder einzige Mittel, die Stadtbevölkerungen zu versorgen. Die Folgen dieser Situation sind mannigfaltig, abgesehen von der absoluten Abhängigkeit der importierenden von den exportierenden Ländern – hauptsächlich den Vereinigten Staaten.[7] Es entsteht ein Ungleichgewicht zwischen den lokalen Ressourcen und der demographischen Progression, das eine prekäre Situation schafft, das Angewiesensein auf eine Versorgung, die nur vom guten Willen der Großmächte abhängt. Die Nahrungshilfe führt damit zu einer Art Brutkastenzüchtung von Reserven an Arbeitskraft, deren Volumen und Überleben von den kapitalistischen Ländern abhängen, die hier ökonomisch oder strategisch investieren.
Die "Nahrungshilfe" und die Unsicherheit, welche die instabile Situation der Wanderarbeiter verursacht, sind die tieferen Gründe für die geburtenfördernden Tendenzen, die man allgemein bei diesen Populationen beobachtet. Symptome für die Krise der Hauswirtschaft: das demographische Wachstum ist ein Mittel, eine ungewisse Zukunft zu bannen.[8] Wir haben gesehen, daß für diese Zukunft in der häuslichen Gesellschaft durch die erneute Investition des Arbeitsprodukts in die künftigen Träger der landwirtschaftlichen Produktion vorgesorgt wurde. Die Arbeiter ländlicher Herkunft hegen noch lange Zeit diese Hoffnung, nämlich daß ihre Kinder sie im Alter nach den Normen der Verwandtschaftsideologie versorgen werden.[9]
In dieser ungewissen Situation bleibt auch der Gebrauch des Geldes ungewiß. Die Aufrechterhaltung der Gemeinschaft als Produktions- und Reproduktionszelle verlangt, daß es für das verwendet wird, was Balandier (1959, S. 38) die "soziologischen Investitionen" nannte, dazu bestimmt, "die vor-

rangigen Traditionen zu erobern oder zu verstärken" (Zahlung von Heiratsgut, großzügiger Zuschuß für den Moslemkult, Pilgerfahrten nach Mekka, Geschenke, Ehebeihilfen usw.), mittels derer die häuslichen und dörflichen Verhältnisse am besten bewahrt bleiben. Doch in dem Maße, in dem die objektiven Bedingungen der Wanderarbeit trotz allem die Bedingungen der sozialen Reproduktion und die damit verbundene Sicherheit beeinträchtigen, wird das Geld auch als Mittel einer ökonomischen Investition angesehen, die ein Einkommen verschaffen und die Zukunft sichern kann. Der Kauf von Taxis, der Bau von Hütten in der Stadt, die Einrichtung eines kleinen Ladens werden immer stärker als mögliche Alternativen betrachtet, zuweilen in absoluter Unkenntnis der realen Bedingungen der Verwaltung solcher Anlagen. Doch diese Jagd nach Profit ist meist ein individuelles Unterfangen, das ohne Wissen der Eltern und Verwandten geschieht und das "den 'Unternehmer' von seinem Ursprungsmilieu abschneidet" (Balandier, 1959, S. 38) und denjenigen, der sich darauf einläßt, Personen ausliefert (Geschäftsleuten, Händlern, Wucherern), die ihm fremd sind und sich in einem System bewegen, das er nicht versteht und auf das er keinen Einfluß hat. Ist der Gebrauch des Geldes aus dem kapitalistischen Sektor als dauerhaftes Sparmittel einmal akzeptiert, so beschleunigt er den Verfall der Hauswirtschaft. Jedes Individuum, das für sich selbst spart, um für die Zeit seiner Unproduktivität vorzusorgen, tut es auf Kosten der gegenwärtigen Wiederherstellung seiner Gemeinschaft. Der Teil des Produkts, der im gemeinschaftlichen Zyklus für die Ernährung der künftigen Produzenten bestimmt ist, verwandelt sich durch das persönliche monetarisierte Sparen in einen für eine ungewisse Zukunft bestimmten Teil, ohne in der Zwischenzeit in den häuslichen Produktionszyklus investiert zu werden. Ein Teil des Sozialprodukts wird damit seiner Bestimmung entzogen: aus einer Investition verwandelt es sich in ein "Sparguthaben", dessen Verwaltung und Zinsen dem kapitalistischen oder Handelssektor übertragen werden, den Erzeugern oder Manipulatoren von Geld. Die Verallgemeinerung solcher Unterschlagungen trägt dazu bei, die Krise zu verschärfen, in welche die häuslichen Gesellschaften unter dem Einfluß des kolonialen Kapitalismus geraten.

Alle diese Faktoren wirken zusammen, um diese Populationen aus dem Rahmen der Hauswirtschaft herauszureißen. Wenn der Prozeß des Verfalls der Produktionsbedingungen sich beschleunigt, wird auch die Rotation der Arbeiter allmählich schneller. Ein wachsender Teil der Nahrung wird auf dem Markt gekauft. Wenn sich die Löhne im kapitalistischen Sektor nicht erhöhen – und es besteht kein Grund dafür, daß sie sich einer so fernen und lokalen Situation anpassen –, sinkt der Reallohn, sogar ungeachtet jeder

Erhöhung der Preise. Die Einkünfte dieser Lohnarbeiter sind also weniger von der Quantität der gelieferten Arbeitskraft als von den Schwankungen der Preise, Löhne und gegebenenfalls Devisenkurse bestimmt. Und es kommt ein Punkt, da der Ertrag der häuslichen Landwirtschaft zu gering ist, die Kosten für die Transporte an die Arbeitsplätze zu hoch sind, die Familienzelle alters- und geschlechtsmäßig zu unausgewogen ist, um länger der Träger der Reproduktion der Arbeitskraft zu bleiben. Ein immer größerer Teil der Hauswirtschaft, zum Bankrott verurteilt, überlebt nur noch durch die kostspieligen Anstrengungen und Opfer jener Männer und Frauen, die keinen anderen Zufluchtsort und kein anderes Leben mehr haben, während ein stets wachsender Teil von Arbeitern außer Reichweite der Hauswirtschaft gerät und die Vorteile der Ressourcen verliert, die sie ihnen verschaffte.[10] Wenn diese Arbeiter nur zum niederen Arbeitsmarkt Zugang haben, zur unbeständigsten und am schlechtesten bezahlten Arbeit, finden sie in keinem Sektor mehr, weder dem häuslichen noch dem kapitalistischen, die Mittel ihrer Reproduktion. Sie werden zu dem, was einige Soziologen als Randgruppen bezeichnen. In Wahrheit sind sie echte Proletarier, auch wenn sie den größten Teil der industriellen Reserverarmee bilden, verdammt aufgrund ihrer Stellung auf dem Arbeitsmarkt zu einer regressiven Situation der Nicht-Reproduktion, d. h. unter bestimmten Umständen zur absoluten Verelendung.[11]

Handelt es sich um territorial abgegrenzte "Reservate", die einer *ad hoc*-Regelung unterstehen, wie z. B. in Südafrika, so macht es die relative Kleinheit dieser Territorien unmöglich, neue Felder zu bebauen, und die Verfahren zur Erneuerung des Bodens mit den landwirtschaftlichen Techniken der Hauswirtschaft (Brandrodung, lange Brachzeiten, Verbindung von Ackerbau und Viehzucht z. B.) werden langsam unpraktikabel. Die Bedingungen der häuslichen Agrarproduktion zersetzen sich in immer schnellerem Rhythmus. Wenn die monetären Einkünfte der Migranten den Produktionsausfall in der Landwirtschaft nicht mehr decken, greift das Elend um sich, bis es schließlich die Bedingungen der physischen Reproduktion der Arbeiter gefährdet.

Der Beginn der großen Rotationswanderungen in Südafrika fällt etwa in die 30er Jahre. Und schon 1940 sorgten sich die Rand Mines um die "Verarmung der Reservate der Transkei, welche die Gesundheit in einem ihrer wichtigsten Reservoire an Arbeitskräften untergrub" (Gluckman, 1940[12]). Um dieser Situation zu begegnen, beschloß man, die Anwerbung auf die portugiesischen Kolonialgebiete auszudehnen, die noch nicht durchkämmt waren. So daß, zum Teil seit über zwanzig Jahren, die Löhne der südafrika-

nischen Arbeiter in einigen Sektoren wie z. B. den Bergwerken nicht angehoben worden sind: diese Arbeiter werden zum selben Tarif bezahlt wie die erst kürzlich in den benachbarten Territorien von Angola oder Mozambique angeheuerten Arbeiter, also ohne Berücksichtigung der Tatsache, daß inzwischen die ökonomischen Bedingungen der Reservate, die ursprünglich die niedrigen Löhne erklärten, unter diejenigen abgefallen sind, die in den neu durchkämmten ländlichen Zonen noch bestehen (B.I.A.A., 1975).
Am 12. März 1973 enthüllte der Londoner *Guardian,* daß "die Mehrheit der [in Südafrika niedergelassenen] britischen Gesellschaften eine große Zahl ihrer afrikanischen Lohnarbeiter unter dem offiziell anerkannten Existenzminimum bezahlen", d. h. unter dem Minimum, das die Unterernährung verhindert. Eine Untersuchung ergab, daß die Kinder dieser Lohnarbeiter fortgeschrittene Symptome der Unterernährung aufwiesen. Eine offizielle Kommission wurde in Großbritannien ernannt und die betroffenen Gesellschaften aufgefordert, die Löhne zu erhöhen. Von hundert untersuchten Gesellschaften zahlten lediglich drei Löhne über dem Existenzminimum. Doch 60 % der Investitionen in der Südafrikanischen Union kommen aus Großbritannien.
Diese Situation, von der nur ausnahmsweise etwas an die Öffentlichkeit dringt, aufgrund der Nachrichtensperre, die über dem Geschehen in den Reservaten liegt, ist in Wahrheit in Südafrika an der Tagesordnung, so daß sie die südafrikanische Regierung und ihre Ökonomen in regelmäßigen Abständen in Unruhe versetzt (vgl. Van der Horst, 1942, *South Africa,* 1944). Was allerdings nicht dazu beigetragen hat, die Situation zu verbessern, da man heute die "Schwelle der Pauperisierung" (*poverty datum line*) zu finden sucht, unter welcher die Arbeitskraft aufhört, sich selbst zu reproduzieren.

Der Kapitalismus stößt hier auf einen schwierigen Widerspruch. In den Reservaten die Felder durch auf dem kapitalistischen Markt gekaufte Düngemittel verbessern, heißt das Kapital eindringen lassen, auf die Gefahr hin, die sozialen Verhältnisse dort zu modifizieren, wo man übereingekommen war, es fernzuhalten. Es heißt, diese Landwirtschaft künftig vom kapitalistischen Markt abhängig machen, also ihre Eigenschaften zerstören und auf den Genuß der von ihr produzierten Rente verzichten. Diese Landwirtschaft sich selbst überlassen, heißt sie zum Niedergang verurteilen, also ebenfalls auf die Produktion billiger Arbeitskräfte verzichten. Eine Situation, die in den Reservaten der Südafrikanischen Union kritisch geworden ist und die rassistische Regierung zwingt, nach anderen Lösungen zu suchen. Daher die Erfindung der Bantustan, konstitutionell von der Union getrennten Territorien, die angeblich den Vorteil haben, die ökonomischen Lasten sowie die politische Verantwortung der Arbeitskräfte liefernden Zonen auf diese Arbeitskräfte selbst abzuwälzen sowie Arbeitslose und Widerspenstige dorthin abzudrängen, was eine Situation schafft, die mehr der oben beschriebenen ähnelt, von der die europäischen Staaten profitieren. Dies ist der Sinn der Verschiebung von der Segregation zur *Apartheid* (Wolpe, o. J. und 1972), der "getrennten" Entwicklung oder dem "Föderalismus".

Objektives Kriterium der Spaltung des Proletariats

In allen Fällen, handle es sich nun um offene oder geschlossene Reservate, schüren die Überausbeutung der Arbeit und der daraus folgende Verschleiß von Menschen und Feldern einen Prozeß der Differenzierung der internationalen Arbeiterklasse. Das kapitalistische System, durch die Ausbeutung neuer Landbevölkerungen unaufhörlich mit billiger Arbeitskraft versorgt, produziert gleichzeitig einen kontinuierlichen Strom von Arbeitern, die ihrer ökonomischen und sozialen Produktionsmittel beraubt, aber noch nicht vom kapitalistischen Arbeitsmarkt übernommen sind. So sind drei Fraktionen des Proletariats zu unterscheiden, je nach ihrer Reproduktionsfähigkeit im kapitalistischen Sektor.

Die erste ist das integrierte oder stabilisierte Proletariat, das direkten und indirekten Lohn empfängt oder, mit anderen Worten, dessen Arbeitskraft theoretisch zu ihrem Produktionspreis gekauft wird.

Die zweite ist das Bauernproletariat, das vom Kapitalismus nur die Mittel für die unmittelbare Wiederherstellung seiner Arbeitskraft erhält, nicht aber die für seinen Unterhalt und seine Reproduktion, Mittel, die es sich im Rahmen der Hauswirtschaft selbst verschafft.

Die dritte ist das Proletariat, das über keinerlei Reproduktionsmittel in irgendeinem Sektor verfügt.

Der Grad des Klassenbewußtseins, das Verhalten, die Forderungen, die gewerkschaftlichen Taktiken dieser drei Fraktionen sind jeweils verschieden. Die erste wird auf die Aufrechterhaltung ihres Lebensstandards pochen, auf ihre im Vergleich zu den beiden anderen erworbenen Vorteile; sie wird einen größeren Anteil vom kapitalistischen Profit fordern, in den fortgeschrittensten Schichten zuweilen eine Kontrolle über die Produktion und die Arbeitsbedingungen. Die zweite Fraktion wird in erster Linie bessere Arbeits- und Unterkunftsbedingungen während der Beschäftigungsdauer fordern, doch insofern sie glaubt, sich auf das Land und die Dorfgemeinschaft zurückziehen zu können, entwickelt sie nur ein schwaches Klassenbewußtsein. Die dritte

Fraktion kann im Fall einer sozialen und politischen Krise kämpferisch werden, wenn sie sich bewußt wird, daß es für sie eine Frage des Überlebens ist, vom kapitalistischen Arbeitgeber die Einkünfte zu erhalten, die es ihr ermöglichen, die Stellung eines integrierten Lohnarbeiters zu erringen.
Dieser Kampf um die ökonomische Integration und die Mittel ihrer Reproduktion im kapitalistischen System, um den Arbeitsplatz, die Löhne, die Sicherheit war das Hauptthema der Geschichte der Arbeiterbewegung. Er bestätigt die Tatsache, daß die Arbeiterklasse lange Zeit im wesentlichen aus einem nicht stabilisierten Proletariat bestand und noch immer besteht, wo diese Art der Forderung fortdauert. Dieser Umstand gibt der Analyse von Lenin über die politische Tragweite des Gewerkschaftskampfs ihren vollen Sinn: die Forderung nach Integration in das kapitalistische System, damit dieses das Proletariat vollständig zu seinen Lasten nehme, ist nicht an sich revolutionär, denn es stellt das kapitalistische System nicht in Frage, sondern fordert lediglich für die Arbeiterklasse den Platz, den ihr die Logik der kapitalistischen Produktionsverhältnisse zuweist.

b) Die Konkurrenz
Die Verwendung eines unbeständigen und nicht integrierten Proletariats stellt den kapitalistischen Arbeitssektor vor Probleme[13] – Probleme für die Arbeitgeberschaft bezüglich der Natur und des Volumens der Investitionen in die Zweige, die wenig ausgebildete Arbeitskräfte beschäftigen, da diese nicht nur fremder Herkunft, sondern auch zu mobil sind, um einer auch nur beschränkten Berufsausbildung unterworfen werden zu können.[14] Die Produktionsmittel müssen also dieser relativ niedrigen Qualifikation angepaßt werden. Doch gleichzeitig bieten die niederen Kosten dieser Arbeitskräfte den Unternehmern keinen Anreiz, sich Produktionsmittel mit sehr hoher Produktivität zuzulegen: "Unsere Industriellen ziehen eine Investition in Menschen, die weniger kostspielig sind, einer Investition in Material vor. Multinationale Gesellschaften haben Pläne zur Modernisierung ihres Maschinenparks aufgeschoben, um die geringeren Kosten dieser Arbeitskräfte zu nutzen" (*Entreprise*, Nr. 948). Die billige Arbeitskraft ermöglicht es also einigen rückschrittlichen Sektoren, sich auf dem Markt zu behaupten, womit sie den am besten ausgerüsteten Sektoren, die sie beschäftigen, die Möglichkeit zu noch höheren Mehrprofiten gibt.
Die Überausbeutung der Arbeit trägt, wie Marx erkannt hatte, dazu bei, das tendenzielle Fallen der Profitrate aufzuhalten. In dem Maße, in dem sie einige Industriezweige mehr begünstigt als andere, verschärft sie auch die Konkurrenz innerhalb des Kapitalismus und fördert die Feindschaft einiger

bürgerlicher, sogenannter liberaler Fraktionen gegen diejenigen, die, da sie diese Arbeitskräfte beschäftigen, für rückschrittlich gelten.
In einem Land wie Südafrika verschärft sich diese Konkurrenz durch die Tatsache, daß diese Politik, da die Bevölkerung zu 70 % aus unterbezahlten Arbeitern besteht, die Entwicklung des Binnenmarkts sowie der nationalen Konsumgüterindustrien einschränkt, die einen inneren Absatzmarkt brauchen, um ihre Produkte gewinnbringend auf dem internationalen Markt absetzen zu können.
In der Südafrikanischen Union ist es der halböffentliche Produktionssektor der Afrikaander, der die Segregation gegen die halbherzige Opposition der angelsächsischen "Liberalen" durchsetzt, deren Industrien eine spezialisiertere und billigere Arbeitskraft als die weiße suchen (Oppenheimer, 1954-1955). Doch diese Feindschaft und scheinbar antirassistische Attitüde halten nur so lange vor, wie die Beschäftigung dieses Typus unterqualifizierter Arbeitskraft durch die Natur der Investitionen erschwert wird. Denn unter dem Einfluß der internationalen Konkurrenz betreiben immer zahlreichere Industrien, in verschiedenem Ausmaß, diese Überausbeutung der Arbeit oder organisieren sich zu diesem Zweck, entweder durch Beschäftigung immigrierter Arbeiter oder, immer häufiger, durch die Niederlassung von Unternehmen in den unterentwickelten Ländern.
Diese Perspektiven begegnen sich mit denen der Regierungen, die eine allzu massive "Rücklage" an Arbeitskräften beunruhigt. Es ist zwar einfach, die ersten Wellen von Migranten den Bedingungen eines armseligen Lebens zu unterwerfen, sie in Elendsquartiere zu pferchen und von den sanitären Dienstleistungen fernzuhalten – doch das ändert sich in dem Maße, in dem die politische Erfahrung der Wanderarbeiter wächst. Wenn in Frankreich diese Arbeiter es noch vor zwanzig Jahren hinnahmen, in Kellern oder Verschlägen zu hausen, wehren sie sich heute gegen die Bedingungen, die sie in den Wohnheimen vorfinden. Die Regierungen stellen auch fest, daß die sanitären Kosten der Einwanderer steigen, nicht nur weil diese Arbeiter keine Familien haben, die für sie sorgen, nicht nur weil ihre Gesundheit nach mehreren Aufenthalten schlechter wird oder weil die Arbeitsunfälle steigen, sondern auch weil sie dank ihren Organisationen durchsetzen können, daß man sie weniger schlecht behandelt. Daß sich auf dem nationalen Territorium mehrere Millionen Ausländer aufhalten, und zwar notgedrungen in den industrialisiertesten Zonen konzentriert, zusammengedrängt in Wohnheimen oder Barackensiedlungen, wird zu einer immer drohenderen Gefahr der Unruhe, insofern die Immigration Kampfpraxis erwirbt und die Unterstützung humanitärer oder lokaler politischer Organisationen erhält. Aus diesen Grün-

den wünschen die Regierungen diese Immigration in gewissen Grenzen zu halten und sie polizeilichen Kontrollen zu unterwerfen, welche die (manchen Unternehmen so einträgliche) Klandestinität ausschließen und es ermöglichen, ihre Natur zu lenken (C.E.D.E.T.I.M., 1975, Anhang 2).
Diese verschiedenen Erwägungen sind es, welche die kapitalistischen Staaten veranlassen, Vorkehrungen zur Ausbeutung dieser billigen Arbeitskraft in ihren Heimatländern zu treffen, gemäß einer verbesserten und erneuerten Form des Kolonialismus, welche die schwachen industriellen und kommerziellen Infrastrukturen der unterentwickelten Länder bislang verzögert haben. Die Kosten dieser lokalen Arbeitskräfte, die in lokal niedergelassenen Unternehmen beschäftigt sind, werden von den Transportkosten[15], den Unterbringungskosten und auch einem Teil der Subsistenzkosten entlastet, da sich der Arbeiter von einer unter ihrem Wert bezahlten lokalen Produktion ernährt. Gewiß gehen die meisten Kosten für die Unterhaltung der Arbeitskraft zu Lasten der Länder, die ausländische Kapitale erhalten, doch die lokale Bourgeoisie, die für den Augenblick die Möglichkeit sieht, am Profit dieser Überausbeutung teilzuhaben, stellt sich zur Verfügung, um die soziale Ordnung, d. h. die Aufrechterhaltung der Bedingungen dieser Überausbeutung, so lange wie irgend möglich zu garantieren.
Auch ist eine allgemeine Neuentfaltung des europäischen Kapitalismus in dieser Richtung festzustellen, in Nachahmung des Beispiels der amerikanischen Geschäftskreise, die, nach dem Import von Menschen, mit dem McCarran-Gesetz für den Export der Kapitale sowie die Niederlassung ihrer Unternehmen in allen Zonen gestimmt haben, die sich für eine lokale Überausbeutung billiger Arbeitskraft eignen.[16] Die französische Bourgeoisie bereitet sich einige Terrains in ihren Neokolonien zu: im Senegal z. B., wo eine entsprechende Infrastruktur auf der Kapverdischen Halbinsel geschaffen wird, deren Hinterland als Reservoir billiger Arbeitskraft dienen soll; auch in Südafrika, wo unsere Geschäftsleute – die keine Rassisten sind! – nicht die letzten sein wollen, den ausgebluteten Opfern des afrikanischen Rassismus ihre Substanz auszupressen.
Diese Lösungen werden die Einwanderung in Europa, in Frankreich nicht von heute auf morgen abschaffen. 1973 meinte der Nationalrat der französischen Arbeitgeberschaft, daß die Einwanderungsländer im Jahre 1982 ein Defizit von 11 Millionen Arbeitern zu verzeichnen haben würden, während die Auswanderungsländer nur noch einen Überschuß von 7,8 bis 10,4 Millionen aktiver Individuen aufzuweisen hätten (*Entreprise*, Nr. 948[17]). Die gegenwärtige Konjunktur sowie die neuen Perspektiven des internationalen Kapitalismus werden diese Zahlen vielleicht verändern.

Jedenfalls werden sie bestätigen, daß die Ausbeutung der Arbeit kein Problem ist, das sich innerhalb der strengen Grenzen der Beziehungen zwischen Staaten stellt, auch nicht zwischen einem "Zentrum" und einer "Peripherie", sondern zwischen sozialen Klassen, deren Spaltung quer durch die beherrschten Länder geht; damit werden sie beweisen, daß die Rückkehr oder das Verbleiben der Arbeiter aus dem häuslichen Sektor in ihrem Heimatland ihrer Überausbeutung kein Ende setzen wird.

Schlußfolgerungen

Die Zuhilfenahme der häuslichen Produktion als Mittel zur Reproduktion der Arbeitskraft verwickelt den Kapitalismus in einen doppelten Widerspruch. Diese Zuhilfenahme geschieht nämlich auf zwei unterschiedlichen Ebenen: auf der einen versorgt sich der Kapitalismus mit unbezahlter Arbeitskraft, diese Ebene haben wir im zweiten Teil untersucht; auf der anderen verschafft er sich jenen für sein Funktionieren stets wesentlichen Artikel: den freien Arbeiter.

Kann der Kapitalismus unabhängig von diesem doppelten, ökonomischen und sozialen Zufluß aus dem häuslichen Sektor fortdauern?

Die Grundhypothese jeder Diskussion über den Lohn lautet, daß der Kapitalismus fähig ist, die Arbeitskraft anhand einer in seinem Schoß herangebildeten Bevölkerung zu reproduzieren. Auf lange Sicht kann der Arbeitslohn nicht niedriger sein als die Kosten der *sozialen* Reproduktion der Arbeitskraft, ohne die kapitalistische Reproduktion zu gefährden.

Freilich liegt es nach dem Vorstehenden auf der Hand, daß die historische Entwicklung des Kapitalismus bislang gegen dieses Gesetz verstoßen hat, sie erfolgte nämlich durch kontinuierliches Aufsaugen von Populationen aus dem häuslichen Produktionssektor.

Damit der Kapitalismus sich reproduzieren, d. h. gemäß der Logik seiner Entwicklung wachsen kann, müssen proportional auch die Produktivkräfte wachsen, auf die er sich stützt; in erster Linie muß die Arbeitskraft quantitativ wie qualitativ wachsen.

Der europäische Imperialismus löst dieses Problem durch eine Spaltung des internationalen Proletariats: den stabilisierten, urbanisierten Fraktionen der Arbeiterklasse wird eine Ausbildung oder eine selektive Erziehung zuteil, um ihre Produktivität zu steigern, während man sich von denen der kolonialen Zonen eine zahlenmäßige Steigerung verspricht.

Nun sind diese letzteren, wie wir gesehen haben, zwar wenig qualifiziert, dafür aber billig aufgrund ihrer Fähigkeiten, ihre Reproduktion ganz oder teilweise durch die unbezahlte Arbeit zu gewährleisten, die sie auf die ihnen belassenen landwirtschaftlichen Produktionsmittel anwenden. Wenn der Kapitalismus mittels der imperialistischen Ausdehnung über einen kontinuierlichen Zufluß von frisch aus exogenen Sektoren kommenden und sofort bei Betreten des Arbeitsmarkts in Konkurrenz zueinander gebrachten Arbeitern verfügt, sichert er seine Reproduktion auf Kosten dieser Populationen, die er, statt sie zu integrieren, um ihre Erneuerung zu begünstigen, auf destruktive Weise ausbeutet. Aufgrund der dieser Art der Überausbeutung innewohnenden Widersprüche (Bildung einer Arbeitsrente innerhalb der kapitalistischen Produktionsweise) erfahren diese Populationen einen sozialen, politischen und häufig physischen Verfall, der mit dem Verfall der häuslichen Produktionsweise einhergeht, in die sie nichtsdestoweniger unaufhörlich zurückgestoßen werden.

Die Überausbeutung der Arbeit gründet in den von uns erwähnten Fällen (Europa, Südafrika) auf einer Organisation, Regelung und Verwaltung, die ihren organischen und regelmäßigen Charakter enthüllen. Die Politik des "Kapitalexports" in die Länder mit landwirtschaftlicher Dominanz, eine Politik, deren Ausbreitung wir gegenwärtig beobachten, zielt ebenfalls darauf ab, von der Überausbeutung der Arbeit zu profitieren; doch die diffuse Niederlassung von Unternehmen in unterverwalteten Zonen, die Konkurrenz zwischen den verschiedenen nationalen oder transnationalen Industriesektoren gestatten es nicht, die Rotation der ländlichen Arbeitskraft in gleichem Maße zu kontrollieren.

Die Beschleunigung der Industrieniederlassungen in den unterentwickelten Ländern beschleunigt auch die destruktive Ausbeutung der Arbeitskraft auf Kosten einer Politik der Bewahrung, deren Grenzen wir bereits aufgezeigt haben.

Jeder Ort, an dem der Kapitalismus sich niederläßt, verursacht unmittelbar eine Landflucht, die die Tendenz hat, die Oberhand über die Rotationswanderungen zu gewinnen und auf wachsender Stufenleiter die gleichen Zerrüttungen und das gleiche Elend hervorzurufen wie die "industrielle Revolution" in Europa, was die Ressourcen der Hauswirtschaft rasch erschöpft (Labour Advising Board of Lagos, 1945).

Die internationale Bourgeoisie ist heute im Weltmaßstab, wie vor hundert Jahren im europäischen Maßstab, nicht in der Lage, der durch die Ausdehnung des Kapitalismus verursachten Landflucht immer und überall Herr zu werden. Diese nimmt im Gegenteil solche Ausmaße an, daß die Ökonomie ganzer Länder oder Subkontinente unter den Auswirkungen der Enteignung der imperialistischen Landwirtschaftspolitik und der Kolonialkriege beim geringsten klimatischen oder politischen Zwischenfall den schlimmsten Hungersnöten ausgesetzt ist, die zu einer faktischen Enteignung eines Teils der Landbevölkerung führen, deren Ausmaß in keinem Verhältnis zu den Beschäftigungsmöglichkeiten der lokalen Industriesektoren steht. Die Häufung solcher Katastrophen, die daraus folgenden Fluchtbewegungen und vor allem der Hunger und der Tod von Millionen Menschen können von den Institutionen des internationalen Kapitalismus nicht gebannt werden.

Die Lösung dieser Situation durch den amerikanischen Imperialismus, eine Lösung, die sich den anderen abhängigen Imperialismen aufzudrängen neigt, ist die Unterdrückung in all ihren Formen, der neokoloniale Krieg, die Errichtung von repressiven und diktatorischen Regierungen, die Domestizierung der Völker durch die Institutionalisierung der Folter und des Mords.[1]

Man tut gut daran, sich zu erinnern, daß uns ein solches Modell tödlicher Ausbeutung der Arbeit, durch die Umstände auf die Spitze getrieben, vom Nazi-Deutschland vorgeführt worden ist. Durch den Versailler Vertrag in seine nationalen Grenzen zurückgedrängt, unternahm es der deutsche Imperialismus, Europa zu kolonisieren und hier die imperialistischen Methoden der Überausbeutung der Arbeit anzuwenden, und zwar um so heftiger, als sie industrialisierten Populationen galten, die sich folglich besser organisieren konnten, sowie unter einem historischen Umstand – dem totalen Krieg –, der ihr Wesen offenbarte. Ein Teil der Arbeitskraft Nazi-Deutschlands wurde nach dem System der Rotationswanderungen reproduziert, durch den Zwangsarbeitsdienst; ein anderer durch eine endgültige und verhängnisvolle Emigration. Die Konzentrationslager, die, wie man allzu leicht vergißt, Arbeitslager waren, wurden zu Stätten auf ihre logische Spitze getriebener kapitalistischer Ausbeutung. Als Zulieferer fast kostenloser Arbeitskraft für die Krupp, Thyssen, IG-Farben und andere wurden diese Lager mit Männern, Frauen und Kindern gefüttert, die quer durch das kolonisierte Europa zusammengerafft und bis zur physischen Erschöpfung ausgebeutet und physisch liquidiert wurden, sobald sie nicht mehr arbeiten konnten, was dem deutschen Kapitalismus die Kosten für den Unterhalt der Kranken, Invaliden oder Alten ersparte.[2]

Mit der Zeit führt der Imperialismus als Mittel zur Reproduktion der billigen Arbeitskraft den Kapitalismus in eine entscheidende Krise, denn obzwar die Weltbevölkerung viele Millionen Individuen zählt, die er noch nicht direkt beschäftigt –: wie viele von ihnen sind aufgrund der sozialen Umwälzungen, der Kriege und Hungersnöte, die er mit sich bringt, noch in der Lage, für ihren Unterhalt zu sorgen und ihre Kinder zu ernähren? Wenn diese Arbeitskraft aus dem häuslichen Sektor physisch und sozial erschöpft sein wird, wenn diese ausgelaugten, hungernden Populationen verschwinden oder allesamt in übervölkerten Städten von der "Nahrungshilfe" leben werden, dann werden auch die "Puffer" der rassistischen Theoretiker der Überausbeutung ebenso wie die "Entspannung à la Pompidou" vom Arbeitsmarkt verschwunden sein. So wie die Stabilisierung der Wanderarbeiter zu einer Verteuerung der Arbeitskraft führt, so verursacht die wachsende Inte-

gration der Weltarbeiterschaft in den kapitalistischen Sektor, selbst wenn sie an der Schwelle des physiologischen Elends steht, ein empfindliches Sinken der Profitrate. Wenn der Kapitalismus aber dieses historischen Zuflusses an außerhalb seiner Sphäre produzierten Arbeitswerts beraubt ist, des wichtigsten Mittels, das ein Sinken der Profitrate bremst, wird er sich dann als eine zu kostspielige Produktionsweise herausstellen, als daß er, wie zu Anfang, die Produktivkräfte mobilisieren, also den Fortschritt garantieren könnte? Die kommende Krise zeichnet sich ab in den uns bekannten Krisen, die dem Rückgang dieses Zuflusses an Arbeitskraft, ihrer Stabilisierung auf verschiedenen Integrationsstufen entsprechen, falls sie sich nicht im Krieg und in der Zerstörung als Mitteln zur Züchtigung widerspenstiger Völker und im Hunger als Lösung des Problems der Überbevölkerung manifestiert.
Durch diese Politik des Verschleißes und der Zerstörung der menschlichen Produktivkräfte verurteilt sich der Kapitalismus selbst. Doch die totalitäre Ausbeutung der Menschen durch den Menschen verurteilt an ihrem Ende die gesamte Menschheit mit ihm. Die verhängnisvolle und letzte Krise des Kapitalismus, auf die manche wie auf eine Erlösung warten, wird uns in jene Barbarei stürzen, die Marx als Alternative zum Sozialismus vorausgesehen hatte, wenn sich das Weltproletariat nicht organisiert, um ihr Einhalt zu gebieten: Eine Barbarei, die das Nazi-Reich vorgezeichnet und die internationale Bourgeoisie, vorneweg die amerikanische, überall reaktiviert hat, wo sich unter ihrer Rute Diktaturen eingenistet haben, welche die imperialistische Ordnung hüten.

Der zweite Widerspruch, dem sich der Kapitalismus in seiner Entwicklung konfrontiert sieht, ist die hartnäckige Verwendung der Familie auch in den fortgeschrittensten Gesellschaften als Ort der Reproduktion jenes sozialen Ingrediens, von dem er sich bislang ernährt hat: des freien Arbeiters.
Nachdem sich die Institution der Familie als Träger der landwirtschaftlichen Produktionszelle herausgebildet hatte, hat sie sich in immer neuen Formen als der soziale Träger des Erbes der Handels-, Grundstücks- und schließlich Industriebourgeoisien fortgepflanzt. Sie eignete sich für eine Übertragung des Erbes und des Kapitals, deren langewährende Verwechslung ihre Fortdauer ermöglichte.
Doch heute besitzt die Familie, abgesehen von einigen bürgerlichen Kreisen, keine ökonomische Infrastruktur. Sie hat keine Güter und folglich auch keine patriarchalische Ideologie zu übertragen, die ihren Besitz und ihre Verwaltung rechtfertigen würde. In den Volksschichten pflanzt sich die Familie nach dem ethischen Modell und in dem ideologischen und juristischen Rah-

men fort, den die herrschende Klasse durchgesetzt hat, denn sie bleibt die Institution, in deren Schoß die Kinder dank der weitgehend freiwilligen Arbeit der Eltern und vor allem der Mutter geboren, ernährt und erzogen werden. Sie bleibt der Ort der Produktion und der Reproduktion der Arbeitskraft. Wiewohl jeder anderen produktiven Funktion beraubt, findet man in der ehelichen Familie dasselbe Paradox einer organischen Verbindung von häuslichen Reproduktionsverhältnissen und kapitalistischen Produktionsverhältnissen.

Die Beziehungen, die zwischen den zur ehelichen Reproduktion der Arbeitskraft, d. h. zur Produktion einer Ware verpflichteten Partnern herrschen, entsprechen freilich nicht den vertraglichen Normen, die das Unternehmen charakterisieren: die ehelichen Verhältnisse sind persönlicher Art, kein Vertrag bindet die Parteien bezüglich der Arbeitszeit, der Verteilung der häuslichen Pflichten oder ihrer Entlohnung. Die legalen Heiratsverträge regeln lediglich die Bestimmung des Erbes, sie übersehen die im Haushalt geleistete Arbeit, die legal für null und nichtig gilt. Die Verwaltung des Familienbudgets ist Privatangelegenheit, noch weitgehend abhängig von der Willkür des Ehemanns. Die Arbeit, welche die Ehefrau zur Produktion des Kindes, des künftigen Produzenten, aufwendet, wird niemals auf der Basis eines Lohns bezahlt, d. h. nach der tatsächlich für diese Produktion aufgewendeten Zeit (1973 schätzte man den monatlichen Preis dieser Arbeitskraft auf durchschnittlich 3 000 Francs).

Vor allem ist die so produzierte Arbeitskraft, wiewohl Ware auf dem Arbeitsmarkt, von ihren Produzenten nicht kommerzialisierbar. Denn legal befreit die Volljährigkeit den Nachkömmling von jeder Verpflichtung gegenüber seinen Eltern, von dem Augenblick an, da er die produktive Schwelle erreicht. Legal dürfen seine Arbeitskraft nur diejenigen ausbeuten, die über die kapitalistischen Produktionsmittel verfügen und damit in der Lage sind, ihm eine Beschäftigung zu bieten. Die Kosten für die Herstellung des Produzenten werden niemals in kapitalistischen Termini, als private Investition verbucht oder als geeignet betrachtet, durch den Verkauf einen Gewinn abzuwerfen oder dem Produzenten des Produzenten Zinsen zu bringen. Da die Familie kein Unternehmen ist, genießt sie keine der den Gesellschaften zugestandenen Vorteile. Außer im Fall der bürgerlichen Familie, die ein Unternehmen besitzt, folglich imstande ist, ihre Nachkommen zu beschäftigen, erfolgt die Investition der Eltern in die Reproduktion der Arbeitskraft unter Verzicht auf Rückerstattung.

Die kapitalistische Produktionsweise hängt also für ihre Reproduktion von einer Institution ab, die ihr fremd ist, die sie jedoch bislang aufrechterhalten hat, da sie dieser Aufgabe am besten gerecht wird und, bisher, die wirtschaftlichste ist, aufgrund der kostenlosen Mobilisierung der Arbeit –insbesondere der weiblichen Arbeit – sowie durch die Ausbeutung der affektiven Gefühle, welche die Eltern-Kind-Beziehungen noch immer beherrschen.

Da die Volljährigkeit den Nachkömmling von jeder wiedergutmachenden Verpflichtung gegenüber seinen Erzeugern befreit, liegt es im Interesse des Kapitalismus, diese Volljährigkeit auf den Zeitpunkt festzulegen, da der Heranwachsende das körperliche Alter der Produktion erreicht hat, um die Dauer seines aktiven Lebens maximal zu verlängern und den Gewinn seines eventuellen Arbeitslohns so bald wie möglich den Eltern zu entziehen (während sich seine spätere geistige Ausbildung leichter außerhalb der Vormundschaft der Familie lenken läßt). Der Begriff der Volljährigkeit – den es in der häuslichen Gesellschaft nicht gibt – setzt legal auch den Augenblick fest, in dem auf dem Arbeitsmarkt auftaucht, was Marx den "freien Arbeiter" genannt hatte.

Die "Befreiung" der weiblichen Arbeitskraft hat ähnliche Vorteile, deren Auswirkungen jedoch noch radikaler sind. In den fortgeschrittenen kapitalistischen Ländern erlaubt es die weibliche Arbeitskraft, die Kosten für die Ausbildung zurückzugewinnen, welche die Frauen in der Schule oder auf der Universität erhalten haben und die sie am häuslichen Herd mehr persönlich und kulturell denn produktiv nutzen. Denn an einem gewissen Punkt macht es die Familienpolitik für den Kapitalismus weniger vorteilhaft, die Mutter im Haushalt zu beschäftigen – wo sie nur über ertragsarme Produktionsmittel verfügt – als im kapitalistischen Arbeitssektor, wo sich ihre Fähigkeiten besser ausbeuten und die Kosten des öffentlichen Schulwesens besser amortisieren lassen.[3]

Der Zugang der Frauen zu den Familienbeihilfen, die Schaffung von Infrastrukturen, die sie von bestimmten Hausarbeiten befreien, Kinderkrippen usw. begünstigen die Auflösung der Familie. Das Zusammenleben der Eheleute erweist sich ökonomisch wie kulturell als immer weniger notwendig, zuweilen sogar als nachteilig.[4] Dann ersetzt der Staat die vereinsamte Mutter mehr und mehr in ihren erzieherischen Aufgaben durch Spezialisten, die mit einer größeren Zahl von Kindern rentabler arbeiten.

Der Kampf der Jugendlichen und der Frauen um ihre Emanzipation (so fortschrittlich er ist, insofern er sich dem Klassenkampf unterordnet, um ihn zu verstärken) geht objektiv in die Richtung der sozialen Entwicklung des Kapitalismus, der niemals aufgehört hat, seine freien Arbeiter durch den fortschreitenden Abbau der Vorrechte der Hausgemeinschaft, des Patriarchats, dann des Vaters (und heute der Mutter) zu rekrutieren, indem er die Abhängigen immer frühzeitiger in die Emanzipation entläßt, um sie desto schneller den Lohnherren auszuliefern. Diese von der Bourgeoisie der fortgeschrittenen Länder unterstützte Emanzipation liegt in der Logik der historischen Entwicklung des Kapitalismus und gereicht ihm, weit entfernt, ihm zuwiderzulaufen, unmittelbar zum Vorteil. Denn auch wenn die patriarchalische Familie bislang der privilegierte und einzige Ort der Reproduktion der Arbeitskraft gewesen ist, wenn sie häufig noch heute eine repressive und autoritäre, der napoleonischen und militärisch-tayloristischen kapitalistischen Ordnung förderliche Ideologie mit sich schleppt (Reich, 1933), so bedarf sie ihrer heute immer weniger.[5]

Auch hier hat das Nazi-Deutschland Pionierarbeit geleistet. Der *Lebensborn* war, unter dem ideologischen Deckmantel des Rassismus, auch das Experiment einer streng kapitalistischen Produktion der Arbeitskraft, da in diesem Unternehmen die Familie immer stärker in den Hintergrund trat. Doch diese logische Entwicklung des Kapitalismus trägt ihren eigenen Widerspruch in sich, denn sie verändert die tiefe Natur der Produktionsverhältnisse, indem sie sie von jeder Freiheit säubert. Wenn mit der Familie die Bindungen persönlicher Unterwerfung verschwinden, so verschwindet auch der freie Arbeiter, d. h. der Arbeiter, der sich von diesen Fesseln befreit hat – von denen er sich jedoch gänzlich nur befreit, um in die totale Entfremdung gegenüber dem Lohnherrn zu fallen. Diese Perspektive ist die eines Wiederauflebens der Sklaverei in fortgeschrittener Form, in der die Produktion des Produzenten ausschließlich in den Händen der herrschenden Klasse liegt. So kann der Arbeitgeber oder der Staat, je nach den Bedürfnissen der Produktion, bestens über ihn verfügen, ihn hinschicken, wo es ihm beliebt, ihn formen, wie es ihm beliebt, und ihn rechtmäßig nach seinem Belieben ausschalten. In dieser Perspektive, in der die Arbeitskraft erst wirklich zur Ware wird, unter kapitalistischen Produktionsbedingungen produziert, mischen sich der Staat und der kapitalistische Unternehmer bereits heute in die geheimsten Winkel des Privatlebens ein.[6] Sie verwalten Geburt, Krankheit, Tod, Gefühle. So bedroht, erscheint die Familie aufgrund der wenigen affektiven Beziehungen, die sie noch bewahrt, allmählich als eine der letzten Bastionen der individuellen Freiheit. Freilich eine sehr empfindliche Bastion, denn nichts prädestiniert sie mehr, den zersetzenden Geldverhältnissen Widerstand zu leisten. Daß dem so ist, zeigt das ganze Ausmaß der totalitären Bedrohung, die der Kapitalismus darstellt. Jener Totalitarismus, den die Bourgeoisien wie eine Vogelscheuche vor den Massen schwenken, wenn sie das Beispiel der bürokratischen Sozialismen beschwören, schleicht sich, und zwar noch unmenschlicher, in die voraussehbare Veränderung des Kapitalismus ein, durch die notwendige Zerstörung aller affektiven Beziehungen. An deren Stelle kann er nur die Barbarei der absoluten "Rentabilität" setzen, die letzte Form der Metamorphose der Menschen in Kapital, ihrer Kraft und Intelligenz in Waren und der "wilden Früchte der Frau" in Investitionen.

Paris, Mai 1975

Anmerkungen

KAPITEL 1/0

1 "In den primitiveren Gemeinwesen wird die Arbeit gemeinsam verrichtet und das gemeinschaftliche Produkt bis auf den für die Reproduktion reservierten Anteil je nach den Bedürfnissen aufgeteilt" (Marx, 1881, S. 403).
"Je tiefer wir in der Geschichte zurückgehen, je mehr erscheint das Individuum, daher auch das produzierende Individuum, als unselbständig, einem größren Ganzen angehörig: erst ... in der Familie und in der zum Stamm erweiterten Familie; später in dem aus dem Gegensatz und Verschmelzung der Stämme hervorgehenden Gemeinwesen in seinen verschiedenen Formen" (Marx, 1859, S. 616).
"In den ältesten, naturwüchsigen Gemeinwesen konnte von Gleichberechtigung höchstens unter den Gemeindemitgliedern die Rede sein; Weiber, Sklaven, Fremde waren von selbst davon ausgeschlossen" (Engels, 1877-1878, S. 96).
"Alle anderen [archaischeren] Gemeinwesen beruhen auf Beziehungen der Blutsverwandtschaft zwischen ihren Mitgliedern. Man gehört zu ihr nur, wenn man blutsverwandt oder adoptiert ist. Ihre Struktur ist die eines Stammbaums" (Marx, 1881, S. 403).
"Jene uraltertümlichen, kleinen indischen Gemeinwesen z. B., die zum Teil noch fortexistieren, beruhn auf gemeinschaftlichem Besitz des Grunds und Bodens, auf unmittelbarer Verbindung von Agrikultur und Handwerk und auf einer festen Teilung der Arbeit, die bei Anlage neuer Gemeinwesen als gegebner Plan und Grundriß dient. Sie bilden sich selbst genügende Produktionsganze... Die Hauptmasse der Produkte wird für den unmittelbaren Selbstbedarf der Gemeinde produziert, nicht als Ware, und die Produktion selbst ist daher unabhängig von der durch Warenaustausch vermittelten Teilung der Arbeit... Der einfache produktive Organismus dieser selbstgenügenden Gemeinwesen, die sich beständig in derselben Form reproduzieren und, wenn zufällig zerstört, an demselben Ort, mit demselben Namen, wieder aufbauen, liefert den Schlüssel zum Geheimnis der Unveränderlichkeit asiatischer Gesellschaften... Die Struktur der ökonomischen Grundelemente der Gesellschaft bleibt von den Stürmen der politischen Wolkenregion unberührt" (Marx, 1867, S. 378 f.).
2 Dies ist offenkundig ein Sprachmißbrauch.
3 Diesem Gesetz zufolge passen die bäuerlichen Familien ihre Anstrengungen ihren Bedürfnissen an; es besteht ein Grenzgleichgewicht zwischen der Mühe, die eine zusätzliche Anstrengung erheischt, und der Befriedigung, welche das Produkt dieser Anstrengung gewährt. Tschayanoff, der seine Analysen auf die russische Bauernschaft des beginnenden 20. Jahrhunderts stützt, äußert sich vorsichtig über die Anwendbarkeit dieses Gesetzes auf das Modell des antiken *oïkos* (1925, S. 22).
4 Keine zeitgenössische "primitive" Gesellschaft besitzt jedoch eine mit der der prähistorischen Gesellschaften vergleichbare Steinindustrie. Nichts erlaubt die Vorstellung, daß sie ein und denselben ökonomischen Kategorien unterstehen.

KAPITEL I,1

1 Exogamie: Heirat außerhalb der Zugehörigkeitsgruppe.
2 Der "Frauentausch" ist nur der Sonderfall eines allgemeineren Phänomens, nämlich der Mobilität der heiratsfähigen Individuen beiderlei Geschlechts. Die Mobilität der geschlechtsreifen Frauen vor der der Männer ist weder notwendig noch universell.
3 F. Korn (1973, S. 15) demonstriert den tautologischen Charakter der Argumentation von Lévi-Strauss, der im Inzest die Grundlage des Prinzips der Gegenseitigkeit *und* der präskriptiven Systeme sieht.
4 Middleton (1962) führt zu diesem Thema ernstzunehmende Elemente an. Er erinnert daran, daß Firth schon 1936 die Relativität des Inzests behauptet hatte.

[5] R. Needham (1974) meint, daß die Verbote bezüglich des Inzests zu verschieden sind, um *a priori* als universell gelten zu können und einer allgemeinen Theorie zu unterstehen (S. 62 f.). Ihm zufolge sind die moralischen Vorschriften für bestimmte Frauen das Negativ der Regeln, die den Zugang zu ihnen bestimmen.

[6] Hervorhebungen von mir.

[7] Leroi-Gourhan wies hier deutlich auf eine Forschungslinie hin, die weiterhin vernachlässigt wird, und zwar aus Gründen, die er bereits zum Ausdruck brachte, als er bemerkte, daß in den Humanwissenschaften "die techno-ökonomische Infrastruktur nur insoweit ins Spiel gebracht wurde, als sie auf eindringliche Weise den Überbau der matrimonialen Praktiken und der Riten kennzeichnete... So daß der Prestigetausch besser bekannt ist als der Alltagstausch, die rituellen Leistungen besser als die banalen Dienstleistungen, die Zirkulation der Geschenkmünzen besser als die des Gemüses, das Denken der Gesellschaften weit besser als ihr Körper" (S. 210).

[8] Die punktuelle Ökonomie war bereits Gegenstand früherer Ausführungen, die ich hier nur in einigen Punkten ergänze (Meillassoux, 1967, und engl. Übersetzung, 1973).

[9] Das Wort "Erde" ist hier im Sinne der natürlichen Umwelt zu verstehen, die den Produzenten umgibt. Marx bezieht ausdrücklich das Wasser ein.

[10] Das gleiche gilt offenkundig für den Fischfang. Allerdings scheint dieser mit seßhafteren und kompakteren Formen sozialer Organisation verbunden zu sein als die zynegetische Ökonomie, so daß man sie nicht *a priori* auf dieselben Kategorien zurückführen kann (vgl. Sauer, 1969, der im Fischfang eine dem Ackerbau vorausgehende Form sieht, was er mit überzeugenden Belegen untermauert; Rivière, 1974).

[11] Turnbull führt den Begriff "Fluxus" ein, um diese Mobilität der Individuen zwischen den Horden zu charakterisieren (in: Lee und Devore, 1968, S. 132 ff.).

[12] Die von Turnbull (1965) beschriebenen *elima-* und *molimo-*Zeremonien sind, wie es der Autor deutlich präzisiert und wie ihr Name anzeigt, Entlehnungen von den Bantu, Turnbull weist nach, daß sie einen Prozeß der Identifizierung mit den Populationen enthüllen, die sie beherrschen. M. Godelier analysiert sie jedoch, als würden sie zu der ursprünglichen Kultur der Mbuti-Jäger gehören (1973 *a*).

[13] Als Reaktion auf eine damals vorherrschende Theorie behauptete Malinowski (1927, S. 184 [S. 177 f.]), daß sich die "Geselligkeit" durch Ausdehnung der (von den Tieren ererbten) Familienbande und nicht aus dem "Herdentrieb" entwickelt. Vgl. dagegen Reich (1932, S. 17): "Die Familie stand nicht ... am Ursprung der Zivilisation."

[14] Williams (in: Lee und Devore, 1968, S. 130) stellt ausdrücklich diese Sprachverschiebung fest.

[15] "Das Wort 'Verwandtschaft' ... kennzeichnet keine identifizierbare Klasse von Phänomenen oder einen bestimmten Typus von Theorie... Es hat eine ungeheure Vielfalt an Verwendungen... Anders gesagt, der Terminus 'Verwandtschaft' ist ein 'Rumpelkammer'-Wort und kann nur Verwirrung stiften, wenn wir ihm eine spezifische Funktion zuerkennen... Das Wort hat in Wahrheit keinerlei analytischen Wert... Es existiert keine Verwandtschaft, woraus folgt, daß es keine Theorie der Verwandtschaft geben kann."

[16] "Ähnliche Überlegungen gelten für den Begriff der Heirat."

[17] "Die ausführliche Diskussion über die Deszendenz und die Filiation... hat zu keiner adäquaten Verallgemeinerung geführt, nicht einmal ein relatives Verständnis der Deszendenz-Systeme ermöglicht... Die Versuche zur Klärung und Verfeinerung des anthropologischen Begriffs der Deszendenz als eines zentralen analytischen Begriffs werden wohl kaum Erfolg haben, weil er sich auf zu viele analytische Ebenen erstreckt und zu viele Rückwirkungen einschließt."

[18] *Kin* ist ein der englischen Aristokratie entlehnter Terminus (Gould und Kolb, 1964).

[19] So den Terminus "Bruder", der die Zugehörigkeit zu einer funktionalen Altersgruppe in der Horde sowie die Zugehörigkeit zu einer Generation bezeichnen soll, die sich auf einen gemeinsamen Ahnen der Linie bezieht. Es ist sehr aufschlußreich, solche Probleme auf die Arbeiten von E. Benveniste zu beziehen. Siehe insbesondere seine Untersuchungen über den Begriff "Bruder" und "Schwester" (Benveniste, 1969, S. 213 ff., S. 220 ff.; siehe auch Jaulin, 1974, II, S. 142).

[20] "Unter elementaren Strukturen der Verwandtschaft verstehen wir die Systeme..., welche die Heirat mit einem bestimmten Typus von Verwandten vorschreiben oder, wenn man lieber will, Systeme, die zwar alle Mitglieder der Gruppe als Verwandte

definieren, diese jedoch in zwei Kategorien unterteilen: mögliche Gatten und verbotene Gatten" (Lévi-Strauss, 1967, Kap. IX).

21 Eine Gesellschaft ist in *Hälften* geteilt, wenn sie in sich zwei Hauptkategorien unterscheidet – die möglicherweise in Untersektionen unterteilt sind –, mit denen alle Individuen, Mitglieder dieser Gesellschaft, gemäß einer Verwandtschaft verknüpft sind, die sich durch die ihrer Erzeuger definiert, und zwischen denen die Paarung je nach Fall unratsam oder verboten ist. Es handelt sich um eine reine Taxonomie, denn die Individuen ein und derselben *Hälfte* leben nicht unbedingt in derselben Horde oder in getrennten Horden. Die Ethnologen haben auf diesem System Kombinationen konstruiert, die, da mehrere Generationen zurückreichend, so kompliziert werden, daß nur die höhere Mathematik sie lösen kann. In der Praxis scheinen diese Verbote häufig übertreten zu werden, die Zugehörigkeiten zweckgemäß zu wechseln und die Individuen in Wahrheit sich lediglich von einer Generation zur anderen in diesen Termini zu definieren.

22 Ohne daß dies für mich irgendeine Gleichsetzung von Menschen und Hominiden impliziert. Der Begriff einer sozialen oder kulturellen Kontinuität zwischen Mensch und Tier sowie die herrschende Vorstellung der zeitgenössischen Ethologie, der zufolge es möglich ist, bei den Tieren den Ursprung einiger unserer sozialen Institutionen und Verhaltensweisen zu finden, gründet auf einem impliziten Anthropozentrismus, den Beispiele aus ganz verschiedenen und aus ihrem Zusammenhang gerissenen Gattungen illustrieren. Dieser scheinbar naive Anthropozentrismus führt noch entschiedener als der Ethnozentrismus der Ethnologen geradewegs zu einem ausweglosen naturalistischen Determinismus sowie zu den totalitären Doktrinen der Macht.

23 Für einen Vergleich bezüglich des Funktionierens der beiden Formeln sowie der Widersprüche, die sie zur Folge haben, vgl. die ausgezeichnete Studie von A. Marie (1972).

24 Das In-Pflege-Geben, das es ermöglicht, die Reproduktion dadurch zu erhöhen, daß man die Kinder, die eine Mutter in der Zeit gebiert, in der sie noch ein zuvor geborenes Kind stillt, einer Frau anvertraut, die Milch, aber keine Kinder hat, scheint nur innerhalb der polygynischen Großfamilie Norm werden zu können, d. h. innerhalb der Hausgemeinschaft.

25 Siehe 1. Teil, Kap. 2, II und III, die Ausführungen über die Bedingungen, unter denen die häuslichen Produktionsverhältnisse entstehen.

26 Man kann feststellen, daß diese Art des Vorgehens in den kriegerischen Gesellschaften, die auch den Raub praktizieren, für schändlich gilt, sobald es sich um Kämpfe unter Männern handelt.

27 Die "körperliche Schwäche" der Frauen, die man oft als Ursache ihrer inferioren Lage anführt, ist weit eher der aktuelle Widerschein ihrer sozialen Schwäche und Produkt einer jahrhundertealten Entwicklung als eine natürliche Unterlegenheit.

28 Jaulin (1970, II, S. 287) stützt sich auf Clastre und Lizot, die beide die Ideologie des guten Wilden vertreten, um allem Augenschein zum Trotz die Bedeutung des Kriegs bei den indo-amerikanischen Gesellschaften zu leugnen und somit ihr Bild als "verträgliche" Gesellschaften zu bewahren.

29 Die zivile Macht, die ich hier der kriegerischen Macht entgegensetze, entsteht aufgrund einer kollektiven Bewußtwerdung der politischen Probleme, die, mit Beibehaltung der Mittel einer ebenfalls kollektiven Entscheidung, entweder auf der Ebene der Gesellschaft in ihrer Gesamtheit oder auf der Ebene einer herrschenden Klasse gelöst werden müssen. Die kriegerische Macht dagegen, von der militärischen oder aristokratischen Macht unterschieden, ist diejenige, welche von dem Individuum ergriffen wird, das der größten Heldentaten, der größten Tapferkeit oder der größten Einschüchterung fähig ist; sie ist willkürlich und personalisiert.

30 Diese Entwicklung scheint sich z. B. im *boyo* der Motilone abzuzeichnen, die S. Pinton beschreibt (Jaulin 1973): bei näherer Untersuchung der Beziehung der Einwohner untereinander läßt sich nämlich feststellen, daß vier von acht Haushalten mit ein und demselben Mann verwandt sind, was einer Gesamtzahl von vier verheirateten Männern auf zehn und von acht verheirateten Frauen auf sechzehn entspricht. Doch die Fakten, die die Autoren anführen, wobei sie die sozialen Beziehungen zwischen dem *boyo* und ihrer Evolution völlig ignorieren und sich im übrigen auf dieses eine Beispiel beschränken, lassen nur Vermutungen über den Wert dieser Beobachtung zu.

31 Es handelt sich hier nicht um konventionelle Entführungen, die durch nachträgliche oder gar vorhergehende Übereinkommen geregelt werden, wie bei einigen Populationen üblich.
32 Die vielversprechendsten Arbeiten und Analysen der jüngsten Zeit scheinen mir folgende zu sein: Augé (1969, 1975), Etienne, der für die Bawle den Begriff der "kognatischen Gesellschaft" geprägt hat (1968, 1971 *a*, 1971 *b*), jedoch nicht erkennt, wie A. Marie (1972), daß das Problem der "Reziprozität" sich in matrilinearen und patrilearen Gesellschaften jeweils anders stellt.

I,2

1 Überwiegend, weil das Feuer erwähnt werden muß, das als Energiequelle bei einigen landwirtschaftlichen (Brandrodung) und handwerklichen Operationen Verwendung findet.
2 *Kollektive Produktionsmittel:* diejenigen, die der kollektiven Arbeit mehrerer Produktionszellen entspringen, aber danach im wesentlichen zur Befriedigung der Bedürfnisse jeder einzelnen von ihnen verwendet werden. (Das gilt z. B. für die Bewässerungsarbeiten, die eine Arbeitsinvestition mehrerer Gemeinschaften erheischen, doch deren Wasser später für die Produktion der Lebensmittel jeder Gemeinschaft genutzt wird.)
Gesellschaftliche Produktionsmittel: Produktionsmittel, die eine gesellschaftliche Arbeit konzentrieren und zur Herstellung eines für den Markt oder die Kollektivität im allgemeinen bestimmten Produkts im Rahmen einer sozialen Arbeitsteilung verwendet werden.
3 Entgegen dem Sprachgebrauch der französischen Ethnologen verwende ich den Terminus *affinité* (statt *alliance*) zur Bezeichnung der Beziehungen eines Individuums zu den Verwandten seines Gatten oder seiner Gattin, und *affin* (statt *allié*) zur Bezeichnung der Individuen, die in einer solchen Beziehung stehen (Littré).
Den Terminus *alliance* behalte ich den Beziehungen vor, die durch "Akte" (Eide, Pakte, Verträge) sanktioniert werden und außerhalb der Verwandtschafts- und Affinitätsbeziehungen geknüpft werden.
4 Der Verkauf des Patrimoniums, d. h. seine Verkehrung in Ware, ist ein außergewöhnlicher Akt, der selbst in unseren kapitalistischen Warengesellschaften besonderer Vorkehrungen und Garantien bedarf.
5 Soziale Arbeitsteilung liegt vor, wenn die Produktionszellen nur mittels des äquivalenten Austauschs ihrer Produkte für ihren Unterhalt sorgen können. In der häuslichen Gesellschaft besteht *Aufgabenverteilung.*
6 Zudem ein Begriff, der notwendig ist, um die Mechanismen der Überausbeutung zu verstehen, der diese Produktionsweise in der kolonialen Periode unterworfen sein kann (2. Teil, und Dupriez, 1973).
7 Dieses Phänomen hat M. Godelier nur unvollkommen erkannt (1973 *a*), denn er unterscheidet lediglich zwischen "Ware" und "Geschenkgütern".
8 Muß man präzisieren, daß diese Situation nicht in Widerspruch zum historischen Materialismus, sondern zum technologischen Determinismus steht, mit dem man ihn allzu oft verwechselt.
9 J.-P. Olivier de Sardan stellt in seiner Studie über die Wogo (1969) die Heirat in den Mittelpunkt des sozialen Systems.
10 Die Arbeiten, welche die soziale Organisation der Produktion in den häuslichen Gesellschaften exakt beschreiben, sind noch gering an der Zahl. Um so mehr ist hier auf das hervorragende Werk von E. Pollet und G. Winter (1971) hinzuweisen, das anhand einer gründlichen und detaillierten Untersuchung der Soninké des Diahunu eine theoretische Diskussion eröffnet, die einen wertvollen Beitrag zum dialektischen Materialismus in der Anthropologie darstellt. Obwohl es sich um eine Gesellschaft handelt, die Sklaverei betrieben hat und daher in einem anderen historischen Kontext steht, verweisen die Analysen und Beschreibungen des Funktionierens der Gemeinschaftsbeziehungen, die dort praktiziert werden, immer wieder auf die hier vorgetragenen Thesen.
Ebenso zu erwähnen sind die gegenwärtigen Untersuchungen von Jean Schmitz, die in derselben Perspektive stehen wie die hier vorgeschlagenen, obwohl sie ganz unabhängig konzipiert wurden.

(zu Seite 45 – 52)

[11] Für die Verwendung des Begriffs "menschliche Energie" statt "Arbeitskraft" siehe I,3.
[12] Da ihre Situation als Gattin ihr ganzes aktives Leben beherrscht und ihre Ehebeziehungen alle anderen überwiegen, tritt die Frau in den folgenden Analysen hinter ihrem Gatten zurück, dem Träger aller sozialen Beziehungen. Das Produkt ihrer Arbeit wird dem des letzteren assimiliert. Unter "Produzent" ist also ökonomisch der mono- oder polygame Haushalt und politisch der Gatte zu verstehen.
[13] Selten findet man in der ethnologischen Literatur Einzelheiten über den Zugang zum Saatgut.
[14] Daher das Aufblühen des Rechts um die väterliche Filiation, die sonst auch nicht den Anflug von Existenz hätte.
[15] In der Praxis sind solche Übereinkünfte mit großen Schwierigkeiten in der Anwendung verbunden, was die Unterordnung der Verwandtschaft unter andere, zwingendere Erfordernisse als die juristischen Regeln bezeugt.
[16] Die Studien von M. Douglas bei den Lele (1963) veranschaulichen diese Entwicklung.
[17] J.-Y. Martin weist sehr präzise die Existenz solcher matrimonialer Areale bei den Mataram nach (1970), innerhalb derer 80 bis 90 % der Ehen geschlossen werden.
[18] Weiter unten (I,3,IV) werde ich auf die Bedingungen für das Funktionieren des multilateralen Tauschs zurückkommen.
[19] Siehe insbesondere den Fall der Soninke, den Pollet und Winter erklären (1971, S. 387), oder den der Guro (1964, S. 123 ff.).
[20] Heiraten zwischen Vettern, die in einigen Gesellschaften herkömmlicherweise bevorzugt werden.
[21] Die patriarchalische Ideologie oder die Religion löst dann die verwaltende Autorität ab, um die Macht des Ältesten zu stützen und zu stärken.
[22] P. Bonte (1973, S. 93) betont allerdings gegen P.-P. Rey die Unfähigkeit der Linien-Gesellschaft, demographische Unfälle auszugleichen.
[23] Siehe die Ausführungen von E. Benveniste über den ernährenden Souverän (1969, II, S. 85).
[24] Der väterliche Fluch, eine in diesem Gesellschaftstypus häufig vorkommende Institution, ist eine der Arten des Bruchs der Verwandtschaftsbande.
[25] Erinnern wir an die Überlegungen von Nadel (1942, S. 3 ff.) über den entscheidenden Einfluß der Ökonomie auf die Verwandtschaft bei den Nupe. Siehe auch Glickman (1971).
[26] Es ist anzumerken, daß der Begriff "Bruder" in der Verwandtschaftsterminologie der Bauerngemeinschaften sich zu präzisieren neigt, um den "älteren" Bruder vom "jüngeren" Bruder zu unterscheiden. Diese kollaterale Filiation stellt sich niemals zwischen den Frauen her, deren Funktionen als Produzentinnen nicht institutionell anerkannt sind.
[27] Der Prozeß des Auftauchens der Erbfolge über den erstgeborenen Sohn geht immer äußerst langsam vonstatten und ist von blutigen dynastischen Streitigkeiten begleitet. Die afrikanische Geschichte ist voll von solchen Bruderkriegen, die sich beim Tod des Souveräns die Thronbewerber liefern, womit sie durch das Blut die kollaterale Filiation in lineare Filiation verwandeln. Denn wie läßt sich auf Anhieb zwischen dem Erstgeborenen klassifikatorischer Brüder, dem Älteren des ältesten Bruders, dem Ältesten der ersten Gattin usw. unterscheiden (Bruyas, 1966)?
[28] Diese Schlußfolgerung ergibt sich aus einem bei den Proto-Marxisten recht häufigen Verfahren. Von der Vorstellung ausgehend, daß eine Produktionsweise notwendig auf der Kontrolle über die materiellen Produktionsmittel – gemäß dem kapitalistischen Modell – beruht, schreibt man der Erde eine zentrale Position zu. Indem man richtig feststellt, daß sich die Verteilung der Erde nach der sozialen Organisation richtet und nicht umgekehrt, bezeichnet man, ohne weiter nachzuforschen, die sozialen Strukturen als "Unterbau".

I,3

[1] Der für die Aussaat bestimmte Teil zirkuliert nicht unter den Produzenten und erneuert sich normalerweise von Zyklus zu Zyklus. Er dient in meiner Beweisführung lediglich als Gedächtnisstütze. Ebenso stelle ich die Hypothese auf, daß die gesellschaftlichen Tätigkeiten, mittels derer ein Teil der Lebensmittel Mitgliedern außerhalb der Gemeinschaft offeriert werden, eine Reziprozität seitens der Nutznießer nach sich ziehen, so daß es zu keinem Verlust kommt (vgl. Jaulin, 1966). Dieser Teil erscheint also nicht in den folgenden Formeln.
[2] Fügen wir noch den Teil hinzu, der gelagert wird, um defizitäre Jahre auszugleichen, und der über eine längere Periode eine regulierende Rolle spielt. Diese Lagerung ändert nichts an den Grundgegebenheiten des hier behandelten Problems. Für den zum Unterhalt der Nachproduktiven benötigten Teil siehe unten, I, 3, III.
[3] Es liegt auf der Hand, daß das Volumen der Konsumtion nach Alter und Geschlecht wechselt. Will man diese Formel auf Zahlen anwenden, so genügt es, den entsprechenden Koeffizienten mit α zu versehen.
[4] Die Teilung in produktive und nicht produktive Altersklassen ist in der Realität nicht deutlich gezogen: ein Kind nimmt sehr frühzeitig an bestimmten landwirtschaftlichen Tätigkeiten teil (Beaufsichtigung der Felder, leichte Hausarbeiten usw.), bevor es ein ausgewachsener Arbeiter ist. Ebenso arbeitet der Greis innerhalb seiner Möglichkeiten bis ins hohe Alter weiter. Diese zeitliche Staffelung der Aktivität ist in unserer Formel zu herkömmlichen Perioden zusammengefaßt.
[5] Die jeweiligen Mengen E_b, E_i, E_d hängen von dem Produktionsniveau ab, welches die Gemeinschaft erreicht hat. Eine Verbesserung der Werkzeuge erhöht E_i zugunsten einer Verminderung von E_b und einer Verbesserung der landwirtschaftlichen Techniken.
[6] Damit $E_d + E_r$ auftaucht, muß unsere Eingangshypothese beachtet werden, nämlich eine Agrikultur, deren Produktivität hoch genug ist, um den für den Unterhalt und die Reproduktion ihrer Mitglieder sowie für die Wiederholung des landwirtschaftlichen Zyklus notwendigen Nahrungsbedarf zu decken.
[7] Diese Mehrarbeit ist, ihrem Wesen nach, in einer feudalistischen Ökonomie die Arbeitsrente und in einer kapitalistischen Ökonomie der Mehrwert. In beiden Fällen wird der Mensch durch die Enteignung dieser Freizeit entfremdet.

I,4

[1] Unter Heiratsgut verstehe ich den Teil an materiellen Gütern und/oder Leistungen, den die Frauen gebende Gemeinschaft vertragsgemäß von der Frauen nehmenden Gemeinschaft verlangt. Das Heiratsgut unterscheidet sich von der Mitgift, persönlichen Gegenständen, welche die Braut zu ihrem Gatten mitnimmt und die in ihrem Besitz bleiben, sowie von den persönlichen Geschenken an bestimmte Verwandte.
[2] Es ist klar, daß sich die freie Gattenwahl unter solchen Umständen nur schwer praktizieren läßt.
[3] Die Probleme bezüglich der Verwendung des Viehs als matrimonialen Guts gehören in eine Studie der Viehzüchtergesellschaft, obwohl auch zahlreiche seßhafte Ackerbaupopulationen sie eingeführt haben. Aufgrund der Bedingungen der Viehproduktion, die langsamer und weniger kontrollierbar ist als die Produktion materieller Gegenstände, erfolgt die Aneignung mehr durch Razzia als durch Arbeit. Sie fördert die kriegerischen Tätigkeiten. Dagegen besitzt das Vieh Dauerhaftigkeit nur durch seine natürliche Reproduktion, die als derjenigen der Bevölkerung der Gruppe "parallel" gelten kann, also weniger leicht zerstörbar ist. Schließlich lassen sich die Verträge bezüglich der Repräsentativität des Viehs leichter auf volkreiche Populationen ausdehnen (wiewohl die Farbe des Fells dem matrimonialen Austausch zwischen benachbarten Viehzüchtern häufig Grenzen setzt).
[4] Die Elemente, aus denen das Heiratsgut besteht, lassen sich also mit einem Geldmittel vergleichen, da kein Austausch unterschiedlicher Werte besteht. Damit Austausch von Werten erfolgen kann, müßten die ausgetauschten Gegenstände verschieden sein, wobei dann die Funktion des Geldmittels darin bestünde, diese Verschiedenheit auf eine

Äquivalenz zurückzuführen (Brunhoff, 1967). Das Heiratsgut erfüllt diese Funktion nicht, da es immer nur in der Zeit einen stets mit sich selbst identischen Wert überträgt, ohne selbst notwendig identisch oder konstant zu sein.

5 Eine Verwechslung, die sich insbesondere in einer Reihe von Arbeiten über die "Reziprozität" zeigt (*Annales*, 6, Dezember 1974, S. 1309-1380) und die es ermöglicht, alle Arten von Ausbeutung unter dem Deckmantel irgendwelcher Äquivalenzen zu verschleiern.

6 Die Geschenke, die bestimmten nicht amalgamierten (d. h. matrimonial verbotenen) sozialen Schichten gemacht werden, wie den Kasten, stellen eine Neutralisierung der Heiratsgüter dar, die ihrer Zerstörung gleichkommt. In Königsgesellschaften erfüllt die Zerstörung von *produktiven* Gütern eine andere Funktion (Meillassoux, 1968).

7 Dies ist, wie mir scheint, der Prozeß, der bei den Dida beobachtet und von Terray analysiert wurde (1969*b*): "Der Mechanismus des Heiratsguts gibt den Gemeinschaften ein Instrument zur Regulierung und Kontrolle in die Hand, das es ihnen ermöglicht, sowohl die Knappheit der Frauen einerseits wie ihre Akkumulation andererseits zu vermeiden... In der traditionellen Gesellschaft verhindern die Natur dieser Tauschmittel [welche das Heiratsgut bilden] sowie die Unmöglichkeit, sie nach Belieben zu produzieren oder zu erwerben, die Inflation, und keiner hat Interesse daran, sie zu horten, da sie außerhalb der Sphäre des matrimonialen Austauschs nicht zirkulieren können" (S. 237). Doch unter dem Einfluß des Sklvaenhandels von einst und der Plantagenwirtschaft von heute besteht einerseits ein ständiger Zufluß von Zahlungsmitteln in den Heiratsgutkreislauf, andererseits ein Aufgebot von Frauen in der Dida-Gesellschaft, die aus dem Norden stammen. Terray vermerkt auch die Prämissen für eine Hierarchisierung der Linien durch die matrimonialen Mechanismen (213 f.), die in der Tat logisch damit verbunden zu sein scheint, "daß die Heiraten, die dem für normal geltenden Verfahren entsprechen – bei denen das gezahlte Heiratsgut dem Heiratsgut entstammt, das für eine Tochter empfangen wurde – nun die Minderheit der Fälle darstellen (37,8 %)" (S. 223; siehe auch Augé, 1969).

I,5

1 Wir verweisen hier auf die Studie von G. Althabe (1965), der bei den Mbaka-Pygmäen den Fortschritt der Institutionen aufzeigt, die zusammen mit der Landwirtschaft den Bantu entlehnt wurden.

2 Unter Acker verstehen wir mit G. Sautter die bearbeitete Erde, der ein bedeutender Teil der Energie der gegenwärtigen und vergangenen Gemeinschaft einverleibt wurde.

3 In den Getreide anbauenden Gesellschaften arbeiten die Frauen seltener auf den Feldern (Goody, 1973, S. 108).

4 W. Reich (1932) bemerkt, daß Praktiken wie die Beschneidung oder die genitale Verstümmelung die Anstrengungen des Patriarchats enthüllen, die Genitalität der Frauen zu beseitigen, zu dem alleinigen Zweck, sie zu besonders fügsamen Erzeugerinnen zu machen.

5 "Durch ein letztes Paradox muß eine afrikanische Mutter aufhören, Mutter sein zu können, um endgültig von der Familie ihres Gatten adoptiert zu werden... Nach einem bestimmten Alter unterscheidet sich eine Frau kaum mehr von einem Mann" (D. Paulme, 1960, S. 21).

6 Die Frau kann nur dadurch einen ökonomischen Status erwerben, daß ihr Produkt in Form von Ware aus dem häuslichen Kreislauf abfließt. Daher die aktive Rolle der Frauen im Handel, sobald die historischen Umstände ihn zulassen.

7 *Sororat:* Institution, durch die eine fehlende Gattin durch eine oder mehrere ihrer klassifikatorischen Schwestern ersetzt wird. *Levirat:* Institution, durch die die Witwe dem älteren oder jüngeren klassifikatorischen Bruder des verstorbenen Gatten zur Ehe gegeben wird. *Klassifikatorische Verwandtschaft:* Ausdehnung des linearen (oder vertikalen) Verwandtschaftsbandes auf alle kolateralen Verwandten (z. B.: alle Brüder meines Vaters sind meine "Väter"; alle Kinder der Brüder meines Vaters sind meine "Brüder"; "Bruder" und "Vater" sind klassifikatorische Termini.

8 In der aristokratischen Gesellschaft führt die Ersetzung der kollateralen Filiation durch die vertikale Filiation zu Widersprüchen in den Verwandtschaftsbegriffen. Die

Behauptung der männlichen vertikalen Filiation läßt die Verleugnung dieser doch deutlich erkennbaren Filiation zwischen der Mutter und ihrer Nachkommenschaft auf juristischer Ebene völlig willkürlich erscheinen.

[9] Es handelt sich eher um das Auftauchen des "Patrimoniums" als um das des Privateigentums (vgl. I,2,I).

[10] Durch die Zubereitung der Nahrung behauptet sich die Frau auch als Erzeugerin (Weil, 1970).

[11] P.-P. Rey (1973, S. 115) leugnet jeden Austausch zwischen Ältesten und Jüngeren; Austausch gibt es ihm zufolge nur unter Ältesten, und lediglich Leistung ohne Umverteilung seitens der Jüngeren. Was Rey nicht sieht, ist die Verwandlung des Jüngeren in einen Ältesten. Er argumentiert, als bliebe der Jüngere ewig in seiner Lage und bilde eine *a priori* getrennte soziale Klasse.

[12] M. Sahlins weist darauf hin, daß in zahlreichen häuslichen Gesellschaften die jungen Männer bis zur Pubertät wenig arbeiten (1972, S. 53 f.).

[13] Der Gegensatz der Frauen zum patrimonialen System könnte dagegen so radikal sein, daß er die Herrschaftsbeziehungen unter den Geschlechtern umkehrt, wie man es im kolonialen Zusammenhang in einem Fall beobachten kann, den R. Waast vorzüglich analysiert hat (1974).

[14] Bekannt sind auch jüngere Fälle, wo der Bruch vom Familienoberhaupt vorgeschlagen wird. Für die Widersprüche, welche die häuslichen Verhältnisse unter der Kolonisation erfahren, siehe Pollet und Winter (1971, S. 377 ff., 513 ff.), M. Samuel (unveröffentlicht) und unten, 2. Teil.

I,6

[1] Pollet und Winter machen dieselbe Beobachtung anläßlich der Sklaverei (1971, S. 524).

[2] D. h. einem Einfluß, der stark genug ist, um den Gütern zu gestatten, auf einem äußeren Markt einen Handelswert zu gewinnen, und den matrimonialen Transaktionen zu gestatten, sich bei den Populationen auszubreiten, die von diesem Markt betroffen sind.

[3] Bei mehreren Gesellschaften, die ich in Mali und im Senegal untersucht habe, enthält das politische Bündnis eine Klausel, welche die Heirat zwischen den Parteien untersagt.

[4] Wie es der Fall war bei den Manding-Dynastien aus Senegambien (Mitteilungen von Innes, Sidibé, Cissoko auf dem Manding-Kongreß, London 1972) oder z. B. bei den Alur (Southall, 1956).

[5] J.-P. Olivier de Sardan (1975) führt Elemente dieses Typs in seinen Arbeiten über die Sklaverei an. Siehe auch die verschiedenen Organisationsweisen der Verwandtschaftsbeziehungen bei der Bauernschaft und der "gentry" im kaiserlichen China (Feuchtwang, 1974) – Studien, die einer Vertiefung dieser Diskussion den Weg ebnen.

II,1

[1] Amin unterscheidet die Länder des "Zentrums", d. h. die industrialisierten Länder, von den unterentwickelten Ländern der "Peripherie".

[2] "Die Löhne waren hoch, denn die meisten Leute hatten Zugang zur Erde, um Nahrung oder Exportgüter zu produzieren, ohne hohe Mieten zu zahlen... Die Europäer (einschließlich der United Africa Cy, einer Filiale von Unilever) konnten Land erwerben; was sie nicht konnten, war, auf der Grundlage der bestehenden Löhne Profite zu erzielen oder mit den Farmern aus Ghana zu konkurrieren. Ebenso hatten die Minen Schwierigkeiten, die üblichen Löhne zu zahlen."

[3] In einer späteren Arbeit berichtigt Amin (1973) seinen Gegensatz zwischen Zentrum und Peripherie und räumt ein, daß sich die Beziehungen zwischen verschiedenen "Produktionsweisen" herstellen (was die gesamte Argumentation der "Akkumulation im Weltmaßstab" zunichte macht). Trotz richtiger Überlegungen sieht Amin weiterhin "ungleichen Austausch" dort, wo Überausbeutung der Arbeit vorliegt (S. 63) – indem er diesmal Produktivitätsunterschiede heranzieht –, und scheint implizit der Hypothese von der "Immobilität der Arbeit" zuzustimmen.

[4] Statt von Unterbewertung müßte man eher von Nichtbewertung sprechen. Vgl. unten und Comité Information Sahel, 1974, Kap. 3.

[5] Die organische Zusammensetzung des Kapitals ist Marx zufolge das Verhältnis des fixen Kapitals (Maschinen, Material, Baulichkeiten usw.) zum variablen Kapital (Lohnvolumen).
[6] Bezogen auf die historische französische Situation ist die Analyse von Servolin (1972) eine der besten Diskussionsgrundlagen, denn sie weist nach, daß die kommerzialisierte einfache Warenproduktion "notwendig unter ihrem Wert verkauft" wird und daß folglich "die Preise weniger hoch sind, *als wenn die Produktion unter den Bedingungen des Kapitalismus stattfände*".
[7] Ursprüngliche Akkumulation liegt vor, wenn die Akkumulation von einer Wertüberführung von einer Produktionsweise auf eine andere herrührt.
[8] Diese Bemerkung reicht bereits aus, dem Ausdruck "Produktionsweise" einen streng wissenschaftlichen Inhalt abzusprechen, und beschränkt seinen Gebrauch auf die Bedeutung einer ersten Annäherung, die die Gesamtheit der Produktions- und Reproduktionsverhältnisse bezeichnet, die auf einem gegebenen Niveau der Entwicklung der Produktivkräfte assoziiert sind.
[9] Siehe hier die Diskussion von P.-P. Rey (1973, S. 139 ff.) über die Auffassungen von Marx, Lenin, R. Luxemburg und O. Bauer über den Imperialismus; ebenso Laclau, 1971; Nettl, 1966.
[10] P.-P. Rey (1973) schlägt auch den Begriff einer "Übergangsproduktionsweise" vor, die der Phase des Neokolonialismus entspricht.
[11] Anders ist es, wenn an die Stelle der häuslichen Produktionsweisen Lohnverhältnisse treten, wenn die Erde, ein unveräußerliches Erbe, zur Ware wird, wenn die Arbeitsmittel auf dem kapitalistischen Markt gekauft und nicht mehr im Rahmen der häuslichen Verhältnisse produziert und weitergegeben werden.

II,2

[1] Barel (1973) räumt in einem gelehrten Werk über die soziale Reproduktion der Institution der Familie nur einen geringen Platz ein. Nicolai dagegen (1974) geht das Problem korrekt an.
[2] "Um den Gegenstand der Untersuchung in seiner Reinheit, frei von störenden Nebenumständen aufzufassen", schreibt Marx, "müssen wir hier die gesamte Handelswelt als eine Nation ansehn und voraussetzen, daß die kapitalistische Produktion sich überall festgesetzt und sich aller Industriezweige bemächtigt hat" (1867, I, S. 607, Fußnote). Marx verkannte natürlich keineswegs die Probleme, die durch die kapitalistische Expansion entstehen, und er befaßt sich mit ihnen in seiner Diskussion über die allgemeine Profitrate, um deren Beibehaltung zu erklären. Er bemerkt nämlich, daß die in die Kolonien investierten Kapitale aus zwei Gründen höhere Profitraten abwerfen. Der eine Grund, den wir hier erklären wollen: höhere Exploitation der Arbeit (Marx erwähnt die von Sklaven und Kulis); der andere: schwächere organische Zusammensetzung des Kapitals in der kolonialen Industrie (ibid., III, S. 247 f.).
[3] Was man allgemein unter "Subsistenz" versteht, umfaßt alles, was die physische und geistige Reproduktion der menschlichen Energie ermöglicht. Im engen Sinn, wie ich ihn hier verwenden werde, handelt es sich um Nahrungsprodukte aus der Landwirtschaft. Ich lasse also, als Bestandteil der Arbeitskraft, die Erziehung oder die Lehrzeit außer acht, obwohl ihre Einbeziehung die Beweisführung noch verstärken könnte. Denn die Erziehung führt noch radikaler als die Ernährung das Problem der erweiterten Reproduktion des Kapitalismus ein, d. h. das gleichzeitige Wachstum der Qualifikation des Arbeiters und der Produktivität der ihm zur Verfügung gestellten Produktionsmittel.
[4] Wir werden sehen, warum dennoch in der Praxis die Diskriminierung zwischen Arbeitern verschiedener ethnischer, nationaler oder sexueller Herkunft wirkt, doch ohne daß dies etwas an der Beweisführung in der vorliegenden Hypothese eines integralen Kapitalismus ändert.
[5] *Salaire minimum interprofessionel de croissance.*
[6] Der Fall der Vereinigten Staaten, wo die Sozialversicherung auf nationaler Stufenleiter nicht sehr entwickelt ist, scheint dieser Beweisführung zu widersprechen. Doch abgesehen von der Tatsache, daß sich diese Institution allmählich verallgemeinert, sind mehrere Punkte hervorzuheben. Die Erneuerung der Arbeitskraft geschah lange und zu

einem großen Teil durch Einwanderung. Nachdem die ersten Einwanderer uneingeschränkt Boden hatten finden können, indem sie die Indianer enteigneten oder massakrierten, wurden sie, nach dieser "heroischen" Periode der *"frontier"*, zum größten Teil ihrerseits enteignet, auf den Arbeitsmarkt geworfen und dem Elend preisgegeben. Gleichzeitig versorgte die Befreiung der schwarzen Sklaven den industriellen Markt mit relativ vielen Arbeitskräften. In den 60er Jahren schätzte Harrington (1962), daß etwa 40 bis 50 Millionen Personen – vor allem Bauern und Schwarze – in den Vereinigten Staaten im Elend und Hunger lebten, ohne angemessene Wohnung, Erziehung und ärztliche Versorgung. Dieser enorme Vorrat an innerer Unterentwicklung trägt noch heute dazu bei, den Markt mit billiger Arbeitskraft zu versorgen. Er ist eine der Voraussetzungen des amerikanischen Wohlstands. Seither hat das McCarran-Gesetz die Einwanderung zugusten einer riesigen Politik äußerer Investitionen gebremst, die es erlaubt, außerhalb der Landesgrenzen und unter dem Schutz der Armee und des CIA billige ausländische Arbeitskräfte auszubeuten, ohne sie importieren und für sie aufkommen zu müssen. (Die letzten verfügbaren Statistiken lassen jedoch keine Verminderung der sozialen Ungleichheiten in den Vereinigten Staaten erkennen – Herman, 1975). Fügen wir schließlich noch hinzu, daß neben der Bundesversicherung und Wohlfahrtsprogrammen ein großer Teil der indirekten Löhne häufiger als in Europa von Organen der Arbeitgeberschaft und den Gewerkschaften gezahlt wird, die im Rahmen von Kollektiv- oder Betriebsvereinbarungen geschaffen werden. Die Privatversicherung – weiter verbreitet als in Frankreich – erfaßt nur eine Minderheit von Lohnabhängigen, deren Arbeitskraft oder Dienstleistungen unter ihrem Preis gekauft werden.

7 Da diese Reproduktion jedoch innerhalb der Familie erfolgt, in der die Hausarbeit der Gattin im allgemeinen nicht nach ihrem Wert entlohnt wird, liegt sie noch immer, insbesondere in der Arbeiterklasse, unter ihrem Preis.

8 Die realisierte Ausgleichung zwischen allen Unternehmen auf nationaler Ebene durch die Organe der Sozialversicherung, über die ein Teil des Sozialprodukts verteilt wird, um die Reproduktion der Arbeitskraft zu gewährleisten, läßt sich auch mit der Ausgleichung des Profits vergleichen (Marx, 1867, III, II. Abschnitt). Wie durch diese würde sich der *Wert* der abstrakten Arbeitskraft in einen "Produktionspreis" verwandeln. Die verallgemeinerte Sozialversicherung "streift... sowohl dem Arbeitslohn wie dem Mehrwert, der notwendigen Arbeit wie der Mehrarbeit den spezifisch kapitalistischen Charakter ab..." (ibid., III, S. 883).

II, 4

1 Die Beschäftigung von im kapitalistischen Sektor geborenen oder unterhaltenen Kindern hatte nicht allein die Wirkung, die aktive Bevölkerung zu vermehren und die Löhne zu drücken, sie trug auch und vor allem dazu bei, die vorproduktive Periode dieser Arbeiter zu verkürzen und die Kosten für ihre Reprodukton zu senken. Das andere Extrem, die niedrige Lebenserwartung der Arbeiterklasse – noch heute eines ihrer Merkmale – verringert die Unterhaltskosten der Nachproduktiven.

2 Siehe zu diesem Punkt die bahnbrechende Studie des C.E.R.A.T. (1971), welche die Geschichte der Aneignung des Lebensraums in Roanne anhand der Analyse der Bereitstellung verschiedener Produktionsweisen erklärt, welche die Hausarbeit der Frauen als Element der Reproduktion der Arbeitskraft integriert.

3 Die Landbevölkerung, die nach dem Krieg 70 % der Gesamtbevölkerung ausmachte, betrug 1970 nur noch 19 %. Die japanische Arbeiterschaft hat sich zwischen 1960 und 1970 um 8 Millionen Menschen erhöht (*Le Monde*, "Dossiers et Documents", Nr. 7, 1, 3).

II, 5

1 Anders ist es bei Tätigkeiten wie der Jagd oder dem Sammeln oder sogar der Stecklingswirtschaft, bei denen der Wechsel zwischen produktiven und unproduktiven Perioden schneller erfolgt, was es weniger einfach und zuweilen unmöglich macht, aus diesen Populationen eine Arbeitsrente herauszuschlagen.

2 Was z. B. in der Arbeit von R. Waast (o. J.) über die Beziehungen zwischen der französischen Kolonialverwaltung und der madegassischen Aristokratie durchscheint, Beziehungen auf politischer Ebene, welche die wirtschaftliche Konkurrenz zwischen ihnen nicht abschaffte.

3 Über den Begriff der Selbstversorgung entdeckt G. Dupriez (1973) den "industriellen Subsistenzlohn" und die Mechanismen der Überausbeutung der Arbeiter, die mit dem landwirtschaftlichen Produktionssektor zusammenhängen. Es ist meines Wissens die einzige Arbeit eines klassischen Ökonomen, der es verstanden hat, die im allgemeinen von seinen Kollegen vernachlässigten Gegebenheiten zu integrieren und damit einen originalen und wichtigen Beitrag zum Beschäftigungsproblem in unterentwickelten Ländern zu liefern.

4 Die beiden Ausbeutungsformen sind natürlich nicht unabhängig voneinander, vor allem wenn sie in ein und demselben Land praktiziert werden, aber sie sind nicht notwendig miteinander verbunden. In der Praxis beobachtet man im allgemeinen eine geographische Differenzierung zwischen Exportgüter produzierenden und Arbeitskraft exportierenden Zonen. Die politischen Probleme der Koexistenz einer zum Exportanbau gedrängten Bauernschaft und eines Proletariats wurden von Founou-Tchuigoua angeschnitten (1974). Doch trotz den Vorwarnungen des Autors bleibt diese Analyse tatsächlich bei den Beziehungen zwischen den Bauern und dem Markt stehen, ohne sich auf eine Analyse der landwirtschaftlichen Produktionsverhältnisse und ihrer Veränderung zu stützen.
Für eine Analyse der Modalitäten der Ausbeutung der Hausgemeinschaften durch die kommerzielle Landwirtschaft siehe insbesondere: C. Reboul, der als einer der ersten zeigt, auf welche Weise die kommerzielle Landwirtschaft sich aus dem Lebensmittel produzierenden Sektor speist (1972), sowie Comité Information Sahel, 1974; Bukh, 1974; Cahan, 1974; für die Erdnußkultur in Mouriden-Land siehe Copans u. a., 1972, und Copans, 1973; D. Cruise O'Brien, 1971; für die Auswirkungen dieser Kultur: Copans, 1975; Raynaud, 1975; Reboul, 1975, und D. Cruise O'Brien, 1974.

5 Beim endgültigen Migranten ist die Rente gleich αA_0 (verringert um die Differenz zwischen dem Ausbildungsalter des Produzenten und seinem Alter bei der Ankunft auf dem Arbeitsmarkt). Beim rotierenden Migranten wird αA_0 nicht so vollständig realisiert, da die Tätigkeitsperiode des Migranten durch seine Rückreisen in die Heimat unterbrochen wird. Dagegen enthält die Rente zusätzlich den proportionalen Teil von αB_a sowie die Totalität von αC_1.

6 So wie den Lohn, den man aus analogen Gründen den Frauen zahlt (C.E.R.A.T., 1972, S. 77 ff.).

7 Sobald der Arbeiter teilweise oder gänzlich entlohnt wird, muß der Kapitalismus zur Erzielung des Mehrwerts einen Lebensmittelmarkt einrichten. Für Laclau (1972, S. 25) besteht der Unterschied zwischen Kapitalismus und Feudalismus (d. h. für ihn eine geschlossene Subsistenzwirtschaft) in der Existenz eines solchen Markts.

8 Marx hatte deutlich die Möglichkeit der *Kleinbauern* zur Selbstausbeutung gesehen, da sie weder den Beschränkungen der Rente noch des Profits unterliegen, ihr Produkt also unter seinem Wert und sogar seinem Produktionspreis verkaufen können (1857, III, S. 882).

9 Wie ich zu zeigen versuchte, wird nicht die Wiederherstellung, sondern die Unterhaltung und die Reproduktion der Arbeitskraft teilweise vom häuslichen Sektor während des Aufenthalts des Arbeiters in diesem Sektor garantiert.

II, 6

1 Unbedingt zu lesen sind in bezug auf die Südafrikanische Union die Arbeiten von H. Wolpe (1972, 1973), die den Nachweis für den durchdachten Einsatz dieser Mechanismen zur Produktion billiger Arbeitskraft sowie für die Art und Weise erbringen, wie sich die rassistische Ideologie, die Segregation und die Apartheid mit dieser Wirtschaftspolitik verschränken. Die folgenden Überlegungen sind das Ergebnis von Diskussionen, die ich mit H. Wolpe anläßlich ähnlicher Untersuchungen geführt habe.

2 Jack Woddis (1960) bemerkte richtig, daß "eines der Hauptziele der Bodenpolitik der Weißen in Afrika darin besteht, die europäischen Minen und Farmen mit billiger

Arbeitskraft zu versorgen". Doch Woddis unterscheidet nicht analytisch zwischen der durch die Enteignung oder Verarmung der Bauern verursachten endgültigen Emigration und den Rotationswanderungen, die in den Reservaten oder den benachbarten Territorien organisiert werden.

3 Siehe hierzu die Arbeiten von Deniel (1972), Ancey (1974), Kohler (1972), Capron und Kohler (1975). "Es ist eine anerkannte Tatsache, daß die Landwirtschaft im Mosi-Land nur die Subsistenz sichern kann" (Kohler, 1972, S. 49).

II,7

1 In Grenoble, wo die Löhne der Bediensteten der Müllabfuhr angehoben wurden, haben französische Arbeiter die Immigranten ersetzt.

2 Vgl. in Frankreich die Kampagnen der Wochenzeitschrift *Minute* und der rechtsextremen Bewegungen gegen die "wilde Einwanderung", die geeignet sind, Reaktionen der Angst, der Feindseligkeit und der Verachtung gegenüber den Wanderarbeitern hervorzurufen.

3 Im allgemeinen läßt sich sagen, daß, je ausgeprägter der Unterschied zwischen den beiden Arbeitsmärkten ist, desto virulenter der Rassismus; seinen extremen Ausdruck fand er in den Arbeits- und Ausrottungslagern im Nazi-Deutschland, in denen als minderwertig geltende Rassen und Gruppen zu Tode ausgebeutet wurden.

4 Für die Praktiken, welche die Bildung des doppelten Arbeitsmarkts und die Rotation der Migranten ermöglichen, siehe *Union Général des Travailleurs Sénégalais en France* (1970), insbesondere Kap. 1, 2, 3, 4, 5; N'Dongo (1972), vor allem Kap. 3; C.E.D.E.T.I.M. (1975); Camara, Marc, Samuel (in Vorbereitung, UNESCO); Minces (1973).

5 "Africans realise that, at the present, there is no final security for them in employment. In the event of unemployment, failure, accident or ill-heath, real security lies only with the tribe" (Watson, 1959, S. 40). ("Die Afrikaner erkennen, daß es gegenwärtig keine Sicherheit des Arbeitsplatzes für sie gibt. Bei Arbeitslosigkeit, Mißerfolg, Unfall oder schlechter Gesundheit liegt die Sicherheit einzig beim Stamm.") In diesem Aufsatz, in dem die Hauptprobleme der Rotationsemigration richtig gesehen werden, betont der Autor, daß die Sicherheit der Hauptgrund für das Festhalten der Afrikaner an ihren Feldern ist. Ebenso schreibt Gluckman (1960, S. 68): "The tie to tribal land is of utmost importance to a man. Dependance on land and on the social relations arising from this dependance give modern Africans... security against the vicissitudes of industrial employment." ("Das Band zur Stammeserde ist von größter Bedeutung für ein Individuum. Die Verbundenheit mit der Erde und den sozialen Beziehungen, die daraus erwachsen, gibt den heutigen Afrikanern ... Sicherheit gegen die Wechselfälle der Beschäftigung in der Industrie.")

6 In dieser Hinsicht befinden sich die europäischen Länder, die durch nationale Grenzen von den Arbeitskräfte liefernden Ländern getrennt sind, in einer noch besseren Stellung als z. B. Südafrika, dessen "Reservate" dem nationalen Territorium eingegliedert sind und ihm folglich "zur Last fallen". Das ist ein weiterer Grund, warum die Südafrikanische Union derzeit den Status ihrer Reservate verändert, um sie zu "autonomen" Territorien zu machen, zu Bantustans. Ein vergiftetes Geschenk, das es ermöglichen wird, die Unterhaltskosten der Arbeitskraft noch besser von den Profiten zu trennen, die man aus ihr gewinnt.

7 Zitiert in den *Cahiers de Mai*, Februar 1972, Nr. 35, S. 10.

II,8

1 Siehe oben, S.

2 Wie bekannt, fließt dieser Saldo in den *Fonds d'action social*, der damit insbesondere die Wohnungen der Immigranten finanzieren soll. Doch die für diese Finanzierung vorgesehene Form erlaubt es diesen nicht, davon zu profitieren: der F.A.S. schießt das Geld Vereinen vor, welche die mit diesen Fonds gebauten Wohnungen vermieten, und zwar zu Preisen, die in keiner Weise der Tatsache Rechnung tragen, daß diese Lokalitä-

ten von denen subventioniert werden, die sie bewohnen, sondern sogar noch über den legalen Mieten liegen. Da diese Vereine meist unter das Gesetz von 1901 fallen, unterliegen sie in der Praxis keiner buchmäßigen oder steuerlichen Kontrolle.

II,9

1 Eine im übrigen bislang noch vernachlässigte Geschichte, wie Hopkins feststellt (1973), für die sich jedoch Grundelemente finden in Coquery-Vidrovitch und Moniot (1974, Kap. 8), J. Woddis (1960, Kap. 4, 6; 1961, Kap. 2), Suret-Canale (1964, II. Teil). Abgesehen natürlich von der klassischen Beschreibung von R. Luxemburg (1913, Kap. 27, 29).

2 Müssen wir daran erinnern, daß der Grad der Ausbeutung erhöht werden und mit wachsenden Reallöhnen einhergehen kann, wenn die Produktivität der den Arbeitern zur Verfügung gestellten Produktionsmittel zunimmt? Deshalb ist, wie auch Bettelheim in Erinnerung ruft, die Ausbeutungsrate in den Sektoren höher, in denen die organische Zusammensetzung des Kapitals am höchsten ist (*contra* Amin, 1973, S. 70).

3 Michel Samuel, der die Auswirkungen der Emigration anhand mehrerer Fälle aufmerksam beobachtet hat, formuliert "die gegenwärtige Sackgasse, in der sich die Immigrationsarbeiter liefernden Gesellschaften befinden", wie folgt:

- "es ist nicht mehr möglich, vom Ackerbau zu leben,
- die Emigration ist das einzige Mittel zum Überleben,
  - doch gleichzeitig erlaubt sie es nicht, geziemende Lebensbedingungen in der ländlichen Gesellschaft wiederherzustellen,
  - sie verschlimmert im Gegenteil die Situation,
  - für den Emigranten hat sie die Wirkung, sein Leben zu ruinieren – bis ein anderer kommt, um ihn zu ersetzen,
  - daher die individuellen, im allgemeinen vergeblichen Versuche, einem kollektiven Schicksal zu entrinnen"

(Michel Samuel, *Documents sur l'immigration,* in Vorbereitung).

4 Die Beobachtung einiger Familien aus Tyabu (Senegal) enthüllt strukturelle Formen zur Wiederherstellung des Gleichgewichts, mit denen es ihnen gelingt, einen relativ starken ökonomischen und sozialen Zusammenhalt zu bewahren, im Gegensatz zu den Populationen, die sich einer kommerziellen Landwirtschaft widmen und in allgemeiner Auflösung begriffen sind.

5 Kane und Lericollais, 1975.

6 Eine z. B. im Senegal zu beobachtende Situation, der sowohl Arbeitskräfte wie Erdnüsse exportiert. Die derzeitige Politik der Aufwertung der Lebensmittel (1974-1975) sowie die neuen Bedingungen auf dem Getreideweltmarkt (steigende Tendenz) werden den Senghorschen "Sozialismus" noch stärker zwingen, den Großgrundbesitz und die kapitalistische Aneignung des Raums zu entfalten, ohne welche jene unerträgliche Drohung eines Rückzugs der Bauernschaft auf Felder, die sie immer noch als die ihren betrachtet, stets auf der Wirtschaftspolitik des neokolonialen Senegal lasten wird. Bezüglich der Art, wie die "Nahrungshilfe" in der ökonomischen Strategie des Imperialismus gehandhabt wird, siehe *Comité Information Sahel,* 1974, II, 3; Reboul, 1975).

7 1985 werden die Überschüsse der reichen Länder 50 Millionen Tonnen übersteigen, mehr als es bedürfte, das Defizit der armen Länder auszugleichen (Beckerman, 1975), die nun vollständig der Wirtschaftspolitik der Großmächte unterworfen sind.

8 A. Retel-Laurentin (1974, S. 135 ff.) zeigt, daß die meisten afrikanischen Populationen die freiwillige Abtreibung kennen sowie eine Geburtenkontrolle praktizieren, die sich nach der Konjunktur richtet. Sie unterliegen also keiner ungeordneten demographischen Explosion. Alle von den Malthusianern empfohlenen Maßnahmen zur Empfängnisverhütung oder Sterilisation werden wirkungslos bleiben, solange die der kapitalistischen Ausbeutung unterworfenen Arbeiter und Bauern nicht in den Genuß einer angemessenen Sozialversicherung kommen, die ihnen die Angst vor der Zukunft nimmt.

9 Die meisten afrikanischen Arbeiter in Frankreich sind der Ansicht, daß ihre Rente durch die Emigration ihrer Kinder gesichert ist (Camara u. a., 1975). In der Tat zeichnet sich schon jetzt die Ablösung einer ersten Generation von Wanderarbeitern ab.

[10] In P. Gutkind (in Vorbereitung) finden sich Hinweise auf den Prozeß der "progressiven Isolation" eines Teils der Stadtbevölkerung von Ibadan (Nigeria). Doch dieser Autor, wie viele andere, die sich auf den Marxismus berufen, verwendet den Terminus "Lumpenproletariat" zur Bezeichnung des allerärmsten Proletariats. Muß man daran erinnern, daß für Marx (1850) der Begriff Lumpenproletariat dialektischer und nicht taxonomischer Art war? Er bezeichnet jenen entgleisten und verluderten Teil des Proletariats, aus dem der Kapitalismus seine Handlanger rekrutiert, um sie gegen ihre Klasse zu kehren. So rekrutieren sich in Frankreich einige rassistische Banden, Mörder von Arabern und Negern, aus dem Lumpenproletariat: es ist die Basis einer faschistischen Rekrutierung. Es kommt von dem Wort *Lump,* und nicht, wie allgemein behauptet, von *Lumpen.*

[11] Zwischen 1939 und 1959 in Ghana erstellte Statistiken zeigen ein konstantes Absinken des Reallohns der nichtqualifizierten Arbeitskräfte von Accra. "Während die Reallöhne im Jahre 1939 dem Existenzniveau eines Unverheirateten nahekamen, mußte sich der Arbeiter in den zwanzig folgenden Jahren von anderen unterstützen lassen oder schwere körperliche Schäden hinnehmen" (Birmingham, 1960; siehe auch Mc Loughlin, 1963).

[12] Derselbe Autor berichtet, wie die Farmer und Industriellen sich einem Viehzuchtversuch in den Reservaten widersetzten, der afrikanische Arbeitskräfte den Arbeitslagern entzog, indem er es ihnen ermöglichte, von ihren landwirtschaftlichen Tätigkeiten zu leben.

[13] "Das Dilemma ist klar: einerseits ist die emigrierte Arbeitskraft (*sic*) im allgemeinen ineffektiv, und zur Verbesserung ihrer Effektivität bedarf es ihrer Stabilisierung in der Beschäftigungszone; andererseits hat die Aufrechterhaltung der Verbindungen mit dem Stammessystem große Vorteile auf der Ebene des Familienzusammenhalts, der Moral und infolgedessen für den sozialen Frieden und die politische Stabilität" (Bericht der zentralafrikanischen Föderation – in bezug auf die Situation in Ruanda-Urundi –, zitiert von J. Woddis, 1960, S. 107).

[14] Die Arbeitgeberschaft und die betroffenen politischen Autoritäten fürchten überdies jeden Unterricht, der geeignet ist, das Klassenbewußtsein und die Kampfkraft der Arbeiter zu stärken.

[15] Die Lasten für den Transport vom Heimatland zum Arbeitsplatz fallen zwar meist den Wanderarbeitern zu, doch in allen Fällen drücken diese Kosten direkt oder indirekt auf den Anschaffungspreis der Arbeitskraft.

[16] Vor allem in Lateinamerika und Südostasien, Regionen, in denen gegenwärtig die amerikanische Gewalt und Zerstörung am heftigsten toben; auch immer mehr in Europa, das den doppelten Vorteil einer stark entwickelten Infrastruktur sowie einer billigen emigrierten Arbeitskraft aufweist.

[17] Die französische Regierung sieht eine Verlangsamung der Emigration vor, die 1974 bereits um 41 % gesunken ist. Sie beabsichtigt eine qualifizierte endgültige Immigration, dazu bestimmt, der Industrie qualifizierte Arbeitskräfte zu liefern und die Geburtenrate zu steigern, die 1975 die Grenze der Erneuerungsrate erreicht hatte.

Schlußfolgerungen

[1] "Eines der Hauptmerkmale der lateinamerikanischen Militärregierungen war das Herabdrücken der Löhne und des Lebensstandards der Bauern, was nichts anderes ist als ein Ausdruck der polarisierten und abhängigen Entwicklung" (Stavenhagen, 1971).

[2] Die Hauptschwierigkeit, mit der die Nazis zu kämpfen hatten, war die Beseitigung der aus dieser Wirtschaft entstandenen "Abfälle": wie sollte man sich die Leichen vom Halse schaffen? Nicolaï (1974) stellt fest: "Noch kein Ökonom hat die Ökonomie der Konzentrationslager, des Elends, des Völkermords geschrieben."

[3] Eicher (1973) bringt den Standpunkt der Ökonomen zum Ausdruck, die eine Rentabilisierung der Erziehung befürworten als einen "input" und nicht mehr als ein Mittel zur Entfaltung des Individuums.

[4] In den Vereinigten Staaten wächst die Zahl der weiblichen Familienoberhäupter in den verelendeten Milieus, einerseits weil die arbeitslosen und demoralisierten Männer

(zu Seite 150 – 162)

den häuslichen Herd verlassen, andererseits weil die Familienbeihilfen für ledige Mütter höher sind.

5 Das Experiment der "Kommunen", das eine Umverteilung der Einkünfte unter eine noch größere Zahl von Personen erlaubt – die überdies die Verachtung des Geldes predigen –, kann die Reprodukton der Arbeitskraft noch besser garantieren. Im übrigen zu gut, als daß sie den Ansprüchen und der Gehässigkeit der kleinbürgerlichen Familie Widerstand leisten könnten, die hier dunkel, aber zu Recht eine gefährliche Konkurrenz wittert, die ihr mit dem Verlust ihrer auf noch kaum erkannten Reproduktionsfunktionen gründenden sozialen Errungenschaften droht.

6 Siehe die Untersuchung des C.E.R.A.T. (1973) und Hallam (1974).

(zu Seite 163)

Referenzen

Die Anmerkungen beziehen sich zuweilen nur auf die Punkte, welche die in diesem Buch behandelten Themen betreffen.

Adams A., 1974 – "Prisoners in Exile: Senegalese Workers in France", *Race and Class,* XVI, 2, S. 157-178.
Die Immigration ist für die französische wie die senegalesische Regierung eher eine Lösung als ein Problem. Ein Problem ist sie nur für die Immigrierten.

Althabe G., 1962 – "Problèmes socio-économiques du Nord-Congo", *Cahiers de l'I.S.E.A.*, Bd. 5, November 1962.
"In der Welt der sich selbst versorgenden Gesellschaften existiert der Reichtum nicht unabhängig von der Person, er trennt sich nicht von dem Individuum, das den Status personifiziert, dessen Attribut er ist."

Althabe G., 1965 – "Changements sociaux chez les pygmées Baka de l'Est Cameroun", *Cahiers d'études africaines,* V, 4 (20), S. 561-692'
Eine außergewöhnlich gute Beobachtung der Veränderungen der Ökonomie und Gesellschaft der Baka-Jäger in drei Stadien.

Althabe G., 1972 – *Les Fleurs du Congo,* Maspero, Paris, 376 S.
Die ideologische Reproduktion der Arbeitskraft.

Althusser L. und Balibar E., 1968 – *Lire le Capital,* Paris, 2 Bde. [deutsch: *Das Kapital lesen,* Reinbek bei Hamburg, 1972].
[Kann der historische Materialismus durch den strukturalistischen Idealismus und den maoistischen Empirismus erneuert werden?] Behandelt nicht die Reproduktion der Arbeitskraft. Die Aufzählung "aller Produktionsweisen" läßt keinen Raum für die Mittel der menschlichen Reproduktion noch für eine Gesellschaft, in der die "Aneignungs"-beziehungen durch persönliche Beziehungen vermittelt sind.

Ames D., 1955 – "Economic Base of Wolof Polygyny", *South Western Journal of Anthropology,* II, 4, Winter 1955, S. 391-403.
"Children are wealth."

Amin S., 1969 – *Le Monde des affaires sénégalais,* Ed. de Minuit, Paris, 207 S.
[Notwendiges Bündnis zwischen der senegalesischen Bourgeoisie und Bürokratie.]

Amin S., 1970 – *L'Accumulation à l'échelle mondiale,* I.F.A.N., Dakar; Anthropos, Paris, 591 S.
[Ökonomisierender, seines revolutionären Inhalts entleerter Marxismus.] Die Ungleichheit besteht zwischen Ländern, sie beruht auf der Zahlungsbilanz, der Verschlechterung der Austauschrelationen.

Amin S., 1973 – *L'Echange inégale et la Loi de la valeur,* I.D.E.P., Anthropos, Paris, 145 S.
Ein Versuch zur Berichtigung von *L'Accumulation à l'échelle mondiale,* diesmal unter Berücksichtigung der Natur der Produktionsverhältnisse und der differentiellen Produktivität.

Amselle J.-L., 1972 – *Histoire et Organisation sociale d'une communauté marchande ouest-africaine: les Kooroko,* Habilitation, 3. Zyklus, E.P.H.E., VI. Abteilung.
Die Institution der Familie als Träger der Handelsaktivitäten. Handel und Ideologie.

Ancey G., 1974 – *La Monnaie mossi, un pouvoir non libératoire de règlement,* O.R.S.T.O.M., Ouagadougou, 176 S. (vervielf.).
Widerstand der Hausgemeinschaft gegen die durch die Einkünfte der Migranten verursachte monetäre Erosion.

Anrade (de) M. und Ollivier M., 1971 – *La Guerre en Angola,* Maspero, Paris, 161 S.

Augé M., 1969 – *Le Rivage alladian,* O.R.S.T.O.M., Mem. Nr. 34, 264 S.
Öffnung eines matrimonialen Systems auf den Sklavenhandel. Abriß der Umverteilungsmechanismen.

Augé M., 1969 – "Status, Pouvoir et Richesse: relations lignagères, relations de dépendance et rapports de production dans la société alladian", *Cahiers d'études africaines,* 9, 3 (35), S. 461-481.

Augé M., 1972 – "Sous-Développement et Développement: terrain d'étude et objets d'action en Afrique francophone", *Africa* (London), 52, 3, Juli 1972, S. 205-216.
Kritik der Entwicklungstheorie.

Augé M., 1974 – "Sorciers noirs et Diables blancs", *La Notion de personne en Afrique noire,* C.N.R.S. (Hrsg.), S. 519-527.
"Jede Anklage zeugt von einem Fehler in der sozialen Persönlichkeit des Angeklagten (zu jung, reich; alt und arm; reich und krank usw.)."

Augé M., 1975 – "Les Faiseurs d'ombres", in Meillassoux (Hrsg.) 1975, S. 455-476.
Die Manipulation der matrilinearen Verwandtschaft durch Verschwägerung der Sklaven.

Baeck L., 1957 – "Une société rurale en transition: étude socio-économique de la région de Thysville", *Zaïre,* 11, 2, Februar 1957, S. 115-186.
[Eine konservative Sicht der Auswirkungen der ländlichen Migrationen.]

Balandier G., 1955 – *Sociologie actuelle de l'Afrique noire,* P.U.F., Paris, 510 S.
[Die Renaissance der französischen Anthropologie durch eine Neuinterpretation des britischen Funktionalismus.]

Balandier G., 1955 *a* – "Social Change and Social Problems in Negro-Africa", in C. Stillman (Hrsg.), 1955, S. 55-69.

Balandier G., 1955 *b* – *Sociologie des Brazzavilles noires,* A. Colin, Paris, 274 S.
Bezahlte und nicht bezahlte Arbeit in einer Kolonialstadt.

Balandier G., 1959 – "Structures sociales traditionelles et Changements économiques", *Revue de l'Institut de sociologie,* 1, S. 27-40.
Umkehrung der alten Ordnung der Dinge zugunsten der Häuptlinge. Ökonomische Investitionen, "soziologische" Investitionen, "heilige" Investitionen: wie sich die soziale Sicherheit unter dem Einfluß der kolonialen Ökonomie bewahren läßt.

Balandier G., 1960 – "Structures traditionelles et Changements économiques", *Cahiers d'études africaines,* 1, S. 1-14.
Persönliche Beziehungen, formale Beziehungen.

Balandier G., 1965 – "Problématique des classes sociales", *Cahiers internationaux de sociologie,* XXXVIII, Januar/Juni 1965, S. 131-142.
Wo liegt das Klassenverhältnis? zwischen Stadt und Land, Europa und Afrika, der Bürokratie und dem Volk?

Balandier G., 1967 – *Anthropologie politique,* P.U.F., Paris, 240 S.
Untersuchung über die Wege der "Modernität" und der Veränderung.

Balibar E., 1973 – "Lénine, les Communistes et l'immigration", *L'Humanité,* 8. Juni 1973.
Zusammenfassung der Analysen von Lenin bezüglich der Ausbeutung der Arbeiter der zurückgebliebenen Länder.

Balibar E., 1974 – *Cinq études du matérialisme historique,* Maspero, Paris, 295 S.
"Der Prozeß der permanenten Reproduktion der Arbeiterklasse ist seinerseits tendenziell zu einem weltweiten Prozeß geworden."
"Krise der Schule, Krise der Familie, Krise der 'Jugend' – alles Symptome für die allgemeine Krise der Reproduktion der Arbeitskraft."

Baucic I., 1974 – "Temporary or Permanent – the Dilemma of Migrants and Migration Policies", *Colloque européen sur les problèmes de la migration,* Louvain, 31. Jan. – 2. Febr. 1974, 18 S. (vervielf.).
[Vielversprechend, aber schwach.]

Barel Y., 1973 – *La Reproduction sociale,* Anthropos, Paris, 558 S.
[Philosophische Thesen, die auf eine mechanistische und wenig erhellende "Verschränkung" der verschiedenen "Ebenen der Reproduktion" hinauslaufen.]

Barth F., 1973 – "Descent and Marriage Reconsidered", in Goody (Hrsg.), 1973*a*.
Entscheidungen und Verhalten werden nicht allein von der Verwandtschaft diktiert, diese unterliegt Zwängen.

Bauer P. T., Yamey B. S., 1967 – *The Economics of Underdevelopped Countries,* Cambridge University Press, London, 270 S.
[Ein Plaidoyer für das Privatunternehmen und eine klassische Wirtschaftspolitik im Dienst der großen Kolonialmächte.]

Beckerman W., 1975 – "Réquisitoire contre le Club de Rome", *L'Expansion,* 83, März 1975.
"Die Preisgabe der Marktgesetze würde eine allgemeine Hungersnot zur Folge haben."

Beckett J., 1956 – *Akokoaso,* London School of Economics, Mon. Nr. 10, 95 S.
Ökonomische und soziale Auswirkungen der Einführung des Kakaoanbaus: "Eine kontinuierliche Abschöpfung der Einkünfte zugunsten des Profits der Städte..., große Ungleichheit der Einkünfte."

Behar L., 1974 – "Surpopulation relative et Reproduction de la force de travail", *La Pensée,* 176, August 1974, S. 9-29.
Marx empfiehlt keine demographische Lösung (Streik der Bäuche), sondern eine politische Lösung (Vereinigung der Arbeiter und Arbeitslosen).

Bennet H. H., 1945 – *Soil Erosion and Land Use in the Union of South Africa,* Pretoria, Dept. of Agric. and Forestry, 28 S.

Benveniste E., 1969 – *Le Vocabulaire des institutions indo-européennes,* Ed. de Minuit, Paris, 2 Bde.
[Meisterhafte *semantische* Studie, die den verlorenen, aber funktionalen Sinn des ökonomischen, sozialen und politischen Vokabulars entdeckt.]

Berg E., 1965 – "The Development of a Labour-Force in Sub-Saharan Africa", *Economic Development and Cultural Change,* 13, 4, 1, Juli 1965, S. 396-412.
Bestandaufnahme der verwendeten Methoden zur Vertreibung der bäuerlichen Arbeitskraft.

Bettelheim C., 1967 – in Laulagnet A.-M. (Hrsg.), 1967.
"Die Reproduktionsschemata verweisen nicht auf einen zeitlichen Prozeß, sondern auf immer dieselben, unendlich wiederholten Bedingungen."

B.I.A.A., 1975 – "Combativité ouvrière et Stratégie capitaliste en Afrique du Sud", C.I.M.A.D.E. und Bureau d'information sur l'Afrique australe, 40, Rue Rouelle, Paris XVe, 10 S. (vervielf.).
[Ausgezeichnetes Dokument über die Krise der sozialen Reproduktion der Arbeitskraft in Südafrika. Zu empfehlen.]

Biocca E., 1968 – *Yanoama,* Plon, Paris, 470 S.
[Seltenes Zeugnis über das Privatleben einer Population von Proto-Ackerbauern.]

Birmingham, W., 1960 – "An Index of Real Wages of the Unskilled Labour in Accra, 1939-1959", *Economic Bulletin,* Accra, 4, 3, März 1960, S. 2-6.
Der Verfall der Lebensbedingungen des Proletariats ländlicher Herkunft in Accra.

Bohannan P., 1954 – *Tiv-Farm and Settlements,* H.M.S.O., London, Col. Research Studies, Nr. 15.
Die soziale Organisation der Produktionszelle. Kontrolle über die Arbeit, die Ernten, die Erde. [Scharfsinnige und gründliche Studie.]

Bohannan P., 1959 – "The Impact of Money on an African Subsistance Economy", *The Journal of Economic History,* 19., S. 491-503.
Zirkulationssphären bei den Tiv. Begriff der "Übertragung" (innerhalb einer Sphäre) und der "Konversion" (von einer Sphäre zur anderen). Unterschiedliche Funktionen des Geldes in dieser Zirkulationsweise.

Bohannan P. und Dalton G. (Hrsg.), 1962 – *Markets in Africa,* Northwestern University Press, 762 S.

Bonnafé P. 1975 – "Les Formes d'asservissement chez les Kukuya d'Afrique centrale", in Meillassoux (Hrsg.), 1975, S. 529-556.
Widersprüche und Sozialpolitik in einer matrilinearen Gesellschaft unter dem Einfluß des Sklavenhandels. Hierarchisierungsprozeß der Linien.

Bonte P., 1973 – "Quelques problèmes théoriques de la recherche marxiste en anthropologie", *La Pensée,* 171, Oktober 1973, S. 86-107.
[Einseitig und parteiisch; unter den Fähigkeiten des Autors.]

Boudon P., 1967 – "Essai sur l'interprétation de la notion d'échange", *L'Homme,* VII, 2, April-Juni 1967, S. 64-84.
Kategorisierung der Austauschformen nach der Linguistik von Chomsky, ausgehend von Mauss und Polanyi. [Analogisches Verfahren ohne wissenschaftliche Bedeutung.]

Bouiller L., 1923 – *De l'obligation au travail pour les indigènes des colonies d'exploitation,* La Vie universitaire, Paris, 185 S.

Bradby B., 1975 – "The Destruction of National Economy in Peru: a Problem of the Articulation of Modes of Production", *Economy and Society,* 4, 2, Mai 1975, S.127-161.
Eine Kritik der *Alliances de classes* von P.-P. Rey. Was ist der Motor des Imperialismus? Die Produktion von Rohstoffen oder die Ausdehnung der kapitalistischen Produktionsverhältnisse? Zieht Gewalt oder der Produktivitätsunterschied zwischen Kapitalismus und vorkapitalistischen Formen die Arbeitskraft in den kapitalistischen Sektor?

Brazza S. de, 1886 – "L'Occupation du Congo", *C. R. Séances de la Soc. de. Géog.,* 2-3, S. 49-85.
"Euer Handeln muß sich vor allem darauf richten, die Verwandlung der Eingeborenen in Agenten der Arbeit, des Konsums, der Produktion vorzubereiten, später wird dann der Europäer als bloßer Vermittler auftreten."

Brémond Claude, 1968 – "Spécificité du thème africain de 'l'impossible restitution'", *Cahiers d'études africaines,* 8, 2 (30), S. 201-205.
Umgekehrte Ideologie des Austauschs.

Brizay B., 1973 – "Peut-on se passer des travailleurs immigrés?", *Entreprise,* Nr. 948, Nov. 1973.
[Wie die Arbeitgeberschaft das Problem sieht. Informativ und scharfsichtig.]

Bruyas J., 1966 – "La Royauté en Afrique noire", *Annales africaines,* 1966, S. 157-227.
Der Übergang von der kollateralen Erbfolge zur linearen Erbfolge.

Brunhoff S. de, 1967 – *La Monnaie chez Marx,* Editions sociales, Paris, 191 S.
"Die geheimnisvolle Macht, die Waren untereinander kommensurabel zu machen."

Bukh J., 1974 – "Attempt to Conceptual Structuring of Data from Field Survey, Ghana, and some Models for Discussion", *Institute for Development Research,* Kopenhagen, 19 S. (vervielf.).
Häusliche und kapitalistische Produktionsverhältnisse in der Kakaowirtschaft; Übertragungen von einem Sektor in den anderen.

Camara M., Marc E., Samuel M., o. J. [1975] – "Les Travailleurs africains noirs en France", UNESCO, Dp. Ref. 508191.
[Elemente einer guten Einführung in das Problem, aus der Sicht der Feldforscher.]

Capron J. und Kohler J.-M., 1975 – "Migrations de travail et Pratique matrimoniale", O.R.S.T.O.M., Ouagadougou, Conv. FAC Nr. 13/C/71/F, 63 S. (vervielf.).
Klassenherrschaft durch matrimoniale Kontrolle. *Pug-siure*-Heirat. Politische Anstekkung der Linien durch die Macht.

C.E.D.E.T.I.M., 1975 – *Les Immigrés,* Stock, Paris, 284 S.
[Dokumentierte Arbeit über die wesentlichen Probleme. Diskutierte Analysen.]

Celik H. (Hrsg.), 1969 – "Les travailleurs immigrés parlent", *Cahiers du centre d'études socialistes,* 94-98, Sept.-Dez. 1969, 175 S.
Statistiken, Lebensbedingungen, Interviews, vor allem mit Algeriern.

C.E.R.A.T., 1972 – *La Place de l'institution communale dans l'organisation de la domination politique de classe en milieu urbain. Le cas de Roanne,* Université des sciences sociales, Grenoble, 221 S.
Raum und Wohnung als Elemente der Reproduktion der Arbeit. [Vorbildliche Studie.]

Chagnon N. A., 1968 – *Yanomamo, the fierce people,* Holt, Rinehart and Winston, New York.
Die Bedeutung des Kriegs und der Gewalt als Mittel zur Regelung der sozialen Probleme in dieser amazonischen Population. Eine dokumentierte Widerlegung der Thesen der französischen Amerikanisten (Clastre, Lizot, Jaulin), die in Unkenntnis dieses Werks aufgestellt wurden, obwohl dieses vor ihren Arbeiten erschienen ist.

Clark Howell F. und Bourlière F. (Hrsg.), 1963 – *African Ecology and Human Evolution,* Methuen & Co, London, 666 S.

Clark Howell F. und Desmond Clark J., 1963 – "Acheulian Hunter-Gatherers of Sub-Saharan Africa", in Clark Howell-Bourlière (Hrsg.), 1963.
"Die Methoden der Fleischversorgung müssen stark geschwankt haben, sogar innerhalb der engen Grenzen, die das kulturelle Niveau des Oberen Pleistozän zog."

Clastre P., 1974 – *La Société contre l'Etat,* Ed. de Minuit, Paris [deutsch: *Staatsfeinde,* Suhrkamp, Frankfurt 1976].
[Eine Kritik des Ethnozentrismus anhand ethnozentrischer politischer Vorstellungen: die Wilden (im Sinne der Philosophen des 18. Jahrhunderts) haben Mittel gefunden, sich gegen die Vorahnung eines Staats zu wappnen (solange die Bedingungen für sein Auftauchen sich nicht zeigen). Die Macht hat sich trotzdem durchgesetzt. Das Politische begründet das Ökonomische.]

Cluer S. W., Neal J. V., Chagnon N. A., 1971 – "Demography of a Primitive Population: a Simulation", *American Journal of Physical Anthropology,* 2, 35, 2, September 1971.
Die Yanoama-Frauen haben drei bis vier Kinder während ihrer fruchtbaren Periode.

Comité Information Sahel, 1974 – *Qui se nourrit de la famine en Afrique?,* Maspero, Paris, 278 S.
Eine ökonomische und politische Analyse der Nahrungskrise im Sahel, die über die äußeren Umstände hinausgeht. Die dramatischen Auswirkungen der "Nahrungshilfe".

C.O.N.C.P., 1965 – *La lutte de libération nationale dans les colonies portugaises,* Information C.O.N.C.P. Algier, 229 S.
1/5 der Devisen in Mozambique stammten aus dem "Ertrag" der Arbeitskraft im Ausland, d. h. ein Geschäft, das im Jahresdurchschnitt 400.000 Arbeiter betraf, die nach Rhodesien und Südafrika wanderten.

Copans J., 1972 – "L'Idéologie comme instance de reproduction sociale: l'exemple de la confrérie mouride", *Centre d'études africaines,* 11 S. (vervielf.).
"Der koloniale Kapitalismus braucht Elemente vorkapitalistischer Produktionsweisen, denn diese formale Submission erklärt die kolonialen und neokolonialen Mehrprofite... Diese sind an der Reproduktion der Produktionsbedingungen (und folglich ihrer Beherrschung) beteiligt." Rolle der Ideologie in diesem Prozeß.

Copans J., 1973 – *Stratification sociale et Organisation agricole dans les villages wolof-mourides du Sénégal,* Habilitation, 3. Zyklus, E.P.H.E., 2 Bde. (vervielf.).
Der religiöse Rahmen der kolonialen Ausbeutung der Erdnuß im Senegal.

Copans J., 1974 – *Critiques et Politiques de l'anthropologie,* Maspero, Paris, 148 S.
[Die wahren Probleme der Anthropologie, ohne Rücksicht auf die Anthropologen.]

Copans J. (Hrsg.), 1975 – *Sécheresse et Famines au Sahel,* Maspero, "Dossiers africains", 2 Bde.
Dokumente und Analysen. Bibliographie.

Copans J., Couty Ph., Roch J., Rocheteau G., 1972 – *Maintenance sociale et Changement économique au Sénégal.* I. "Doctrine économique et Pratique du travail chez les Mourides", O.R.S.T.O.M., Travaux et Documents, Nr. 15, 264 S.
Elemente für eine Charakterisierung der Wirtschaft der Mouriden. Divergierende Standpunkte.

Coquery-Vidrovitch C., 1969 – "Recherches sur un mode de production africain", *La Pensée,* 144, April 1969, S. 61-78.
Eine Verbindung von gemeinsamem Ackerbau und Handel auf lange Sicht.

Coquery-Vidrovitch C., Moniot H., 1974 – *L'Afrique noire de 1800 à nos jours,* P.U.F., Paris, 462 S.
[Das beste Handbuch der afrikanischen Geschichte. Integriert die Theorie in die ökonomische und soziale Geschichte. Behandelt die Kolonisation und den Imperialismus.]

Cressant P., 1970 – *Lévi-Strauss,* Ed. universitaires, Paris, 155 S.
[Der Strukturalismus in seinen Widersprüchen.]

Cruise O'Brien D., 1971 – *The Mourides of Senegal,* Clarendon Press, Oxford, 321 S.
Beschreibende Analyse einer islamischen Bruderschaft, Instrument zur Entwicklung des kommerziellen Erdnußanbaus im Senegal.

Cruise O'Brien D., 1974 – "Don divin, Don terrestre: l'économie de la confrérie mouride", *Archiv. europ. sciol.,* XV, S. 82-100.
Die Bauern haben von der sozialen Revolution der Mouriden profitiert, die sie gleichzeitig vor dem potentiell destruktiven Eindringen der Marktwirtschaft schützt.

Cruise O'Brien R., 1971 – "Unemployment, the Family and Class Formation", *Conference on Urban Employment in Africa,* University of Sussex, September 1971, 16 S. (vervielf.).
Bewahrung der Familienverhältnisse bei den am wenigsten integrierten proletarischen Schichten. Entwicklung des Klassenbewußtseins bei denen, die eine größere Sicherheit am Arbeitsplatz haben.

Dalton G., 1960 – "A Note of Clarification on Economic Surplus", *American Anthropologist,* 3, 62, Juni 1960, S. 483-490.
Die Rolle eines materiellen Mehrwerts als Induktor einer organisatorischen sozio-ökonomischen Entwicklung ist ungewiß. Der Terminus "Surplus" hat in einer Marktwirtschaft oder in einer Nichtmarktwirtschaft nicht dieselbe Bedeutung.

Dalton G., 1961 – "Economic Theory and Primitive Society", *American Anthropologist,* 63, 1, Februar 1961.
Kurzfassung der Ideen von Polanyi.

Dampierre E. de, 1960 – "Coton noir, café blanc", *Cahier d'études africaines* (2), Mai 1960.
Die Rolle der Vorarbeiter auf den Plantagen.

Deniel R., 1972 – "Mesures gouvernementales et/ou intérêts divergents des pays exportateur de main-d'œuvre et des pays hôtes; Haute-Volta et Côte-d'Ivoire", *Notes et Documents voltaïques,* 5 (3), April 1972, S. 5-13.
Materialien zum doppelten Arbeitsmarkt in der Elfenbeinküste.

Douglas M., 1958 – "Raffia-Cloth Distribution in the Lele Economy", *Africa,* 28, 2, April 1958, S. 109-122.
"Das letzte Ziel des Bastbesitzers sind die Frauen."

Douglas M., 1963 – *The Lele of the Kasai,* Oxford University Press, London, 286 S.
Vom bilateralen matrimonialen Austausch zum multilateralen Austausch.

Douglas M., 1967 – "Primitive Rationing", in Firth (Hrsg.), 1967, S. 119-147.
[Wahrnehmung des Problems der matrimonialen Schuldforderungen und ihrer Kontrolle durch die Güter, jedoch unter Bezugnahme auf inadäquate Begriffe der liberalen Ökonomie.]

Dupriez G., 1973 – *La Formation du salaire en Afrique,* Drukkerij Frankie, Leuven (Belgien), 430 S.
[Eine richtige Wahrnehmung des Problems in Termini der klassischen Ökonomie.]

Eicher J.-C., 1973 – "Réflexions sur l'économie de l'éducation", *Le Courrier du C.N.R.S.,* Oktober 1973, S. 15-18.
Die Individuen werden von dieser neuen Disziplin künftig als "Produkt" betrachtet. [Das Individuum ist nicht mehr das Ziel der Produktion und der Erziehung, es ist das in den Dienst der Profitwirtschaft gestellte "menschliche Kapital".] Für eine Berechnung der "Ertragsraten des Unterrichts". [Die erschreckende Logik des Kapitalismus, dargestellt mit dem guten Gewissen des ökonomischen Schwachsinns.]

Engels F., [1845] – *Die Lage der arbeitenden Klasse in England,* MEW, Bd. 2.

Engels F. [1872] – *Zur Wohnungsfrage,* MEW, Bd. 18.
Sie hat sich seit den Anfängen des Kapitalismus nicht verändert: die Wohnungskrise ist kein Zufall, sondern eine zur Profiterzielung notwendige Institution.

Engels F. [1877-1878] – *Anti-Dühring,* MEW, Bd. 20.

Engels F. [1884] – *Der Ursprung der Familie, des Privateigentums und des Staats,* MEW, Bd. 21.
[Trotz manchen Irrtümern der große Klassiker!]

Etienne P., 1968 – "Parenté et Alliance chez les Baoulé", *L'Homme,* VII, 4, 1968, S. 50-76.

Etienne P., 1971*a* – "Du mariage en Afrique occidentale" (Einführung), *Cahiers O.R.S.T.O.M.,* Sciences humaines, VIII, 2, S. 131-142.

Etienne P., 1971*b* – "'A qui mieux mieux' ou le mariage chez les Baoulé", *Cahiers O.R.S.T.O.M.*, Sciences humaines, VIII, 2, S. 165-186.

Evans-Pritchard E. E., 1940 – *The Nuer,* Clarendon Press, Oxford, 271 S.
Beziehungen zwischen gleichartigen Gemeinschaften in einem politischen System "geordneter Anarchie".

Fallers L. A. – *Bantu Bureaucracy,* Heffer & Sons, Cambridge, 283 S.

Feuchtwang S., 1974 – "Some Notions about an Agricultural State", *The Journal of Peasant Studies,* 1, 3, April 1974, S. 374-383.
Unterschiede in der sozialen Organisation gemäß den sozialen Klassen im kaiserlichen China.

Firth R. 1936 – *We, the Tikopia!,* Allen & Unwin, London, 605 S.

Firth R., 1939 – *Primitive Polynesian Economies,* Routledge, London, 387 S.
Die Entdeckung der Austauschsphären.

Firth R., 1951 – *Elements of Social Organization,* Watts & Co, London, 257 S.
Einführungstexte. Diskussion der ökonomischen Organisation der Produktionszelle. Gegenseitige Hilfe. Die "Anreize".

Firth R., 1956 – *Human Types,* Th. Nelson, London.
[Richtige Beobachtungen, jedoch mit einer Tendenz, die traditionelle Ökonomie in bezug auf die kapitalistische negativ zu definieren.]

Firth R. (Hrsg.), 1967 – *Themes in Economic Anthropology,* Tavistock, London, Mon. 6, 292 S.
[Die Grenzen des auf die Ökonomie angewandten Funktionalismus: Entlehnung aus der bürgerlich-liberalen Ökonomie.]

Forde D. [1934] – *Habitat, Economy and Society,* Methuen & Co, London, 1971, 500 S.
[Gut zusammengefaßte synthetische Monographien von 16 Populationen: Sammlern, Ackerbauern, Nomaden.]

Forde D., (Hrsg.), 1956 – *Aspects sociaux de l'industrialisation et de l'urbanisation en Afrique au sud du Sahara,* I.A.I., UNESCO, 799 S.
[Sammlung von Aufsätzen und Forschungsprojekten unterschiedlichen Werts, vor allem deskriptiv.]

Forde D., Douglas M., 1967 – *Primitive economies,* in Dalton G. (Hrsg.), 1967, S. 13-28.

Founou-Tchuigoua B., 1974 – "Marché réel et Marché formel de force de travail", *La Pensée,* Nr. 176, August 1974, S. 30-45.
Die Nahrungsmittelproduzenten, die vom Verkauf abhängen, sind in Wahrheit Verkäufer von Arbeitskraft auf einem "realen" Arbeitsmarkt. Versuch, ein logisches Band zwischen den Bedingungen der Arbeiter und der Bauern herzustellen.

Fox R., 1967 – *Kinship Systems,* Penguin, London.
[Klassiker des Funktionalismus über die Verwandtschaft.]

Franck A. G., 1972 – *Le Développement du sous-développement*, Maspero, Paris, 399 S.
Dialektik oder Dualismus?

Frankenberg R. 1967 – "Economic Anthropology: one Anthropologist View", in Firth (Hrsg.), 1967, S. 47-89.
"Mit Dalton, Bohannan und Sahlins bin ich der Meinung, daß Herskovits, Firth und andere ihre Zeit verschwendet haben."

G.A.I.D.E., 1956 – "Au Tchad, les transformations subies par l'agriculture traditionnelle sous l'influence de la culture cotonnière", *L'Agronomie tropicale*, 5, S. 597-623; 6, S. 707-731.
Ertragsminderung der Hirse. Deutliche Steigerung der von der Baumwolle erheischten Anstrengungen. Warnung vor dieser Baumwollpolitik.

Garlan Y, 1973 – "L'Oeuvre de Polanyi. La place de l'économie dans les sociétés anciennes", *La Pensée*, Nr. 171, Oktober 1973, S. 118-128.
[Eine späte Entdeckung Polanyis durch den offiziellen Marxismus.]

Girard R., 1963 – *Les Indiens de l'Amazonie péruvienne*, Payot, Paris, 308 S.
[Veraltete und ungeordnete Ethnographie. Sehr wenig verwendbares Material.]

Glickman M., 1971 – "Kinship and Credit among the Nuer", *Africa*, XLI, 4, Oktober 1971, S. 306-319.
Auswirkungen der traditionellen ökonomischen Zwänge auf die Verwandtschaftsbeziehungen.

Gluckman M., 1940 – "Analysis of a Social Situation in Modern Zululand", *Bantu Studies*, 14, 1, März 1940; 14, 2, Juni 1940.
Die Entwicklung des Arbeitsmarkts und der Segregation im Zulu-Land. Die Zerstörung der Menschen in den Reservaten der Transkei.

Gluckman M., 1941 – *Economy of the Central Barotse Plains*, Rhodes-Livingstone Papers Nr. 7, R. L. Institute, 130 S.
Soziale Auswirkungen einer auf der überschwemmten Landwirtschaft gegründeten Ökonomie. Einfluß der Monetarisierung der Ökonomie. Migrationen.

Gluckman M. 1942 – "Some Process of Social Change Illustrated from Zululand", *African Studies*, 1, 4, Dezember 1942, S. 243-260.
Zwei Typen von Gesellschaften: repetitive und wechselnde. Modalitäten der Veränderungen in den bestehenden Kulturen.

Gluckman M., 1960 – "Tribalism in Modern British Central Africa", *Cahiers d'études africaines*, I, 1, S. 55-72.
Der Tribalismus wird durch die den Afrikanern auferlegten ökonomischen Bedingungen am Leben gehalten.

Godelier M. (Hrsg.), 1970 – *Sur les sociétés précapitalistes*, Ed. sociales, Paris, 414 S.
Auswahl von Texten von Marx, Engels, Lenin. Vorwort von M. Godelier: "Die Verwandtschaft ist sowohl Unterbau wie Überbau" (S. 139).

Godelier M., 1973 – *Horizon, Trajets marxistes en anthropologie*, Maspero, Paris, 395 S.
Sammlung von Aufsätzen.

Godelier M., 1973 – "Modes de production, Rapports de parenté et Structures démographiques", *La Pensée*, 172, Dezember 1973, S. 7-31.
Die Verwandtschaft ist sowohl Unterbau wie Überbau. Einführung der Elemente einer demographischen und ökologischen Kausalität.

Goody J., 1958 – "The Fission of Domestic Groups among the Lodagaba", *The developmental cycle in domestic groups*, J. Goody (Hrsg.), Cambridge University Press, 145 S.
Verschiedene Segmentierungsprozesse; zyklischer Prozeß der häuslichen Spaltung, die drei Generationen tief reicht, beschrieben nach Vergleichen zwischen landwirtschaftlich produktiven, Nahrung konsumierenden und Wohnsitzgruppen.

Goody J. (Hrsg.), 1973*a* – *The Character of Kinship*, Cambridge University Press, London, 251 S.

Goody J. 1973*b* – "Polygyny, Economy and the Role of Women", in Goody (Hrsg.), 1973*a*.
"Die größere ökonomische Rolle der Frauen könnte theoretisch dazu führen, daß man sie eher als Töchter behält, denn als Gattinnen entfremdet... Das kritische Element wäre eher die Arbeit ihrer (männlichen) Kinder als die der Frau selbst... Die Vielfältigkeit der Frauen wäre aus Reproduktionsgründen erwünscht."

Goody J. und Buckley J., 1973 – "Inheritance and Women's Labour in Africa", *Africa*, XLVII, 11, April 1973, S. 108-121.
"Der Beitrag der Frauen zur landwirtschaftlichen Produktion ist größer, wo das wichtigste Produktionsmittel, die Erde, matrilinear vererbt wird, als in einem patrilinearen System."

Gosselin G., 1970 – *Développement et Tradition dans les sociétés africaines*, B.I.T., Genf, 343 S.
Vor allem für die Anthropologie der Arbeit im Gbeya-Land: Bedingungen der Jugendlichen, Frauen und Alten in der Hauswirtschaft und unter dem Einfluß von Produktionsverhältnissen, welche die kommerzielle Landwirtschaft eingeführt hat. Ökonomische und soziale Funktionen der Nahrungsmittel produzierenden Landwirtschaft.

Gosselin G., 1972 – *Travail et Changement social en pays gbeya*, R.C.A., Klincksieck, Paris, 356 S.
Soziale Organisation der Produktion. Statistiken über die Zusammensetzung der Produktionszellen. Ideologischer Rahmen.

Gosselin G., 1973 – *Formations et Stratégies de transition en Afrique tropicale*, Dissertation, Université de Paris, V, 2 Bde.
"Die traditionellen Werte, Strukturen und Funktionen schaffen im politischen Bereich mehr Schwierigkeiten, als daß sie Versuche erleichtern, die Populationen an einer Entwicklung teilnehmen zu lassen..., die sie zwar betrifft, ihnen aber unverständlich ist." Diese Arbeit verarbeitet fast das gesamte Material von Gosselin, 1970.

Gould J. und Kolb W. L., 1964 – *A Dictionary of the Social Sciences*, Tavistock Publications, London 1964, 761 S.

Gourou P., 1954 – "Les Kikuyu et la crise Mau-Mau", *Cah. d'O.M.*, 28, 7, Okt.-Dez. 1954.

Denunziert die vorsätzliche Politik der niedrigen Löhne in Kenya unter der britischen Kolonisation, um *das Angebot an Arbeitskräften zu erhöhen* (da die Arbeiter die Arbeit verlassen, sobald sie so viel verdient haben, wie sie sich vorgenommen haben).

Gray R. F., 1960 – "Sonjo Bride-Price and the Question of African Wife-Purchase", *American Anthropologist,* 62, 1, Februar 1960.
Die Heirat ist ein Frauenkauf! [Die Absurdität der auf die Hauswirtschaft angewandten klassischen liberalen Ökonomie.]

Gunn H. D., 1956 – "Pagan Peoples of the Central Area of Northern Nigeria", *Ethnographic Survey,* I.A.I., London, 146 S.
Segmentäre Populationen.

Gurvitch G., 1955 – *Déterminismes sociaux et liberté humaine,* P.U.F., Paris, 297 S.
Vier Typen globaler archaischer Strukturen, S. 200-222.

Gussman B., 1953 – "Industrial Efficiency and the Urban african", *Africa,* 23, 2, April 1953, S. 135-144.
Die Produktion pro Arbeitereinheit in Südrhodesien ist die niedrigste im gesamten Commonwealth. Ursachen: Fehlen einer Öffentlichkeit, niedrige Lohnsätze, wenig befriedigende Lebensbedingungen, erdrückende administrative Vorschriften (bis zu vierzehn Ausweise), Unmöglichkeit, die soziale Situation zu verbessern, trotz allem, was man verdienen kann; die städtischen Arbeiter bilden eine Nomadengemeinschaft, die noch Verbindungen zu ihren Familien hat.

Gutkind P. (in Vorbereitung) – "The View from Below: Political Consciousness of the Urban Poor in Ab Ibadan, Western Nigeria", *Cahiers d'études africaines.*
Wie das arme Proletariat die Klassenverhältnisse sieht.

Hailey Lord, 1938 – *An African Survey,* Oxford University Press, London.
[Standardwerk kolonialistischen Geistes über alle afrikanischen Probleme. Periodisch durchgesehen und neu aufgelegt. Ein Dokument.]

Hallam R., 1974 – "The Production of Poverty", *Economy and Society,* 3, 4, November 1974, S. 451-466.
Kritik der bürgerlichen Begriffe "Einkommen", "Konsum", "Armut", ausgehend vom dialektischen Materialismus und der Produktion der Produktivkräfte.

Halpern J., 1967 – "Traditional Economy in West Africa", *Africana Bulletin* 7, S. 91-112.

Halpern J., 1968 – "The Roots of Agricultural Changes in Precapitalist Africa", *Acta Poloniae Historica,* 18, S. 120-129.
[Überschätzung des "demographischen Drucks" und Unterschätzung der Auswirkungen des Handels.]

Harrington M., 1962 – *The Other America,* Penguin Special, London, 186 S.
Die andere Seite des amerikanischen Wohlstands: 50 Millionen Arme!

Haswell M. R., 1953 – "Economics of Agriculture in a Savannah Village", *Colonial Office,* London, Nr. 8, 141 S.
Soziale Organisation der Arbeitsressourcen in einem Dorf von Gambia.

Harris M., 1959 – "Labour Migration among the Mozambique Thonga: Cultural and Political Factors", *Africa,* 29, 1, Januar 1959, S. 50-65.
60 % der Männer sind Wanderarbeiter.

Héritier F., 1973 – "La Paix et la Pluie", *L'Homme,* XIII, 3, S. 121-138.
Die Ungleichheit unter Linien und die Entstehung einer Macht "durch Erneuerung der Linienbeziehungen".

Héritier F., 1974 – "Univers féminin et Destin individuel chez les Samo", *La Notion de personne en Afrique noire,* C.N.R.S., Paris, S. 243-254.
Von der Notwendigkeit für den Mann, sich die wilden Früchte der Frau anzueignen und gleichzeitig dem Schicksal zu entgehen, das sie ihm auferlegt, indem er gegen sie das Recht, die Kultur, die "Zivilisation" durchsetzt.

Herman E.-J., 1975 – "La Contre-Révolution des revenus", *Le Monde diplomatique,* 253, April 1975.
Die fortdauernde Ungleichheit der Einkommen in den Vereinigten Staaten.

Heusch L. de, 1955 – "Valeur, Monnaie et Structuration sociale chez les Nkutshu (Kasai, Congo Belge)", *Revue de l'Institut de sociologie,* 1, 1955, S. 1-26.
Das "Kupfergeld", "Symbol der Frau", zirkuliert als "Schuldforderung" zwischen Verwandtschaftsgruppen.

Heusch L. de, 1973 – *Essais sur le symbolisme de l'inceste royal en Afrique,* Institut d'ethnologie Solvay, Brüssel, 268 S.
Versuch einer psychoanalytischen Interpretation.

Hiernaux J., 1973 – "Some Ecological Factors Effecting Human Populations in Sub-Saharan Africa", in Clark Hoswell und Bourlière (Hrsg.), 1973, S. 534-546.
Die Ökologie muß die Verantwortung für die Vergangenheit jeder Population übernehmen.

Hodgson G., 1974 – "Marxian Epistemology and the Transformation Problem", *Economy and Society,* 3, 4, November 1974, S. 357-392.
Beziehung zwischen Wert und Preis: die Diskussion ist nicht abgeschlossen.

Hopkins A. G., 1973 – *An Economic History of West Africa,* Longman, London, 337 S.

Hoyt E., 1956 – "The Impact of a Money Economy on Consumption Patterns", *Annals of the American Acad. of Pol. Soc. Sciences,* Mai 1956, S. 12-22.
Die städtischen Löhne basieren auf den Subsistenzkosten eines alleinstehenden Mannes. Die kommerziellen Landwirtschaften haben das Nahrungsniveau gesenkt.

Huber H., 1969 – "Le Principe de réciprocité dans le mariage Nyende", *Africa,* London, 39, 3, Juli 1969, S. 260-274.
"Schwestern"tausch und Heiratsversprechungen.

Hugon Ph., 1967 – *Analyse du sous-développement en Afrique noire,* P.U.F., Paris, 325 S.
"Das Lohnniveau [in der lokalen Industrie] hat keinen realen Einfluß auf die Herstellungskosten", da es so niedrig ist.

Hunter M., 1936 – *Reaction to Conquest,* I.A.I., Oxford University Press, London, 582 S.
Verfall der Bantu-Gesellschaft unter der Auswirkung der Lohnarbeit.

Hyams P. R., 1970 – "The Originis of a Peasant Land Market in England", *The Econ. Hist. Rev.,* XXVIII, I, April 1970, S. 18-31.
Aufgrund der Größe der Familien wurde die Erde durch Vererbung, Heirat und andere mit der Verwandtschaft verbundene Formen weitergegeben. Wie kommt es, daß sie auf dem Markt eindringt? Woher stammt das Geld, mit dem sie gekauft wird? Rolle der Wucherer.

Hymer S. H., 1970 – "Economic Forms in Pre-Colonial Ghana", *Journal of Economic History,* XXX, 1, März, S. 33-50.
Die "Entwicklung" ohne Enteignung des Bodens.

Isichei P.A.C., 1973 – "Sex in Traditional Asaba", *Cahiers d'études africaines* (52), XIII, 4, S. 682-700.
Die sexuelle Unterdrückung.

Ivanov Yu., 1973 – "Labour Migration and the Rise of a working Class in Tropical Africa", *IIId Session of the International Congress of Africanists,* Addis Abeba, 34 S. (vervielf.).
Verfall der Bedingungen für die Bildung billiger Arbeitskräfte durch die Rotationswanderungen in Ostafrika.

Izard M., 1975 – "Les Captifs royaux dans l'ancien Yatenga", in Meillassoux (Hrsg.), 1975, S. 281-296.
Matrimoniale Umverteilung auf königlicher Ebene.

Jacques-Meunier D., 1949 – "Greniers collectifs", *Hesperis,* XXXVI, 1-2, S. 97-138.
Zusammenlegung der Familienspeicher in einem einzigen heiligen "Stammes"gebäude (agadir), das von einem kleinen Rat von Eigentümern bewacht und verwaltet wird. Mittel, sich vor landwirtschaftlichen Risiken (eine gute Ernte ist die Ausnahme) sowie vor Plünderungen zu schützen.

Jaulin R., 1966 – "La Distribution des femmes et des biens chez les Mara", *Cahiers d'études africaines* (23), VI, 3, S. 419-463.
Ein präziser Fall von matrimonialer und alimentärer Gegenseitigkeit, mit Strukturalismus verziert.

Jaulin R. [1970] – *La Paix blanche,* Union générale d'édition, 1954, 2 Bde.
[Ein militantes Werk gegen den Ethnozid, jedoch durch Exotismus verfälscht. Der Imperialismus als kultureller Makel der "Weißen".]

Jaulin R., 1973 – *Gens du soi, Gens de l'autre,* U.G.E., Paris, 439 S.
Für den Aufsatz von S. Pinton über die Organisation des Gemeinschaftshauses bei den Motilone.

Kagame A., 1968-1969 – "La Place de Dieu dans la religion des Bantu", *Cahiers d'études africanes* 2, Juli 1968, S. 213-222; 4, Januar 1969, S. 5-11.
Durch Zeugung pflanzt der Mensch die menschliche Rasse fort: das ist seine Religion.

Kahn J. S., 1974 – "Imperialism and the Reproduction of Capitalism", *Critique of Anthropology,* 2, August 1974, S. 1-35.
"Wages (in Indonesia) do not equal the total cost of the reproduction of labour-power."

Kane F., Lericollais A., o. J. [1975] – *L'Emigration en pays soninké,* Manuskript, 22 S.
"Die Soninké-Emigration hat die Funktion, eine Arbeitskraft zu produzieren, die in Frankreich ausgebeutet wird. Doch seit einigen Jahren sind die Abschöpfungen so hoch, daß kaum damit zu rechnen ist, daß sich die Situation auf diese Weise normalisiert." [Stand dieser Frage]

King K. K., 1973 – "Blacks in the White Highlands; Some Aspects of Squatting in Kenya", University of Birmingham, C.W.A.S., 19 S. (vervielf.).
Politik der Ausbeutung der Erde und der Arbeitskraft in Kenia.

Kirk-Greene A.N.M., 1956 – "Tax and Travel among the Hill. Tribes of Northern Adamawa", *Africa,* 26, 4, Dezember 1956, S. 369-379.
Saisongebundene Emigration der Männer, die mehrere hundert Kilometer entfernt als Hilfsarbeiter usw. arbeiten, um das Geld für die Steuern und den Heiratspreis zu verdienen (Verkauf auf den Märkten als Nebenerwerb). Lange Emigration in die Städte (vier Jahre).

Kohler J.-M., 1971 – *Activités agricoles et Changements sociaux dans l'Ouest-Mossi,* O.R.S.T.O.M., Mem. Nr. 46, 248 S.
Sorgfältige Beschreibung der sozialen Organisation der Produktion.

Kohler J.-M., 1972 – *Les Migrations des Mossi de l'Ouest,* O.R.S.T.O.M., Paris, Travaux et Documents, Nr. 18, 106 S.
"Die Migration trägt dazu bei, die lokale Infrastruktur der Produktion auf einem niederen Niveau zu halten... Der Schaden, den die Migrationen der Dynamik und der Erneuerungsfähigkeiten der Populationen zufügt, ist noch schwerwiegender als der Verlust durch die Fluchtbewegungen der jugendlichen Arbeitskraft."

Kommunistische Internationale, 1934 – *Manifestes, Thèses et Résolutions des quatre premiers Congrès mondiaux de l'Internationale communiste,* Bibliothèque communiste, Maspéro, 1970, 216 S.

Korn F., 1973 – *Elementary Structures Reconsidered – Lévi-Strauss on Kinship,* Tavistock, London, 168 S.
Eine methodologische Kritik des Strukturalismus von Lévi-Strauss.

Krader, L., 1972 – *The Ethnological Notebooks of Karl Marx,* Ven Gorum, Assen, 454 S.
[Treue Wiedergabe der Lesenotizen von Karl Marx (Morgan, Phear, Maine, Lubbock), jedoch schwierig zu benutzen. Eine wichtige Einführung in den Platz der Ethnologie im Werk von Marx und Engels.]

Kula W., 1970 – *Théorie économique du système féodal,* Mouton, Paris, 173 S.
[Die beste Arbeit über dieses Thema. Viele interessante Ideen, deren theoretische Behandlung jedoch häufig dem Marginalismus näher steht als dem historischen Materialismus.]

Labour Advising Board of Lagos, 1945 – "Industrial Conditions in Nigeria", *Africa,* 15, 3, Juli 1945, 165 S.
In der Bekleidungsindustrie ist das "sweating system" schlimmer als während der industriellen Revolution in England. Die Kinder arbeiten ohne Bezahlung nachts und an Sonntagen. Männer arbeiten sechs Nächte hintereinander ohne Pause, bis sie in Schlaf fallen, usw.

Laclau E., 1971 – "Feudalism and Capitalism in Latin America", *New Left Review,* 67, S. 19-38.
Eine der ersten Diskussionen über die Verquickung der Produktionsweisen.

Laulagnet A.-M., 1967 – "Les Schémas de la reproduction chez Marx", *Problèmes de planification,* 9, E.P.H.E., VI. Abt., Paris, 47 S.
Marx hält seine Analyse der Reproduktionsschemata im Rahmen von Abstraktionen und interessanten Hypothesen, besonders die der kurzfristigen.

Laurentin A., 1960 – "Femmes nzakara", in Paulme D. (Hrsg.), 1960, S. 121-172.
Status- und Situationsunterschiede unter den Frauen des Sultanats von Nzakara.

Lange O., 1958 – "Le Marxisme et l'Economie bourgeoise", *Cahiers internationaux,* April-Mai 1958, 95, S. 79-86; 96, S. 85-92.
Historische und ideologische Funktion der bürgerlichen Wirtschaftstheorie.

Lecour-Grandmaison C., 1972 – *Femmes Dakaroises,* Annales de l'Université d'Abidjan, Serie F., Bd. IV, 253 S.
Die Verschmelzung von Geschäft und Ehe bei den Lebou-Frauen aus Dakar.

Lee R. B. und Devore I. (Hrsg.), 1968 – *Man the Hunter,* Aldine Pub. Cy., Chicago, 415 S.
Ein Grundwerk über die punktuelle Wirtschaft. Nützliche ökologische Fakten.

Lee G., 1971 – "Rosa Luxemburg and the Impact of Imperialism", *The Economic Journal,* London, Dez. 1971, 81, S. 847-862.

Lee G., 1972 – "An Assimilating imperialism", *Journal of Contemporary Asia,* 2, 1, 15. S.
Die abhängige Ökonomie ist nicht in der Lage, sich zu reproduzieren.

Lee G., 1973 – "The Logic of Surplus-Value", unveröffentlicht, 25 S. (vervielf.).
[Eine etwas verwirrende Diskussion, in der jedoch einige noch nicht gelöste Probleme des "Arbeitswerts" auftauchen.]
"The total surplus-value of a society is determined within a single sector, the means of subsistence sector, in which incidentally, the labour of woman as wife-mother is prodominant."

Leiris M. – "L'Expression de l'idée de travail dans une langue d'initiés soudanais (Dogon)", *Le Travail en Afrique noire,* "Présence africaine", Le Seuil, Paris, S. 69-84.
"Die Arbeit wird nur in Funktion des Gutes gedacht, das gesellschaftlich aus ihr entsteht."

Lenin [1896-1899] – *Die Entwicklung des Kapitalismus in Rußland,* Werke, Bd. 3.
Bildung des inneren Markts.

Lenin [1913] – "Kapitalismus und Arbeiterimmigration", *Za Pravdou,* Werke, Bd. 19. Zitiert von Balibar, 1973.

Lenin [1916] – *Der Imperialismus als höchstes Stadium des Kapitalismus,* Werke, Bd. 22.
Die Immigration und Ausbeutung des kolonialen Proletariats fördern die Schaffung einer privilegierten Kategorie unter den Arbeitern der ausgebeuteten Länder.

Leroi-Gourhan A., 1964 – *Le Geste et la Parole,* A. Michel, Paris, 323 S.
Ein zwar nicht historischer, aber intelligenter Materialismus.

Leurquin Ph., 1960 – *Le Niveau de vie des populations rurales du Ruanda-Urundi,* Nauwelaerts, Louvain, 420 S.
Die königliche Ökonomie; der koloniale Einfluß; das Problem des Hungers; "Geld kaufen"; die menschlichen Grenzen der Produktion.

Lévi-Strauss C., 1967 – *Les Structures élémentaires de la parenté* (2.Aufl.), Plon, Paris.

Lévi-Strauss C', 1958 – *Anthropologie structurale,* Plon, Paris, 454 S. [deutsch: *Strukturale Anthropologie,* Suhrkamp, Frankfurt 1967].

Lizot J., 1972 – "L'ethnologie du deshonneur", in *Le Livre blanc de l'ethnocide en Amérique* (R. Jaulin, Hrsg.), A. Fayard, Paris.
Kritik an Biocca (1968). Leugnet die Bedeutung der Gewalt bei den Yanoama, obwohl er zugibt, daß die bei Überfällen Getöteten 24 % der Sterblichkeit der erwachsenen Männer ausmachen. Zitiert nicht Chagnon 1968.

Luas, 1970 – "Le Travail: la main-d'œuvre immigrée est une bonne affaire", *Front,* Nr. 3, abgedruckt in *U.G.T.S.F.,* 1970, S. 82-95.

Luxemburg, R. [1913] – *Die Akkumulation des Kapitals,* Verlag de Munter, Amsterdam 1923.

McLoughlin P.F.M., 1963 – "Using Administration Report to Measure Rural Labour Markets. Darfur-Sudan", *Bull. Inter. African Labour Institute,* 10, 1, Febr. 1963, S. 15-41.
Die langfristige Wachstumsrate der Lebenshaltungskosten in Darfur ist zwei- bis dreimal höher als die Wachstumsrate der Nominallöhne. Man muß länger auf dem Arbeitsmarkt bleiben, um den gleichen Lebensstandard zu halten.

Maine H. [1861] – *Ancient Law,* The World's Classics, London 1959.

Malinowski B., 1927 – *Sex and Repression in a Savage Society,* Routledge, London, 285 S. [deutsch: *Geschlecht und Verdrängung in primitiven Gesellschaften,* Rowohlt, Hamburg 1962].
"Die Gesellschaft entwickelt sich allein aus der Erweiterung der Familienbeziehungen und aus keiner anderen Quelle heraus" (S. 185 [178]); Diskussion.

Malinowski B. [1944] – *A Scientific Theory of Culture and Other Essays,* Galaxi Book, Oxford University Press, New York 1960, 228 S. [deutsch: *Eine wissenschaftliche Theorie der Kultur und andere Aufsätze,* Pan-Verlag, Zürich 1949].
"Das reproduktive Integrationsprinzip" steht auf der gleichen Ebene wie das Territorium, die Rasse, die Physiologie usw.

Maquet J., 1962 – *Les Civilisations noires,* Marabout Université, Lausanne, 320 S.
[Klare und gut dokumentierte Präsentation, von einer einseitigen materialistischen Sicht geprägt.]

Marie A., 1972 – "Parenté, Echange matrimonial et Réciprocité", *L'Homme,* XII, 3, S. 5-46; 4, 5-36.
Gründlicher Vergleich zwischen patri- und matrilinearen Systemen. Die Gesellschaft strukturiert sich um Modalitäten zur Kontrolle der menschlichen Energie. [Strukturale] Widersprüche der Matrilinearität. Die Patrilinearität gründet mehr auf dem Prinzip der Gegenseitigkeit. Die neuen Produktionsverhältnisse lösen die Verwandtschaft von den sozialen Beziehungen ab, der Strukturalismus muß dem historischen Materialismus das Feld räumen.

Marshall L., 1957 – "The Kin Terminology of the Kung Bushmen", *Africa,* 27, 1, Januar 1957, S. 1-24.
Verwandtschaft über alles!

Martin J.-Y., 1970 – *Les Matakam du Cameroun,* O.R.S.T.O.M., Mem, Nr. 41, 215 S.
Das Heiratsgut sanktioniert nur die Zirkulation der Gattinnen, nicht die der Nachkommenschaft. Bestimmung der matrimonialen Areale.

Marx K. [1850] – *Die Klassenkämpfe in Frankreich 1848 bis 1850,* MEW, Bd. 7.

Marx K. [1857-1858] – *Grundrisse der Kritik der politischen Ökonomie, Dietz, Berlin 1953.*

Marx K. [1859] – *Einleitung zur Kritik der Politischen Ökonomie,* MEW, Bd. 13.

Marx K. [1866] – *Resultate des unmittelbaren Produktionsprozesses,* Verlag Neue Kritik, Frankfurt 1969.

Marx K. [1867] – *Das Kapital,* MEW, Bd. 23-25.

Marx K. [1881] – *"Entwürfe einer Antwort auf den Brief von V. I. Sassulitsch",* MEW, Bd. 19.

Marx W. J., 1941 – *Mechanization and Culture: the Social and Cultural Implications of a Mechanized Society,* Herder, New York, 243 S.
Auswirkungen der kommerziellen Landwirtschaft auf die Bauernschaft der Vereinigten Staaten. Die Spezialisierung zwingt den Bauern, auf bestimmte Arbeiten zu verzichten und folglich mehr auf dem Markt zu kaufen, so daß er, trotz der Erhöhung seiner Arbeitsproduktivität, ebenso lange arbeiten muß, um das nötige Geld zum Kauf dessen zu verdienen, was er früher selbst herstellte. Die Mechanisierung begünstigt die großen landwirtschaftlichen Unternehmen, die nur mit fluktuierenden Arbeitskräften funktionieren können. [Der amerikanische Bauer als Opfer der Selbstkolonisation.]

Masefield, G. B., 1950 – *A Short History of Agriculture in the British Colonies,* Clarendon, Oxford.

Mattelart A., 1969 – "Une lecture idéologique de l'Essai sur le principe de population", *Americana Latina* (Rio de Janeiro), 12, 4, Oktober-Dezember 1969, S. 79-114.
Die Malthussche Theorie ist der Prototyp der bürgerlichen Ideologie, ihrer juristisch-politischen Mechanismen und der pseudowissenschaftlichen Grundlage ihrer Herr-

schaft. Sie kündet die Soziologie des *status quo* an, welche den angelsächsischen Funktionalismus kennzeichnet. Sie setzt sich in den integrationistischen und partizipationistischen Entwicklungsmodellen fort. [Vorbildliche Studie.]

Mauss M. [1924] – "Essai sur le don", *Sociologie et Anthropologie,* P.U.F., Paris 1968 (4. Aufl.), S. 145-279 [deutsch: *Die Gabe,* Suhrkamp, Frankfurt 1968]. [Eine anfechtbare Interpretation des Materials und der anfechtbaren Interpretationen von Boas, aber der Ausgangspunkt einer neuen Reflexion über die "primitive" Ökonomie.]

Meillassoux C., 1960 – "Essai d'interpretation du phénomène économique dans les sociétés traditionelles d'autosubsistance", *Cahiers d'études africaines,* 4, S. 38-67; und in Meillassoux, 1976.

Meillassoux C. (Munzer T. und Laplace E.), 1961 – *L'Afrique recolonisée,* E.D.I., Paris (erweiterte Aufl. 1975).

Meillassoux C., 1962 – "Social and Economic Factors Affecting Markets in Guroland", *Markets in Africa,* P. Bohannan und G. Dalton (Hrsg.), Northwestern University Press, 1962, S. 279-298; franz. Übers. in Meillassoux, 1976.

Meillassoux C., 1964 – *Anthropologie économique des Gouro de Côte-d'Ivoire,* Mouton, Paris, 382 S., 17 Karten, Index, Bibliographie (3. Aufl.).

Meillassoux C., 1967 – "Recherches d'un niveau de détermination dans la société cynégétique", *L'Homme et la Société,* 6, 4. Trim. 1967, S. 95-106 (in Meillassoux, 1976).

Meillassoux C., 1968 – "Ostentation, Destruction, Reproduction", *Economies et Sociétés,* II, 4, April 1968, S. 760-772 (in Meillassoux, 1976).

Meillassoux C., 1968 *b* – *Urbanization of an African Community. Voluntary Associations in Bamako,* American Ethnological Society, Mon. Nr. 45, University of Washington Press, 165 S., Index, Bibliographie.

Meillassoux C. (Hrsg.), 1971 – *L'Evolution du commerce africain depuis le XIXe siècle en Afrique de l'Ouest* (Einführung), Oxford University Press, London, 444 S. – zweisprachig (in Meillassoux, 1976).

Meillassoux C., 1972 – "From Reproduction to Production", *Economy and Society,* I, 1, S. 93-105 (französische Übersetzung in Meillassoux, 1976).

Meillassoux C., 1973 – "Y a-t-il des castes aux Indes?", *Cahiers internationaux de sociologie,* LIV, 1. Sem. 1973, S. 5-29 (in Meillassoux, 1976).

Meillassoux C. (Hrsg.), 1975 – *L'Esclavage en Afrique précoloniale,* Maspero, Paris, 582 S.

Meillassoux C. (in Vorbereitung), 1976 – *Le grain de la sueur.*

Mercier P., 1965 – "Les Classes sociales et les Changements politiques récents en Afrique noire", *Cahiers internationaux de sociologie,* XXXVIII, Januar-Juni 1965, S. 143-154.
Die Führungsschicht stützt sich auf die schwache Entwicklung der sozialen Klassen, um deren Existenz zu leugnen.

Merlier M., 1962 – *Le Congo, de la colonisation belge à l'indépendance*, Maspero, Paris, 355 S.
Die Entstehung der sozialen Klassen, insbesondere des Proletariats. Dokumentierte und überzeugende Analyse der sukzessiven Formen der Ausbeutung der Arbeit durch den belgischen Kolonialismus. [Verkannt.]

Meyers J. T., 1971 – "The Origins of Agriculture; an Evaluation of Three Hypothesis", in Struever (Hrsg.), 1971, S. 101-121.
Die Gegebenheiten der Archäologie.

Middleton J., 1960 – *Lugbara Religion*, Oxford University Press, 276 S.
Die Hierarchie in der Hausgemeinschaft.

Middleton J., 1974 – *Les Lugbara de l'Ouganda: religion et société*, Vorlesungen an der E.P.H.E., VI. Abteil. (Centre d'études africaines), Paris, 21 S. (vervielf.).
Die egalitäre Ideologie unter Hausgemeinschaften.

Middleton R., 1962 – "A Deviant Case: Brother-Sister and Father-Daughter Marriage in Ancient Egypt", *American Sociological Review*, XXVII, 5, Oktober 1962.
Unter der römischen Besatzung waren die Heiraten zwischen Geschwistern in Ägypten häufig, wahrscheinlich zur Bewahrung des Patrimoniums. Bestreitet die Universalität des Inzestverbots und behauptet seinen relativen Charakter.

Minces J., 1973 – *Les Travailleurs étrangers en France*, Le Seuil, Paris, 476 S.
[Beschreibende und dokumentierte Studie. Zahlreiche transkribierte Interviews, doch die Analyse stützt sich stärker auf die Psychologie des Migranten als auf die objektiven Bedingungen seiner Situation.]

Moore G., 1968 – "The Imagery of Death in African Poetry", *Africa*, 38, 1, Januar 1968, S. 57-70.
Der Tote bleibt Mitglied der lebendigen Gemeinschaft: er nährt das Leben und ermöglicht die Erneuerung.

Morgan L. H. [1877] – *Ancient Society*, The World Publishing Cy, New York 1963, 569 S.

Morokvasic M., 1974 – "Les Femmes immigrées au travail", *Colloque européen sur les problèmes de la migration*, Louvain, 31. Jan. – 2. Febr. 1974, 35 S. (vervielf.).
[Dokumentierte Studie.]

Moscovici S., 1972 – *La Société contre nature*, Paris, U.G.E., 444 S.
[Naturalistische Abhandlung über die Evolution.]

Mukherjee R., 1956 – *The Problem of Uganda*, Berlin, Akademie-Verlag.
Das Problem der Arbeit.

Murcier A., 1973 – "L'Afrique du Sud victime de l'apartheid", *L'Expansion*, Nr. 67, Oktober 1973, S. 48.
Sind die "Reserven schwarzer Arbeitskraft" bald erschöpft?

Mury F., 1904 – *La Main-d'œuvre aux colonies*, Imprimerie des Congrès coloniaux français, 12 S.

Nadel S. F., 1942 – *A Black Byzantinum,* Oxford University Press, London, 420 S.
Familienorganisation der Produktion und Bestimmung des Produkts. Wiederherstellung der funktionalen Familien...

Nadel S. F., 1947 – *The Nuba: an Anthropological Study of the Hill-Tribes of Kordofan,* Oxford University Press, London, 527 S.
Eine "typische" Hauswirtschaft und ihre Veränderungen. Bilinear, aber gynäkomobil. Lohnarbeit wird nur geleistet, um die Steuern zu bezahlen.

Naville P., 1957 – *Le Nouveau Léviathan,* I. *De l'aliénation à la jouissance,* M. Rivière, Paris, 514 S.
Die zeitgenössische Verifizierung der Thesen von Marx und Engels anhand der kapitalistischen Praxis der Ausbeutung der Arbeit.

N'Dongo S., 1972 – *La "Coopération" franco-africaine,* Maspero, Paris, 136 S.
[Eine bittere Kritik an der Scheinunterstützung des Senegal durch die französischen Regierungen.]

N'Dongo S., 1974 – *Voyage forcé,* Maspero, 224 S.
[Der politische Weg eines emigrierten Arbeiters und die Wege des Klassenbewußtseins.] Senghor, der Hunger, die Emigration, die Unterdrückung im Senegal.

Needham R., (Hrsg.), 1971 – *Rethinking Kinship and Marriage,* A.S.A., Mon. Nr. 11, Tavistock, London, 276 + CXVII S.

Needham R., 1974 – *Remarks and Inventions: Sceptical Essays about kinship,* Tavistock, London, 181 S.

Nettl J.-P., 1966 – *Rosa Luxemburg,* Kiepenheuer & Witsch, Berlin.

Nicolaï A., 1974*a* – "Et le poussent jusqu'au bout", *Connexions,* 10, Oktober 1974, S. 75-108.
Ein Programm für den Wiederaufschwung des dialektischen Materialismus.

Nicolaï A., 1974*b* – "Anthropologie des économistes", *Revue économique,* XXV, 4, Juli 1974, S. 578-610.
Die marxistische Soziologie des Wissens, angewandt auf die Kritik der zeitgenössischen "Wirtschaftswissenschaft".

Ninine J., 1932 – *La Main-d'œuvre indigène dans les colonies africaines,* Jouve et Cie., Paris, 245 S.

Obregon A. Q., 1974 – "The Marginal Pole of the Economy and the Marginalised Labour Force", *Economy and Society,* 3, 4, November 1974, S. 393-428.
Verwaltungsprobleme des Kapitalismus.

Olivier de Sardan J.-P., 1969 – *Système des relations économiques et sociales chez les Wogo (Niger),* Mémoires de l'Institut d'ethnologie, III, Paris, 234 S.
Die Heirat, Pol der sozialen Reproduktion.

Olivier de Sardan J.-P., 1975 – "Captifs ruraux et Esclaves impériaux du Songhai", *L'Esclavage en Afrique précoloniale* (Meillassoux, Hrsg.), Maspero, Paris, S. 99-133.
Matrimoniale Verhältnisse und Klassenverhältnisse.

Oppenheimer H. F., 1954-1955 – "The Human Aspect of South Africa's Gold Mines", *Progress*, London, 44, 245, S. 139-144.
Für die Zusammenführung und Qualifizierung der schwarzen Arbeitskraft [als Mittel zur Rekrutierung einer qualifizierten Arbeitskraft, die billiger ist als die europäische]. Der Standpunkt des angelsächsischen Kapitalismus in der Südafrikanischen Union.

Orde-Brown G. St. J., 1930 – "The African Labourer", *Africa*, 13, 1, Januar 1930, S. 13-29.
Empfiehlt die Aufrechterhaltung der traditionellen kollektiven Strukturen als Mittel gegen die Verelendung, die Prostitution, den Alkoholismus. Soziale Vorwände für die Ausbeutung der Arbeit.

Orde-Brown G., St. J., 1941 – *Labour Conditions in West Africa*, London, 149 S.
Stammesauflösung, jugendliche Kriminalität, Arbeitsbedingungen, Lebenshaltungskosten, Lebensmittelversorgung, Wohnungssituation, Unterrichtswesen usw.

Organisation des Nations Unies, 1957 – "Problèmes sociaux que pose l'urbanisation dans les régions économiquement sous-développées", *Rapport sur la situation sociale dans le monde*, 123 S.
Die Städte sammeln das ländliche Elend auf.

Palloix C., 1970 – "A propos de l'échange inégal. Une critique de l'économie politique", *L'Homme et la Société*, Okt.-Dez. 1970, S. 5-34.

Paulme D. (Hrsg.), 1960 – *Femmes d'Afrique noire*, Mouton, Paris, 281 S.
[Ein Nachschlagewerk.]

Pearson H. W., 1957 – "The Economy has no Surplus: Critique of a Theory of Development", in Polanyi K., 1957.
Der "Mehrwert" ist institutionell.

Perham M. (Hrsg.), 1946 – *The Native Economies of Nigeria*, Faber, London, 312 S.
Deskriptiv und informativ.

Pinton S., 1973 – "Les Travaux et les Jours", in Jaulin, 1973, S. 135-176.
Über das Alltagsleben der Bari-Motilone-Indianer.

Polanyi K., Arensberg C. M., Pearson H. W. (Hrsg.), 1957 – *Trade and Markets in the Early Empires*, The Free Press, Glencoe, Ill., 382 S.
Wie man unterschiedliche Arten der ökonomischen Zirkulation mittels der Geschichte und der Ethnologie unterscheidet.

Polanyi K., 1968 – *Primitive, Archaic and Modern Economics* (hrsg. von G. Dalton), Doubleday, New York, 346 S.
Aufsatzsammlung.

Pollet E. und G., 1968 – "L'Organisation sociale du travail agricole chez les Soninké (Diahunu, Mali)", *Cahiers d'études africaines*, VIII, 4 (32), S. 509-534.
Analyse der Produktionsverhältnisse in der häuslichen Landwirtschaft.

Pollet E. und Winter G., 1971 – *La Société soninké*, Institut de sociologie, Brüssel, 566 S.
[Präzise Feldforschung und wichtiger theoretischer Beitrag.]

Pons V. G., Xydias N., Clément P., 1956 – "Effets sociaux de l'urbanisation à Stanleyville (Congo belge)", in Forde (Hrsg.), 1956.
Der für einen Junggesellen berechnete Minimallohn wurde an 70 % der Arbeiter nicht bezahlt.

Pontié G., 1973 – *Les Guiziga du Cameroun septentrional,* O.R.S.T.O.M., Paris, 264 S.
Migrationen zwischen den Dörfern. In Zusammenhang mit den jüngeren, aber unveröffentlichten Arbeiten des Autors zu lesen.

Powesland P. G., 1954 – "History of the Migration in Uganda", in Richards (Hrsg.), 1954.
Chronischer Mangel an Arbeitskräften bis zu den Hungersnöten von 1928 und 1943 in Ruanda. Abhängigkeit der kolonialen Ökonomie von der Immigration.

Radcliffe-Brown A. G., 1956 – *Structure and Function in Primitive Society,* Cohen and West, London, 219 S.
Die "corporate group", ihre rituelle und patrimoniale Einheit.

Raynaud E., 1965 – "Le Sous-Emploi rural dans les pays en voie de développement", *Etudes rurales,* 18, S. 37-68.
"Das Postulat der wünschenswerten Überführung einer überschüssigen Arbeitskraft vom landwirtschaftlichen Sektor zu einem anderen Wirtschaftssektor... gilt nur für die bereits industrialisierten Länder... In den sich entwickelnden Ländern ist eine solche Überführung schädlich."

Raynaut C., 1975 – "Un aspect de la crise des sociétés agricoles de l'Afrique sahélo-soudanienne: le cas de la région de Maradi (Niger)", in Copans (Hrsg.), 1975, Bd. II, S. 5-43.
Die Preisgabe des Erdnußanbaus und die Veränderungen der Familienwirtschaft unter dem Einfluß der Kommerzialisierung der *Nahrungsmittel produzierenden* Landwirtschaften.

Read M., 1942 – "Migrant Labour in Africa and its Effects on Tribal Life", *International Labour Review,* 14 (6), S. 605-631.

Reboul C., 1972 – *Structures agraires et Problèmes de développement au Sénégal,* I.N.R.A., Paris, Travaux et Recherches, Nr. 17, Juni 1972, 163 S.
"Die traditionelle Produktionsweise verliert allmählich ihre Autonomie, bis sie, als Selbstkonsumtion, zu einer der Bedingungen der Entwicklung der Handelswirtschaft selbst wird" (S. 105).

Reboul C., 1975 – *Causes économiques de la sécheresse au Sénégal,* I.N.R.A., Paris, 59 S. (vervielf.).
Kritik der Wirtschaftspolitik im Senegal; Selbstversorgung und Warenproduktion; kapitalistische Auswirkungen des "sozialistischen" Gesetzes über das nationale Eigentum; Entwicklung der sozialen und regionalen Ungleichheiten.

Reich W. [1932] – *Der Einbruch der sexuellen Zwangsmoral,* Fischer Taschenbuch-Verlag, Frankfurt 1975.
Wie die Heirat mit der matrilinearen Kreuzkusine das "Patriarchat" in den herrschenden Klassen sowie die Ausbeutung unter Linien einführt (nach einer marxistischen und psychoanalytischen Neuinterpretation von Malinowski).

Reich W. [1933] – *Massenpsychologie des Faschismus*, Fischer Taschenbuch-Verlag, Frankfurt 1974.
Ideologische Funktion der patriarchalischen Familie.

Retel-Laurentin A., 1974 – *Infécondité en Afrique noire (Maladies et conséquences sociales)*, Masson, Paris, 196 S.
Trotz allem Anschein ist die afrikanische Fruchtbarkeit in vielen Gegenden gering; sie gefährdet ernsthaft die ökonomische Entwicklung sowie die sozialen Strukturen.

Rey P.-P., 1971 – *Colonialisme, Néo-Colonialisme et Transition au capitalisme*, Maspero, Paris, 526 S.
"Der Kapitalismus schreitet auf Kosten des Liniensystems fort, aber auch dank eben diesem System, dessen Klassenverhältnisse er verstärkt, um seine Herrschaft zu erhalten und auszudehnen."

Rey P.-P., 1973 – *Les Alliances de classes*, Maspero, Paris, 221 S.
Gibt es "Übergangsproduktionsweisen", die über das Bündnis der herrschenden Klassen führen?

Rey P.-P., 1975 – "L'Esclavage lignager chez les Tsangui, les Punu et les Kuni du Congo-Brazaville", *L'Esclavage en Afrique précoloniale*, (Meillassoux, Hrsg.), Maspero, Paris, 1975, S. 509-520.

Richards A., 1939 – *Land, Labour and Diet in Northern Rhodesia. An Economic Study of the Bemba Tribe*, Oxford University Press, London.
Verschlechterung der Ernährung unter dem Einfluß der weißen Zivilisation. Verwundbarkeit bei Hungersnöten. Verschärftes Ungleichgewicht durch die Anwerbung der Männer in den Minen.

Richards A. (Hrsg.), 1954 – *Economic Development and Tribal Change: a Study of Immigrant Labour in Uganda*, Heffer, London, 301 S.
Detaillierte soziologische Studie. Wichtiges historisches Kapitel. Die Migrationen wurden durch die Steuern, die Zwangsarbeit, die Hungersnöte hervorgerufen. 1950 gingen sie zu 75 % in die ländlichen Zonen, wo verschiedene Lebensformen praktiziert werden. Verschlechterung der Ernährung in den Emigrationszonen. Anwachsen der städtischen Immigration.

Rivière P. G., 1974 – "Some Problems in the Development of Traditional Shifting Cultivators of Tropical Forest of South America", *S.S.R.C. Symposium on "The Future of Traditional Primitive Societies"*, Cambridge, Dezember 1974, S. 23 (vervielf.).
Die ökologischen Zwänge der Protoagrikultur.

Ruyle E. E., 1973 – "Slavery, Surplus and Stratification on the Northwest Coast", *Current Anthropology*, 14, 5, Dezember 1973, S. 603-631.
Ausbeutung der Arbeit in den *potlatch*-Gesellschaften.

Ruyle E. E., 1973 *b* – "Mode of Production and Mode of Exploitation: a Neglected Aspect of Marxist Theory", *American Anthropological Ass. Symposium on Marxist Theory in Anthropology*, 1. Dez. 1973.
Die "Ausbeutungsweise" verweist auf den Klassenkampf, während der Begriff "Produktionsweise" nur Abstraktionen vergleicht.

Ruyle E. E., 1974 – "On the Origins of Social Classes and the State-Church", *Explorations in Political Economy,* 73d annual meeting of the A.A.A., November 1974, 14 S. (vervielf.).
Die ausbeutenden Klassen leiten sich einen größeren Strom sozialer Energie zu. Der Staat entstammt dem demographischen Druck...!

Sachs I., 1966 – "La Notion de surplus et son application aux économies primitives", *L'Homme,* VI, 3, Juli-September 1966, S. 5-18.
Ein nicht erklärtes statistisches Korrelationsverhältnis zwischen Mehrwert und Demographie, in Unkenntnis des Problems der Produktion des Produzenten. Keine Unterscheidung zwischen Nahrungsmittelproduktion und Produktion unproduktiver Güter.

Sahlins M., 1968 – "La Première Société d'abondance", *Les Temps modernes,* 24, 268, Oktober 1968, S. 641-680.
Kein Fortschritt seit dem Zeitalter der Jäger.

Sahlins M., 1972 – *Stone-Age Economics,* Aldine-Atherton, Chicago, 348 S.
Auf der Suche nach theoretischer Strenge, jedoch weiterhin Verwirrung zwischen mehreren nicht kapitalistischen Produktionsweisen.

Sauer C. O., 1969 – *Agricultural Origins and Dispersal,* The M.I.T. Press, Cambridge, Mass., 175 S.
Die ökologischen Zwänge und ihre wahrscheinlichen Auswirkungen auf die Entwicklung der Agrargesellschaften.

Sautter G., 1957 – "Structures agraires et Paysages tropicaux", *Annales de l'Est,* Nancy, Mem. Nr. 17, 188 S.
Vielfalt der Anbautechniken und der Nutzbarmachung des Bodens.

Schmitz J., 1975 – "Pour une démographie de la force de travail", Manuskript, 16 S.
Eine ähnliche theoretische Sicht wie die im vorliegenden Werk.

Schneider H. K., 1964 – "A Model of African Indigenous Economy and Society", *Comp. Studies in Soc. and Hist.,* 7, 1, Oktober 1974, S. 37-55.
Heiratsgut und Vieh. [Der Autor hält das Vieh für Geld.]

Schneider H. K., 1970 – *The Waki Wanyaturu (Economics in an African Society),* Viking Fund Pub. 48, Wenner-Gren Fd.
Klassische Interpretation einer Hirten-Ackerbau-Wirtschaft, im Rahmen des Profitstrebens.

Servolin C., 1972 – "L'Absorption de l'agriculture dans le mode de production capitaliste", *L'Univers politique des paysans dans la France contemporaine* (Tavernier und Servolin, Hrsg.), A. Colin, Paris, S. 41-77.
Die organische Rolle der einfachen Warenproduktion in der Entwicklung des französischen Kapitalismus.

Shapera I., 1946 – *Migrant Labour and Tribal Life,* Oxford University Press, London, 248 S.
Bahnbrechende Studie. Der Arbeiter ist wirtschaftlich von seiner Gemeinschaft abhängig.

Smith M. G., 1952 – "A Study of Hausa Domestic Economy in Northern Zaria", *Africa,* 22, 4, Oktober 1952, S. 333-347.
Familienbudgets, Einkommen.

South Africa (Union of), 1944 – *Report of the Witwatersrand Natives Wages Commission,* Pretoria, Govt. Printer (U.G. Nr. 21), 61 S.
Studie über das Anwerbesystem, die Einkünfte und Budgets. Die Einkünfte liegen unter den Bedürfnissen. Empfehlung von höheren Löhnen und "radikalen" Maßnahmen zur Verbesserung der Bedingungen in den Reservaten.

Southall A. W., 1954 – "Alur Migrants", in Richards (Hrsg.), 1965, S. 141-161.
Verfall der wirtschaftlichen und sozialen Produktionsbedingungen im Alur-Land.

Southall A. W., 1956 – *The Alur,* Manchester, U.P.
Prozeß der Beherrschung mehrerer Hausgemeinschaften durch die Mitglieder ein und derselben Dynastie.

Sperber D., 1968 – *Le Structualisme en anthropologie,* Ed. du Seuil, Paris, 122 S. [deutsch: "Der Strukturalismus in der Anthropologie", in Wahl F. (Hrsg.), *Einführung in den Strukturalismus,* Suhrkamp, Frankfurt 1973].
"Für die anderen Anthropologen ist der menschliche Geist fähig, alles zu erwerben; für die Strukturalisten ist er fähig, alles zu erzeugen." [Eine kritische und persönliche Darstellung der Thesen von Lévi-Strauss.]

Stillman C. (Hrsg.), 1955 – *Africa in the Modern World,* University of Chicago Press.

Stavenhagen R., 1971 – *L'Amérique latine demain: entre le sous-développement et la révolution,* Sonderdruck, 41 S.

Stavenhagen R., 1972 – "Agrarian Structures and Underdevelopment in Africa and Latin America", *Strategies for Economic Development,* I.D.E.P., I.D.S., I.E.D.E.S., Vortrag, Dakar, September 1972, 22 S. (vervielf.).
Vergleich der vergangenen, gegenwärtigen und voraussehbaren Ausbeutungsweisen der Bauernschaft in Lateinamerika.

Stavenhagen R., 1973 – *Sept thèses erronées sur l'Amérique latine,* Anthropos, Paris, 207 S.
Berichtigungen, jeder Diskussion über die Entwicklung vorausgeschickt.

Steward J. H., 1968 – "Causal Factors and Process in the Evolution of Pre-Farming Societies", in Lee und Devore, 1968, S. 321-334.

Struever S. (Hrsg.), 1967 – *Prehistoric Agriculture,* Natural History Press, New York, 733 S.

Suret-Canale J., 1964 – *Afrique noire: l'ère coloniale, 1900 – 1945,* Ed. Sociales, Paris, 637 S.
[Nachschlagewerk.]

Suret-Canale J. (Hrsg.), 1967 – *Premières Sociétés de classes. Recherches internationales,* 57-58, Januar-April 1967, 344 S.
[Wiederentdeckung der "asiatischen Produktionsweise" durch den offiziellen Marxismus.]

Swift M. G., 1957 – "The Accumulation of Capital in a Peasant Economy", *Economic Development and Cultural Change*, 5, 4, Juli 1957, S. 325-337.
Malaysia. Reiche Reisbauern und Kautschukproduzenten. Geringe Investitionsmöglichkeit. Das Geld hat nicht die Eigenschaft einer Wertreserve erworben.

Tardits C., 1960 – *Les Bamiléké de l'Ouest-Cameroun*, Berger-Levrault, Paris, 129 S.
Die *knap*-Heirat.

Tardits C., 1973 – "Parenté et Pouvoir politique chez les Bamoum", *L'Homme*, XIII, 1-2, S. 37-49.
Der "ernährende König-Vater" in einer "Ökonomie mit weitgehend distributivem Charakter".

Terray E., 1969*a* – *Le Marxisme devant les sociétés "primitives"*, Maspero, Paris, 177 S. [deutsch: *Zur politischen Ökonomie der "primitiven" Gesellschaften*, Suhrkamp, Frankfurt 1974].

Terray E., 1969*b* – *L'Organisation sociale des Dida de Côte-d'Ivoire*, Annales de l'Université d'Abidjan, F 1, 2, 375 S.

Thion S., 1969 – *Le Pouvoir pâle*, Ed. du Seuil, Paris, 317 S.
Abbau des auf der Apartheid gründenden Wirtschaftssystems, Unterhaltung einer nicht qualifizierten, mobilen sowie ständiger und organisierter struktureller Arbeitslosigkeit unterworfenen Arbeitskraft.

Thomas L. V., 1970 – "La Croissance urbaine en Afrique noire et à Madagascar", C.N.R.S., *Colloque de Talence*, September-Oktober 1970, S. 117-138.
Schätzung der Arbeitslosigkeit im kapitalistischen Sektor.

Thompson E. P., 1963 – *The Making of the English Working Class*, Penguin Books, London, 958 S.

Tinley J. M., 1942 – *The Native Labour Problem in South Africa*, Chapel Hill, University of North Carolina Press, London, Milford, 281 S.
Die Einfuhr von Arbeitskräften aus den britischen und portugiesischen Kolonien.

Tönnies F. [1887] – *Gemeinschaft und Gesellschaft*, Leipzig 1935, 8. Aufl., Wissenschaftl. Buchges., Darmstadt 1963.

Trotzky L. [1933] – *Geschichte der russischen Revolution*, S. Fischer Verlag, Frankfurt 1973.
Das Gesetz der kombinierten Entwicklung in den unterentwickelten Ländern.

Tchayanoff A. V. [1925] – *The Theory of Peasant Economy*, Irwin, Illinois, 1966, 317 S.
[Je mehr Verrückte, desto mehr wird gelacht... und desto weniger arbeitet der Bauer. Der sowjetische "Marginalismus"!]

Turnbull C. W., 1965 – *Wayward Servants*, Eyre and Spottiswoode, London, 390 S.
Die zynegetische Produktionsweise am Beispiel der Mbuti im Wald und in Berührung mit Bantu-Ackerbauern, beobachtet von einem "Kulturalisten".

Union Générale des Travailleurs Sénégalais en France (U.G.T.S.F.), 1970 – *Le Livre des travailleurs africains en France,* Maspero, Paris, 197 S.
Juristische, ökonomische und sanitäre Situation der aus dem Senegal exilierten Migranten.

Van der Horst S. T., 1942 – *Native Labour in South Africa,* Oxford University Press, London, 340 S.
Konflikt zwischen dem Wunsch der Europäer, die schwarze Arbeitskraft zu verwenden, und ihrem Wunsch, sie abseits zu halten. Furcht der weißen Arbeiter vor der Konkurrenz der schwarzen Arbeiter und Mittel, dieser Situation vorzugreifen: Gewerkschaften nur für qualifizierte Weiße; Erhaltung der schwarzen Arbeiter als Migranten und Überwachung ihrer Bewegungen. Schwächen der südafrikanischen Wirtschaft. Verfall der Böden. Notwendigkeit, die Kaufkraft der Schwarzen zu erhöhen.

Vilakazi H. W., in Ruyle, 1973.
Über die politische Ausbeutung der Ideologie der Verwandtschaft.

Waast R. (o. J.) – *Développement des sociétés occidentales malgaches au XXe siècle,* unveröffentlichtes vervielfältigtes Dokument, 71 S.
Geschichte der durch die Kolonisation erzeugten ökonomischen, sozialen und politischen Beziehungen zwischen den aristokratischen Klassen, den Liniengemeinschaften und den sukzessiven Formen des Kapitalismus.

Waast R., 1974 – "Les Concubins de Soalala", *Cahiers du Centre d'études des coutumes,* Université de Madagascar, 1974, S. 7-46.
Wie die madegassischen Frauen ihre Abhängigkeit gegen die Männer kehren und sie ihrerseits domestizieren.

Watson R. A. und Watson P. J., 1971 – "The Domesticator of Plants and Animals", in Struever, 1971, S. 38-48.

Watson N., 1959 – "Migrant labour and Detribalization", *Black Africa* (J. Middleton, Hrsg.), Macmillan, London, 1970, S. 38.
[Hat etwa alle sozialen Probleme gesehen.]

Weil P. M., 1970 – "Mandinke Fertility, Islam and Integration in a Plural Society", *American Anthropological Ass.,* San Diego, November 1970, 19-22, 18 S. (vervielf.).
Eine Frauenvereinigung gegen die Unfruchtbarkeit. "Symbolically, the association deals with food production and child production as being the same."

Winter E. H., 1955 – "Bwamba Economy", *East African Studies,* Nr. 5, Kampala, 44 S.
Öffnung einer Hauswirtschaft auf die kommerzielle Landwirtschaft. Berechnung der Arbeitszeit von Männern und Frauen. Empfiehlt die Senkung des Kaffeepreises, damit die Bwamba mehr arbeiten.

Woddis J., 1960 – *Africa, the Roots of Revolt,* Lawrence and Wishart, London, 285 S.
Die Migrationen in Südafrika betreffen die erwachsenen Männer für kurze Vertragszeiten; sie sind repetitiv; sie erfolgen über große Entfernungen; sie zerstören das Gleichgewicht in den Dörfern; sie hemmen die Organisation der Arbeiter und bewahren die dörfliche Solidarität.

Woddis J., 1961 – *The Lion awakes,* Lawrence and Wishart, London, 301 S.
[Dokumentierte und militante Arbeit über die Ausbeutung Afrikas und der Afrikaner.]

Wolpe H., 1970 – "Class, Race and the Occupational Structure in South Africa", 21 S. (vervielf.). (Revidierte Fassung eines auf dem Weltsoziologentag in Varna vorgelegten Papiers.)
Die Rassenschranke in der Ökonomie ist vielleicht das Resultat politischer Entscheidungen; nichtsdestoweniger definiert sie die Beziehungen zwischen sozialen Klassen. Die Apartheid ist sowohl "ökonomisch" wie "politisch".

Wolpe H., 1972 – "Capitalism and Cheap Labour-Power in South Africa: from Segregation to Apartheid", *Economy and Society,* 1, 4, S. 425-456.
[Grundlegender Artikel.] Die ökonomischen Grundlagen der rassistischen, segregationistischen Ideologie und ihrer Veränderungen.

Wolpe H., o. J. [1974?] – "The Theory of Internal Colonialism; the South-African Case", Department of Sociology, University of Essex, 25 S. (vervielf.).
Der Rassismus gründet nicht auf ethnischen Unterschieden, sondern auf den "bewahrenden und zerstörenden" Ausbeutungsverhältnissen, die den südafrikanischen Kapitalismus kennzeichnen.

Woodham-Smith C., 1962 – *The Great Hunger,* New English Library, London, 429 S.
Geschichte der irischen Hungersnot von 1845 bis 1849. Der Widerstand gegen die Emigration.